A VIDA DE
JAMES
BROWN

UMA BIOGRAFIA ELETRIZANTE

Geoff Brown

A VIDA DE
JAMES BROWN

UMA BIOGRAFIA ELETRIZANTE

Tradução:
Getulio Schanoski Jr.

MADRAS

Publicado originalmente em inglês sob o título *The Life of James Brown*, por Omnibus Press.
© 2007, Omnibus Press.
Direitos de edição e tradução para todos os países de língua portuguesa.
Tradução autorizada do inglês.
© 2011, Madras Editora Ltda.

Editor:
Wagner Veneziani Costa

Produção e Capa:
Equipe Técnica Madras

Tradução:
Getulio Schanoski Jr.

Revisão da Tradução:
Aline Kitamura

Revisão:
Neuza Rosa
Letícia Pieroni
Arlete Genari

Dados Internacionais de Catalogação na Publicação (CIP)
(Câmara Brasileira do Livro, SP, Brasil)

Brown, Geoff
A vida de Jamis Brown: uma biografia/de Geoff Brown; [tradução Getúlio Schnoosk]. –
São Paulo: Madras, 2011.
Título original: The life of James Brown.

ISBN 978-85-370-0670-2

1. Brown, James, 1933-2006 2. Músicos
norte-americanos – Biografia I. Título.

11-02744   CDD-782.421644092

Índices para catálogo sistemático:
1. Músicos norte-americanos : Biografia
782.421644092

É proibida a reprodução total ou parcial desta obra, de qualquer forma ou por qualquer meio eletrônico, mecânico, inclusive por meio de processos xerográficos, incluindo ainda o uso da internet, sem a permissão expressa da MADRAS Editora, na pessoa de seu editor (Lei nº 9.610, de 19.2.98).

Todos os direitos desta edição, em língua portuguesa, reservados pela

MADRAS EDITORA LTDA.
Rua Paulo Gonçalves, 88 – Santana
CEP: 02403-020 – São Paulo/SP
Caixa Postal: 12183 – CEP: 02013-970
Tel.: (11) 2281-5555 – Fax: (11) 2959-3090
www.madras.com.br

Índice

Introdução 7
Prefácio 17
Capítulo 1 23
Capítulo 2 30
Capítulo 3 46
Capítulo 4 53
Capítulo 5 64
Capítulo 6 94
Capítulo 7 108
Capítulo 8 119
Capítulo 9 135
Capítulo 10 145
Capítulo 11 175
Capítulo 12 195
Capítulo 13 215
Capítulo 14 231
Capítulo 15 238
Capítulo 16 243
Discografia Selecionada 265

Nota do editor internacional: Todo esforço foi feito para traçar os detentores dos direitos autorais das fotos deste livro; no entanto, um ou dois foram inacessíveis. Ficaríamos gratos se os fotógrafos interessados entrassem em contato.

Introdução

James Brown sempre soube reconhecer o verdadeiro valor do Natal. Nos dias próximos às festividades de fim de ano, ele criara a tradição de organizar entregas anuais de brinquedos para as crianças carentes na cidade de Augusta, Geórgia, sendo que seu vasto catálogo de gravações de *black music* incluía álbuns especiais de Natal e lançamentos de muitos *singles* temáticos como "Let's Make Christmas Mean Something This Year", "Santa Claus Goes Straight To The Ghetto" e "Let's Unite The Whole World At Christmas". É por essa razão que parece haver algo de inevitável e significativo a respeito da morte triste do aparentemente inesgotável, insuperável e indestrutível James Brown no dia de Natal no ano de 2006. Não que ele estivesse se preparando para morrer. Longe disso, já que a agenda do Homem Que Mais Trabalhava no Mundo Artístico estava, na verdade, completamente lotada até o verão seguinte, e já havia gravado parte de um novo álbum. No entanto, o corpo físico que havia alcançado todos os seus limites sobre os palcos de todo o mundo nas décadas de 1950, 1960 e 1970 e que, em décadas posteriores, fora assolado por uma grande ingestão de drogas, enquanto buscava anestesiar a dor física e fugir de seus demônios, tinha outras ideias e, por fim, encerrou seu tempo depois de se estabelecer em uma das carreiras musicais mais marcantes dos anos do pós-guerra.

Na realidade, a primeira frase da introdução da primeira edição deste livro, publicada em 1996, observou que poucos artistas surtiram um efeito tão profundo no decorrer da história da música afro-americana desde a Segunda Guerra Mundial quando comparados a Brown. Sua influência fora, na verdade, muito mais ampla em função dos ritmos da música funk que ele criou na década de 1960, e que foram usados e adaptados pelo rock dos brancos e produções da música popular que se espalharam pelos continentes europeu e africano, assim como partes da Ásia. Ele se tornara o James Universal, como dizia o nome de um de seus últimos álbuns não tão essenciais em sua carreira, *Universal James*.

Os arranjos pioneiros criados pelo cantor e seus grupos no período entre 1965 e 1972 acabaram adicionando um gênero totalmente novo à música afro-americana, um gênero bastante estabelecido na história. Depois de ter se consagrado na posição do maior recordista de shows da *black music* na América, bem como o cantor mais fiel às raízes a fazer incursões no mercado da música pop dos brancos, tudo sem a ajuda de uma grande gravadora, inventou o estilo funk, a partir do qual Sly Stone e George Clinton desenvolveram outras variantes de grande influência. Por meio do efeito *trickle down* (ou, efeito de gotejamento) do estilo *boogaloo*, sua música agiu como uma indicação de grandes áreas da música popular ocidental até os dias de hoje. Quarenta anos depois, muitos ritmos dançantes deste século são descendentes diretos de seus mais revolucionários estilos.

Durante seus 73 anos, o sr. Brown, como ele preferia ser chamado, iniciou sua autobiografia duas vezes. Este livro foi escrito como uma visão alternativa de um ponto de vista mais objetivo, mas certamente não teve a intenção de fazer por ele o mesmo que os textos de Albert Goldman fizeram por Elvis Presley e John Lennon. Na verdade, este tomo deveria ter sido escrito pelo sr. Cliff White, o inigualável arquivista inglês e especialista do Padrinho da *Soul Music*. Suas anotações no *box* de quatro CDs de 1991, *Star Time*, acabaram rendendo a ele e a cada um de seus coautores (Harry Weinger, Alan Leeds e o sr. Brown) um *Grammy*. Entretanto, afundado até a cintura em entrevistas não publicadas, fitas não ouvidas, recortes não lidos e um entusiasmo minguante pelo projeto do livro, o sr. White transferiu o legado a mim. Cliff escrevera para mim quando editei o título de uma revista britânica, *Black Music*, e lá estava sua chance de vingança.

Em primeiro lugar, algumas impressões gerais do sr. Brown transmitidas por intermédio do sr. White, possuidor de um conhecimento pessoal íntimo razoável quando comparados aos meus encontros, ocorridos em um nível mais profissional de jornalista/escritor com seu entrevistado. Não era preciso passar tempo demais no acampamento de James Brown ou estar na companhia do exército cada vez maior de seus ex-parceiros para perceber que ele era uma figura espinhosa e, às vezes, extremamente desagradável. Essa revelação sempre foi qualificada por meio de um "Mas...".

O sr. White, sempre gingando pelas extremidades das caravanas de JB desde 1973, diversas vezes testemunhou o sr. Brown em ações explosivas: irracional, manipulador, criador de discórdias, vingativo, extraordinariamente egocêntrico, perverso e vigorosamente intimidador, com um temperamento que podia ser ouvido e sentido pelo som da batida de uma porta ao longo de um corredor, no dobrar de uma esquina, na descida tempestiva de um lance de escadas e ressoando pelas paredes de um santuário remoto onde a próxima vítima aguardava ser chamada para se apresentar na arena dos gladiadores. Se o temperamento volátil de James Brown fosse tudo o que tivéssemos para resumir essa lenda, poderíamos então encerrar este livro agora mesmo.

Em um momento de rara contenção, o próprio sr. Brown disse uma vez: "Não sou um homem violento, mas sei como ser". Ele poderia muito bem ter admitido ser um incorrigível e mal-humorado guerreador físico e emocional. Quando suas provocações ficavam fora de controle, era o momento de sair em retirada e se calar. Ele conseguia ser quase sempre impulsivo e cruel. Uma lista de pessoas fisicamente atacadas por ele não seria pequena nem se restringia aos elementos do sexo masculino. Ele podia ser tão agressivo e abusar de suas esposas e namoradas quanto se mostrar violento com seus colegas e inimigos do sexo masculino, fossem eles reais ou imaginários.

Há diversas teorias superficiais que poderiam ser discutidas a respeito do garoto negro seriamente desprivilegiado, pobre, sujo, sem estudos, malvestido e desnutrido capaz de tudo para se autodefender sem o direito de receber muito carinho, conforto, orientação dos pais ou um lar decente no interior das casas de famílias segregadas do sul, além de tudo o que precisou fazer para sobreviver e, ainda assim, tornar-se um dos artistas negros mais importantes e bem-sucedidos do século. Tire suas próprias conclusões com base nesses fatos. Entretanto, o sr. White também diz que, nos 29 anos em que conviveu com o sr. Brown, ele jamais presenciou qualquer falta de cortesia ou hostilidade e pôde sentir inclusive uma suposta amizade.

A maior parte dos músicos que trabalhou para o sr. Brown afirma que ele esgotou suas ideias musicais sem o devido reconhecimento ou recompensa financeira. Quase todos que trabalharam para ele deixaram de admirá-lo ou simplesmente se cansaram de estar por perto, mas se uma convivência familiar prolongada em um ambiente de trabalho é capaz de fazer isso com pessoas calmas, imagine então as confusões que podem resultar das discussões entre as pessoas de temperamento explosivo e criativo vivendo e viajando juntas para todos os lados. Alguns acabavam se sentindo desapontados, outros sentiam pena dele. No entanto, apesar de tudo, todos eles cultivavam imenso respeito por suas realizações, mesmo quando sentiam que ele só conquistava o que queria quando se aproveitava deles.

Então, o que exatamente James Brown conquistou?

Embora as estatísticas possam ser arbítrios inadequados, elas também podem representar um ponto de partida bastante conveniente. Segundo os gráficos de sucessos americanos, James Brown foi sem dúvida o artista afro-americano mais bem-sucedido na história da indústria fonográfica. Ele também se equiparou aos artistas influenciados por Elvis Presley, Beatles e Bing Crosby do mundo da música pop dos brancos. Não estamos falando aqui das vendas globais de discos individuais, e sim da força persistente e consistente do *soul* que emplacou todos esses sucessos um após o outro.

James Brown dominou os índices da música *black* americana por quase 15 anos. E 15 anos mais tarde, passou a ser utilizado como fonte de inspiração para tantas outras coisas que, em âmbito internacional, suas gravações originais podiam ser ouvidas com mais frequência do que a música de qualquer outro artista internacional. A estimativa mais razoável e confiável dos usos dos sons de JB mundo afora – editadas, a princípio sem o devido crédito e quase sempre sem pagamento algum, geralmente com algum tipo de brincadeira feita por alguém comandando uma ideia tecnológica baseada em um de seus arranjos de estilo funk ou de um simples e visceral som de "Unh!" – ultrapassaram a marca de três mil. Eles quase sempre diziam se tratar de um tributo. Talvez uma espécie de punição merecida a um homem que supostamente tirou muitas de suas melhores ideias de seus músicos. Ao menos, o sr. Brown empregava as pessoas em que confiava a fim de apoiá-lo em sua bravata, todos músicos de verdade, sendo que as suas criações eram únicas, com força fenomenal e repleta de inspiração.

Além de seu sucesso nas estatísticas e sua implacável agenda de turnês, a determinação obstinada de James Brown permitiu que ele se tornasse um ícone de um gênero em constante mudança, do destino e das aspirações da América dos negros. Sua subida para a fama coincidiu exatamente com a revolução dos direitos civis americanos e ele passou a representar o lado extremo do sonho americano em virtude de sua ascensão da pobreza inimaginável e segregação brutal para o enorme sucesso empresarial pessoal, ao que tudo indicava sob o total comando de seu próprio destino. No auge da carreira, durante a segunda metade da década de 1960 e início da década de 1970, James Brown ocupava uma posição independente na indústria da música que jamais será equiparado pelo fato de vivermos em tempos completamente diferentes. A sociedade mudou e, com ela, todos os ramos da música – seja a forma com que ela é feita, comercializada, distribuída ou vendida.

Nos poucos anos anteriores à mudança significativa de James Brown do selo independente King para a organização internacional Polydor em 1971, ele ao mesmo tempo desconcertava o *status quo* enquanto se esforçava para tornar-se parte dele. Seus objetivos iam de encontro à tradição americana e, portanto, suas realizações eram alarmantes para a classe dominante. Ali estava um artista afro-americano dissidente, literalmente proveniente do interior que, de repente, começou a criar projetos musicais sem precedentes influenciando o poder político nacional, no controle de sua própria carreira, comandando e alimentando um séquito de quase 50 pessoas, viajando por toda a nação em seu jato particular, reagrupando os guetos, comprando estações de rádio, anunciando o lançamento de produtos alimentícios personalizados e restaurantes com cardápios especiais. Surgia ali um antagonista de peso.

Na prática, ele era bastante ingênuo politicamente e muitas de suas iniciativas nos negócios foram menos que sucessos inequívocos. Nunca foi uma ameaça séria para a classe dominante, pois acreditava nela e ansiava fazer parte dela. Contudo, por um tempo, pareceu ficar fora de controle. No clima tenso dos Estados Unidos do fim da década de 1960, é algo para se meditar o fato de não ter havido nenhuma tentativa de assassinato contra sua vida – de um lado ou de outro da divisão racial. Certamente, os militantes do grupo Panteras Negras fizeram barulho sobre sua lealdade quando ele não aceitou colaborar durante aqueles anos de incerteza, enquanto a classe dominante branca provavelmente deduzia que a influência de James Brown seria finita e que ele simplesmente não representava uma ameaça suficiente para justificar qualquer forma de martírio. Ou talvez sua própria popularidade o tenha salvo.

No auge dos tumultos civis americanos, uma tentativa contra a vida de James Brown certamente instigaria enormes confusões raciais de âmbito nacional. Em vez disso, cooptado para reprimir exatamente a maré de ódio, perda e mágoa surgida após o assassinato do dr. Martin Luther King. Da mesma forma, os militantes negros também não conseguiam aceitar a popularidade de Brown com leveza. Mesmo indignados diante de seu galanteio para com a classe dominante, como eles conseguiriam silenciá-lo quando haviam acabado de ferir seu porta-voz musical, seu porta-voz nacional mais visível? Assim,

James Brown sobreviveu em meio de campo de equilíbrio duvidoso para enfrentar a década de 1970.

No fim da metade da década de 1970, seu mundo já desmoronava. Até mesmo seus sucessos sumiram. Foi nesse momento que toda a paranoia e as teorias de conspiração começaram a surgir e ele passou a usar substâncias químicas ilegais. Desfrutou de um grande, apesar de comparativamente breve, renascimento na década de 1980, o que lhe rendeu a aceitação da classe dominante que sempre desejou. No entanto, sua inabilidade tanto para aceitar o processo de envelhecimento como de definir um novo papel para si na função de Ancião Estadista do *Funk* – o que aceitou com alegria na metade da década de 1990 indicou que seu declínio musical fora longe demais para ele tornar sua nova música tão vital quanto no passado –As duas autobiografias de James Brown foram *The Godfather of Soul* [O Padrinho do Soul], escrita para ele pelo escritor Bruce Tucker e publicada nos Estados Unidos em 1986 e *I Feel Good: A Memoir Of A Life In Soul* [Sinto-me Bem: Memórias De Uma Vida na Música *Soul*], com introdução de Marc Eliot, biógrafo de Barry White e Donna Summer, entre outros, publicada em 2005. Como a maior parte das autobiografias, ou na verdade muitas biografias "autorizadas", os livros têm sua cota de meias-verdades, autojustificativas e histórias reescritas. Por exemplo, em *Godfather of Soul*, ao falar sobre sua gravação de sucesso de "Think" do *The 5 Royales*, Brown declarou: "A King Records queria que eu editasse a música em 1960 na mesma sessão em que gravei 'You've Got The Power', mas eu não quis. Eu sabia que se editasse a música iria desagradar os membros da banda *The 5 Royales*. Eu esperei até eles (*The 5 Royales*) editarem 'Please, Please, Please', aí então decidi que não haveria problema em editar 'Think'". Entretanto, as fitas das sessões originais de gravação dessas faixas ainda estão intactas e mostram que, na realidade, a banda James Brown And The Famous Flames gravou 13 tomadas de "Think", incluindo o lançamento de sucesso na mesma sessão de "You've Got The Power" no dia 20 de fevereiro de 1960. Por que ele decidiu ignorar isso não se sabe ao certo. Bem no centro de sua própria versão dos acontecimentos parece haver uma tentativa absolutamente desnecessária de justificar o motivo de ter reinterpretado a música do outro grupo. Nesse exemplo, ele poderia muito bem ter se gabado e dito: "Nós pegamos a música, mudamos, acabamos com eles!"

Apesar das falhas, *Godfather of the Soul*, a primeira epístola do sr. Dinamite é, em parte, um relato surpreendentemente franco e detalhado feito por uma lenda sobre seu tempo e por isso criou para seus biógrafos posteriores um dilema. É óbvio que qualquer relato completo de sua vida irá cobrir praticamente os mesmos fatos. Como não podemos presumir confrontar ou questionar as lembranças do sr. Brown sobre sua vida pessoal, em especial as de seus tempos de formação, não os abordaremos em profundidade. Após um resumo muito breve daqueles anos, este livro começa em Toccoa, Geórgia, onde James Brown foi solto da prisão em junho de 1952, um mês após seu 19º aniversário.

Os anos seguintes são creditados em especial ao sr. Bobby Byrd, fundador do grupo que, com algumas mudanças, se tornaria o James Brown And The Famous Flames. Instigados por Bobby, a família Byrd ajudou a conseguir a condicional de Brown e ofereceu a ele certa estabilidade e apoio para ancorar sua inconstância. Bobby e James tornaram-se amigos íntimos e formaram uma relação simbiótica que se prolongou, com altos e baixos – na maior parte altos – até a década de 1970. Bobby Byrd é a imagem espelhada de James Brown. Um homem aberto e simples, geralmente de espírito calmo, gentil por natureza e bem-humorado, ele é universalmente admirado pelo elenco de personagens envolvidos na história de James Brown. Sua memória também é um tanto quanto questionável ao se tratar de datas, nomes e cronologias, e ele foi o primeiro a admitir isso. No entanto, é um homem honesto com muitas histórias para contar e, sem grandes interrupções, as conta com base em seu ângulo de visão durante os primeiros anos.

Algumas partes deste livro relativas a meados das décadas de 1960 e 1970 serão mais familiares às pessoas que possuem em sua coleção uma cópia da compilação do LP/CD duplo da Polydor de James Brown, *Roots Of A Revolution*, ou das autobiografias do cantor. Acontecimentos de grande importância surgem quase na mesma ordem e mesma ênfase nos dois encartes que o sr. White escreveu em 1983 para acompanhar o *Roots Of A Revolution* e, mais tarde, na primeira autobiografia de Brown em 1986. Já que o sr. White possui os direitos autorais do manuscrito original, repetimos aqui alguns dos detalhes mais necessários.

Um caso de apropriação indébita, talvez digna do próprio Padrinho do *Soul*, infelizmente ocorreu durante a preparação da primeira edição deste livro e que tenho a satisfação e o alívio de retificar nesta oportunidade. A transcrição de uma entrevista com Ralph Bass, o produtor e recrutador de talentos da King Records que na década de 1950 ouviu a fita demo de James Brown e insistiu para que ele fosse contratado pela gravadora, apareceu nos arquivos. Eu imaginei que o texto fizesse parte da pesquisa de Cliff White, mas estava errado. A entrevista foi conduzida por Harry Weinger, guardião dos itens relacionados a James

Brown na Universal Records e também produtor dos relançamentos de uma enorme variedade de CDs, sem dúvida, essenciais da música *soul*, R&B e outros gêneros, e detentor dos direitos autorais da entrevista. Como consequência o episódio descrito nela foi excluído deste livro... Entretanto, você ainda pode ter acesso a ele nas anotações de capa do conjunto do álbum *Star Time*. Mais uma vez, minhas desculpas ao sr. Weinger pelo mal-entendido.

Enfim, a dívida pessoal do autor para com James Brown começa quando, na posição de baterista de banda britânica considerada de *soul* na metade da década de 1960, admito a culpa no crime de desfigurar inúmeras e variadas versões consagradas dos clássicos de JB, entre elas: "I'll Go Crazy", "Think", "(Do the) Mashed Potatoes", "Night Train", "Out Of Sight", "I Got You (I Feel Good)" e "Mashed Potatoes USA". Enquanto escrevo essas linhas, consigo sentir meus pulsos se contraírem, os músculos do antebraço se enrijecerem e os ombros tensos formarem uma corcova dura como pedra ao acompanhar o ritmo de mais um refrão da música "Think", mais acelerado que a natureza, ou talvez que o próprio sr. Brown tivesse a intenção de produzir. Imagine o choque entre o alívio e uma sensação de traição quando vi a The James Brown Orchestra em um palco usando mais de um baterista para criar aqueles ritmos gigantescos. Assim, mais uma vez, meus esforços poderiam ter sido duplicados em dez vezes sem que eu pudesse me aproximar daquela grandiosidade.

Escrevi pela primeira vez algo mais consistente a respeito de James Brown em fevereiro de 1973, no momento em que me tornei jornalista e passei a fazer parte do quadro de funcionários da revista *Melody Maker*, em Londres. Viajei até Hamburgo para ver seu show no Musikhalle e publiquei uma manchete que dizia: "O verdadeiro Moisés Negro", uma ideia baseada no título adotado por Isaac Hayes. Quase 35 anos depois, esse ainda parece ser um pseudônimo adequado para James Brown, um homem que deu a si próprio tantos outros apelidos alternativos. Mesmo com todas as suas falhas como ser humano, não se pode negar que sem o egotismo e a energia brutal, ele jamais teria alcançado o topo da profissão que escolheu. James Brown foi de fato um líder como Moisés para o povo afro-americano, tanto na música, de modo inquestionável, como, por um breve período, como modelo exemplar e grande vencedor em uma sociedade hostil.

Assim, finalmente, senhoras e senhores, é chegada a Hora do Show! Mas antes de dar o primeiro passo para seguir as pistas do homem que trabalhou duro, gostaríamos de citar os nomes sem cuja ajuda, diálogo, tempo, aconselhamento e assistência, este livro não poderia ter sido escrito. Em primeiro lugar, agradeço a James Brown por sua música e carreira. É difícil saber qual delas foi mais extraordinária, mas sem elas não estaríamos juntos aqui hoje. Em segundo lugar, a Cliff White, dono da fé, colecionador dos fatos e dos arquivos do funk, cujos imensos arquivos escritos, gravados e memorizados mantêm o motor funcionando. E em terceiro lugar, sinceras reverências a Chris Charlesworth e a Omnibus Books pela paciência e compreensão.

Pelo acervo de entrevistas encontradas no arquivo mencionado anteriormente, assim também como outras que guardo comigo, realizadas com os mais variados músicos de Brown, meus sinceros agradecimentos a Bobby Byrd, Vicki Anderson e a todos os que fazem parte do ninho de Byrd, os muitos e incríveis instrumentistas de sopro, em especial Maceo Parker, Fred Wesley e Alfred "Pee Wee" Ellis, o inimitável William "Bootsy" Collins, Tony Cook, "Sweet" Charles Sherrell, Danny Ray. Assim como as muitas outras mulheres na história, em especial Martha High, Marva Whitney e a falecida Yvonne Fair. Além daqueles que já se foram desde a primeira publicação, em especial Lyn Collins, St. Clair Pinckney e Alphonso "Country" Kellum.

Devemos também agradecer aos homens que atuaram na organização de Brown com seus talentos não artísticos: seu primeiro empresário Barry Trimier, Alan Leeds e Bob Patton, aqueles que nunca desistiriam do funk, incluindo Harry Weinger e Bill Levenson, Bill Millar, Danny Adler, Trevor Swain, Steve Jackson, Renee Odenhoven, Steve Richards, Tom Payne, Andrew Simons e Neil Slaven.

Quero também oferecer meus agradecimentos a dois de meus mais novos colegas na revista *MOJO*, o editor-chefe Phil Alexander e o colaborador e companheiro fanático da música *soul*, Lois Wilson, que foram bastante prestativos ao me disponibilizarem as transcrições das entrevistas realizadas durante todos os nossos esforços intermináveis a fim de concluir o tributo da *MOJO* a James Brown logo após o Natal de 2006. Por fim, minha imensa gratidão e carinho a Linda White e Catherine, Rebecca e Ella Brown, nossas alegrias particulares.

Prefácio

Macon, Geórgia. 1971.

Rua cinco, Macon, Geórgia, é uma via parada, antiga, em constante processo de deterioração localizada a duas quadras ao leste do cruzamento entre as ruas três e Cherry, no coração da cidade. Seu ponto principal está em uma estação ferroviária desativada. Mais imponente do que as demais casas da vizinhança, esse antigo amontoado de tijolos avermelhados e metais enferrujados fica ao lado da rodovia, e ergue-se como um monumento do passado quando alas de embarque e transporte de produtos comerciais entre as cidades e gerações de migrantes cheios de esperanças passavam por ali em busca do Novo Acordo. Hoje o lugar está deserto e esquecido. Não há ônibus para perturbar a tranquilidade desolada de seu antigo rival, a estação de ônibus Greyhound que fica a poucas quadras dali, um depósito vazio e ladrilhado entregue às baratas.

Do outro lado da cidade, os grandes ônibus transcontinentais partem em direção a um terminal moderno e deixam os limites da cidade. O aeroporto de Macon fica cada vez mais movimentado na medida em que gerações menos pacientes voam para seus destinos. Estradas de pistas múltiplas formam um emaranhado de mobilidade e de desvios que cruza toda a cidade por dentro e por fora. Motéis, restaurantes, bares e sorveterias são encontrados ao longo de cada quilômetro, seduzindo os motoristas que pretendem sair dali a uma última parada ou ao menos uma pausa do trânsito intenso antes de chegarem ao centro da cidade.

Em subúrbios adjacentes, famílias inteiras levam suas vidas em meio a propriedades com lindas paisagens e visitas semanais aos shoppings da cidade. Boas escolas são encontradas ali, além de fábricas, escritórios e centros de lazer. É um lugar bastante familiar. Em cidades maiores e mais famosas, os centros podem continuar a depender do turismo, mas

Macon não possui monumentos nacionais, belos parques ou arranha-céus espetaculares e, mesmo que a Prefeitura tenha, por um breve período, abrigado o Congresso do Estado, isso só aconteceu no século passado e ninguém mais se lembra do fato. Conforme a cidade cresceu, seu coração ficou cada vez mais silencioso. E embora quase todos os rostos nos subúrbios sejam brancos, na rua cinco, e ao redor dela, as pessoas são predominantemente negras.

Do lado oposto ao da estação desativada, prédios igualmente decrépitos curvam-se de forma desesperadora lado a lado, ancorados por sustentáculos desgastados feitos de placas de madeira. O quarteirão ainda abriga as antigas construções daquela rua – um hotel de quinta categoria, uma antiga barbearia, uma pequena loja de discos, cujo barulho indica o único sinal de vida no quarteirão inteiro, um velho posto de gasolina e uma antiga barraca de sanduíches com letras enormes que leva o nome de *Bryan's Grill*. Por fim, onde a rua se alarga para formar uma curva ao lado do pátio de carga e descarga agora abandonado, um antigo prédio branco envelhecido de dois andares ergue-se entre dois terrenos vazios como se fosse o último dente amarelado em uma gengiva desdentada. Arcos de tijolos emolduram as portas e as janelas surradas do prédio que nesse sábado, no verão de 1971, estão escancaradas e, embora ainda sejam 11 horas da manhã, o ar empoeirado já está quente, moroso e cansativo. Do lado de dentro, um senhor de idade varre o velho chão de madeira, limpando cada cantinho entre mesas cheias de marcas e cadeiras frágeis com extrema atenção, lentamente recolhendo uma pilha de bitucas de cigarro e garrafas vazias encostada em um dos cantos no extremo da sala em frente a um bar improvisado. Ao lado do bar, uma divisória estende-se da parede do fundo até o meio da sala. De um lado, as mesas e cadeiras cobrem todo o piso. Do outro lado, diante do bar, encontram-se apenas um toca-discos automático e duas máquinas de *pinball*. A frente do salão é uma área ampla que se prolonga pela largura do prédio onde se encontram alguns estrados de madeira agrupados com o propósito de servir como palco.

O homem faz uma pausa em seu trabalho, apoiando-se sobre a vassoura para recuperar o fôlego. A vida nunca foi especialmente fácil, mas ultimamente até mesmo seu corpo parece estar contra ele. Houve um período de incertezas há alguns meses quando não sabia se voltaria ou não a varrer novamente aquele chão. Mas ele vencera aquela batalha e continuava ali, um tanto perdido em suas lembranças, analisando o lugar que era seu segundo lar já há quase um quarto de século. Um transeunte casual poderia facilmente confundi-lo com um zelador, mas os primeiros clientes diários que agora começavam a chegar o conheciam muito bem. Seu nome é Clint Brantley e esse é seu clube, *The Two Spot*.

Clint junta todo o entulho e vai para trás do balcão abrir as cervejas e os refrigerantes para o grupo de jovens irmãos que começam a se espalhar pelo salão. Por alguns minutos, troca alguns diálogos sem importância, sorrindo de maneira indulgente ao ouvir suas histórias tolas e seus feitos miraculosos. No entanto, ele parece mais entusiasmado com o show desta noite. Há boatos de que algo grande, realmente grande, acontecerá. "Melhor não perder. Quem sabe?". Chacoalha os ombros e desaparece cozinha adentro, onde começará a preparar a comida para aquela noite.

Os rapazes terminam suas bebidas e se dispersam escolhendo seus lugares preferidos no *The Two Spot*. Um deles seleciona um disco na máquina de música: aquele pode ser um clube antigo, mas as músicas são bastante atuais. Dois outros retomam uma disputa nas máquinas de *pinball*. Os outros continuam sentados próximos ao palco ou de frente para as portas abertas de onde conseguem ver as garotas passando na rua e assobiar em aprovação ao seu visual. Já é meio-dia de um sábado, abafa dona Geórgia, e eles parecem estar se preparando para a melhor noite da semana.

Depois de pouco mais de uma hora, eles se acomodam e desfrutam daquele brilho forte do sol, prontos para comer alguma coisa ou buscar algum lugar com uma sombra fresca pelo parque, ou perambular pelas calçadas até o pé do monte Mulberry e ver a vida passar. Eles se encontrarão mais tarde, conforme combinado, quando voltarem ao clube.

Às 10 da noite, o *The Two Spot* começa a encher. Há cerca de 40 pessoas no clube agora, enquanto outras chegam o tempo todo. No palco, um grupo local inicia a primeira sequência de sons longos, pesados e alegres. Seu sotaque parece acompanhar o ritmo das músicas. Ao norte e ao sul, sons mais suaves e produções mais complexas parecem ter tomado conta do estilo da *soul music*, mas ali eles ainda parecem preferir uma música mais forte e mais simples. Um ritmo pesado e, ainda assim, rápido e marcado, um estilo de cantar mais direto, com a emoção vinda dos sons emitidos na garganta. Resumindo – funk.

Nessa noite, o cantor é Jimmy Braswell, um queridinho local com um ou dois discos gravados por meio de seu próprio esforço, mas sem nenhum sucesso até o momento. Assim como grupos espalhados por todos os cantos que duram pouco tempo, Jimmy e sua banda divertem as pessoas apresentando versões bastante competentes de sucessos de outros cantores. A multidão quer dançar, beber e se divertir; por isso espera ouvir melodias que costuma ouvir nas estações de rádio. Às vezes, durante a noite, Jimmy se aproveita do momento para apresentar uma ou duas de suas canções. No entanto, na maior parte do tempo, ele e a banda preferem executar os diversos sons e estilos das paradas de sucesso e transformá-los em uma sucessão interminável de canções de *blues*.

Em pouco tempo, o clube lota como em qualquer outra noite de sábado. Mais de uma centena de fregueses barulhentos dançam rodeando as mesas do lugar, rindo e brincando, debruçam-se sobre elas para serem ouvidos pelos amigos enquanto contam piadas e proezas. Dois ou três "garçons", difíceis de serem reconhecidos em meio aos clientes, passam pelas mesas distribuindo as especialidades da casa. Um grupo grande de pessoas se aperta e se acotovela na tentativa de chegar até o bar ou do lado de fora do clube para conseguir respirar um pouco de ar fresco.

Logo depois da meia-noite, o movimento fica ainda maior. Na entrada, a multidão parece ter aumentado de repente. Gritos e berros ecoando do lado de fora. Cada vez mais fregueses tentam sair para ver o que está acontecendo ou se debruçam ainda mais sobre as mesas, espremendo-se para espiar algo naquele amontoado de pessoas. Os dançarinos interrompem seus rodopios, os homens no bar se esquecem de seus pedidos, todas as cabeças se voltam para a porta de entrada. A banda continua tocando, mas o som diminui bastante. Ninguém consegue ouvir com clareza e até eles tentam ver o que se passa no canto logo à frente. O aglomerado de pessoas se espalha diante da porta, fazendo com que elas voltem para dentro do salão sem entender o que se passa. O local se parte ao meio como no milagre do Mar Vermelho, formando uma passagem estreita da rua para dentro do bar. Em meio a esse corredor humano passa um homem vestido de preto, de estatura baixa e olhar determinado.

Não há muito que olhar, todavia ele domina o salão de imediato. Todos estão vestidos com suas melhores roupas, mas seu terno é o mais bem alinhado, feito de tecido caro com o tamanho ideal para sua estrutura troncuda e sólida. A maioria das pessoas ali usa algum tipo de joia, sendo que muitas delas parecem muito mais vistosas do que as do recém-chegado. No entanto, as poucas peças que ele ostenta são grandes e verdadeiras, cintilando com a chama de uma pequena fortuna. Mais do que qualquer outra coisa, é seu rosto que o destaca na multidão. É um semblante de contrastes bem marcados. Um formato expressivo com o queixo avantajado e bochechas grandes. Uma boca larga, agora escancarada com um sorriso encantador cheio de obturações caras, acompanhado de um olhar penetrante, alerta, curioso, em momento algum sem graça. O riso de um leão. Não há um rosto bonito por baixo daquele enorme chumaço negro de penteado afro, arrumado com todo o cuidado por um cabeleireiro, mas no sentido mais verdadeiro da palavra, aquele era, de fato, um rosto muito atraente. Um semblante que pede atenção e exige respeito. Um rosto que há apenas alguns anos passou a ser finalmente reconhecido por todo o mundo. Por favor, recebam o sr. Dinamite, o Irmão Número Um do *Soul*, O Homem que Mais Trabalha no Mundo Artístico... JAAAMES BROWN!

Nessa noite, ele acaba de voltar ao ponto de partida de seu percurso até o topo da *soul music*. A chegada de Brown no *The Two Spot* é de fato o retorno do herói conquistador. Enquanto recebe aquela recepção tumultuosa, um garçom é despachado para acompanhar o convidado de honra e seu pequeno séquito até uma mesa prontamente liberada, onde se sentam ao lado de Brantley. A banda volta a assumir seu ritmo certo, os clientes se esforçam para voltar às suas mesas, o clube retoma o movimento normal de festa. No entanto, a noite parece agora mais agitada. Essa não é mais uma simples noite de sábado.

O acontecimento é anunciado. Em poucos minutos a multidão fica duas vezes maior do que a capacidade normal do clube. O local logo fica tomado por fãs cheios de expectativa, a maior parte deles feliz somente por estar ali e poder ver Brown, outros ansiosos em busca de uma posição de onde talvez consigam falar com o artista. Ele está acostumado ao jogo. Em geral, não mais é que um cumprimento ritual, um ou dois *slogans* estilizados. De tempos em tempos, é comum encontrar uma maçã podre no cesto, alguém irritado demais e à procura de uma briga. Mas não aqui. No *The Two Spot,* na cidade de Macon, Geórgia, James Brown não precisa provar absolutamente nada a ninguém. Todos eles conhecem muito bem sua origem.

Tranquilo naquela atmosfera de camaradagem alegre e deferente, ele dá atenção aos seus admiradores por alguns instantes antes de se concentrar na refeição posta diante dele. Quando as porções de asas de frango são reduzidas a um emaranhado de ossos compridos e estreitos, ele se dá o direito de fumar um cigarro de menta e então passa a olhar de modo investigativo em direção ao palco. Em qualquer visita a um clube noturno, ele sabe que irão lhe pedir para cantar ao menos uma música com a banda da casa. Com uma frequência ainda maior, ele recusará o convite, mostrando-se mais propenso a relaxar e se entreter socialmente. É compreensível a recusa de se apresentar com músicos desconhecidos e sem ensaio. Mas não no de Clint.

Como se fosse o momento exato, o líder da banda interrompe o show e lhe implora para que assuma seu posto. Brown é conduzido com cerimônia em meio à multidão, prepara uma rápida enquete para descobrir quais de seus sucessos a plateia local mais conhece e então se apodera daquele microfone barato e cheio de chiado. Sem mais preliminares. Nenhuma introdução irreverente. Nenhum cumprimento educado de "Olá". Ele sequer sente necessidade de combinar algo com a banda. Eles já lhe garantiram que serão capazes de acompanhá-lo e agora estão prontos para mostrar do que são capazes. Ele não pretende seguir o ritmo deles. É bom eles estarem prontos para seguir o seu.

Ele rapidamente se vira para a multidão, lança uma pergunta que ricocheteia na parede do fundo do salão do clube e atinge todos os presentes.

"O que nós queremos?"

A resposta é imediata e arrebatadora.

"*SOUL POWER!*"

Esse é o nome de seu último disco, no topo das paradas de sucesso da *soul music*, com as vendas já na casa dos dois milhões de cópias.

"Do que precisamos?!"

"*SOUL POWER!*"

"O que está faltando aqui?!"

"*SOUL POWER!*"

Brown e a multidão brincam com as palavras diversas vezes, formando uma espécie de canto hipnótico que ganha mais intensidade a cada pergunta e resposta. "*Soul power... SOUL POWER... soul power... SOUL POWER...* poder para as pessoas... PODER PARA AS PESSOAS... *soul power... SOUL POWER... soul power...* SOUL *POWER.*

"AÍ VAI!!!"

Com este último comando ensurdecedor, a banda inicia os acordes da primeira música como um jato enorme a planar no céu.

Capítulo 1

Será que o verdadeiro James Brown poderia fazer o favor de se apresentar? O assunto deste livro só admite a presença de dois personagens: em primeiro lugar, temos JAMES BROWN!!! O artista renomado internacional, cantor e dançarino, empresário, defensor da paz e formador de opinião, que emplacou um sucesso após o outro cada vez ganhando mais dinheiro entre o fim da década de 1950 e o início da década de 1970. Embora, na metade da década de 1990, esse homem que trabalhou pesado no mundo do entretenimento, tenha diminuído o ritmo a ponto de seus raros lançamentos de discos venderem pouquíssimas cópias – ninguém poderia esperar que ele pudesse ser preso, algo que infelizmente ainda estava na iminência de acontecer – sua influência permanecia vigorosa: ele se tornara o exemplo da Pessoa que Mais Trabalhou no Mundo Artístico.

Em segundo lugar, temos James Brown, o ser humano compulsivo, determinado, cheio de defeitos que carrega sua cruz e que, ao que tudo indica, nasceu no dia 3 de maio de 1933 em um barraco no interior de Barnwell, na Carolina do Sul, próximo ao limite do Estado entre o rio Savannah de Augusta, Geórgia. Pelo menos isso é o que afirma, e não encontramos nenhuma evidência que pudesse contestá-lo.

Entretanto, algumas pessoas duvidam desse fato. Dois dos parceiros próximos de Brown sugeriram que em algum momento de sua carreira ele conseguiu diminuir um ano do total de sua verdadeira idade. A menos que tenha acontecido um desvio legal dos fatos que exigisse uma pequena alteração durante sua prisão, encarceramento e condicional na adolescência, essa parece ser uma tática pouco provável. A intenção do lobo de se disfarçar de cordeirinho geralmente resulta em uma redução muito maior do que apenas um ano.

Inúmeras vezes publicou-se que, de fato, James Brown nasceu no dia 17 de junho de 1928, em Pulaski, Tennessi. Esse corredor azarão teve essa versão sustentada pela primeira vez na Grã-Bretanha em 1966 pelo Livro dos Discos de Ouro do *Daily Mail*. Os jornalistas são tão facilmente propensos quanto qualquer outra pessoa a acreditar em tudo que leem, e muitos repetem a data de Pulaski. Na verdade, em 1986, a *Penthouse*, ao citar Brown como um dos 25 Americanos Mais Importantes, usou o local de nascimento do Tennessi e a data de 1928. É certo que existe, ou existiu, um músico chamado James Brown em Pulaski, Tennessi e há também as gravações da "James Brown Production" com a marca da gravadora em Pulaski. No entanto, nenhuma delas parece ter qualquer ligação remota com O James Brown.

Em sua autobiografia escrita por um autor contratado, O James Brown diz que quando nasceu não seria chamado de James nem Brown, mas que seu nome seria Joe Gardner Jr. em homenagem ao nome de seu pai. James Brown acabou sendo a escolha de seus pais e, como todos sabem, esse é um nome que ele compartilha com muita gente.

Qualquer lista telefônica local será abençoada com a presença de J. Browns, muitos dos quais são James, Jim e Jas. Há também diversos James Browns conhecidos na indústria da música internacional, incluindo um cantor de música country que gravou para a MGM na década de 1950, um tecladista de estúdio de Memphis, um violoncelista clássico inglês, um jornalista de rock britânico e o homem de Pulaski. É difícil imaginar que alguém pudesse confundir JAMES BROWN com qualquer outro James Brown, mas temos aqui três provas importantes. O tema deste livro apresenta, dentre seus hábitos, a rotina de contar com a ajuda das estrelas. E em se tratando de uma análise profunda das forças astrológicas, infelizmente, ninguém conseguia convencê-lo quando seu costume parecia influenciá-lo demais. Ele sempre pendeu mais para o lado do signo de Touro. O dia 3 de maio é de Touro, 17 de junho faria dele um geminiano. James Brown pode brincar com nossa mente, mas ele jamais brincaria com o poder das estrelas e dos signos. Ele é de Touro.

Em segundo lugar, se tivesse nascido em 1928, ele teria apenas 21 anos de idade quando foi preso pela primeira vez, e 24 anos quando foi solto. Na verdade, ele ainda era legalmente menor de idade, com menos de 21 anos, quando recebeu sua condicional em 1952.

E em terceiro lugar, quando James se casou pela segunda vez com Deidre Jenkins, em 1970, ele convidou seus colegas de grupo, Bobby Byrd e Vicki Anderson, para realizar uma cerimônia dupla. Byrd e "Mommie-O" já estavam morando juntos há algum tempo antes de decidirem realizar as celebrações tradicionais. A visão de Vicki de uma cerimônia cheia de pompas em Augusta ou Nova York foi exterminada pela insistência de James em realizar algo rápido, tranquilo e simples. Ele os intimou a se casarem em um pequeno cartório em Barnwell, Carolina do Sul, a cidade onde nasceu.

O Livro dos Discos de Ouro do *Daily Mail* simplesmente publicou os dados do James Brown errado. JAMES BROWN!!! é o garoto de Barnwell que cresceu para chamar Augusta de cidade natal.

Augusta, Geórgia, é hoje conhecida no mundo todo como a sede do campeonato americano anual de mestres do golfe, e Barnwell, na Carolina do Sul, foi imortalizada na canção de Gil Scott-Heron, "South Carolina", como um depósito de lixo nuclear. Em 1933, nenhum dos dois lugares reivindicava fama ou notoriedade, embora Augusta não fosse exatamente um local esquecido. Rural, sim, como até os dias de hoje. Mas naquela época era uma cidade próspera em constante expansão.

Augusta foi fundada em 1735, dois anos após o futuro Estado da Geórgia ter sido colonizado a princípio na cidade de Savannah por aqueles que uma antiga enciclopédia se orgulha em chamar de "devedores e outras pessoas desafortunadas" vindas de navio da Inglaterra do rei Jorge II. Embora não se saiba ao certo se o nome era uma homenagem ou uma forma de vingança, os colonizadores batizaram a área em honra ao rei e Augusta em homenagem a uma de suas cinco filhas. Eles então começaram a importar escravos negros da África enquanto chacinavam a população indígena. Os índios cherokee e creek sobreviventes foram "removidos do Estado" entre 1832 e 1838.

Depois do pequeno contratempo de estar no lado perdedor da Guerra Civil Americana de 1861-1865, Augusta aos poucos começou a prosperar até se tornar um dos principais centros produtores de algodão do Sul, além de um dos muitos abrigos de inverno na região sul dos Estados Unidos para os que fugiam dos climas mais duros da região norte. Na verdade, fugitivos brancos apenas. Nessa época, muitos habitantes da Geórgia, negros naturalmente, fugiam em direção oposta, migrando para o litoral da região leste atraídos pelas promessas de trabalho em Washington, Filadélfia, Nova York e outros estados, sem a menor suspeita de futuros guetos para os desalojados.

Durante algum tempo no auge de sua carreira, James Brown optou por uma mudança semelhante, e fundou uma base da década de 1960 no distrito do Queens na Cidade de Nova York. Entretanto, aquele nunca chegou a ser seu lar. James Brown é acima de tudo um cidadão americano e ponto final. Uma torta de maçã como aquela que a mãe de qualquer presidente saberia preparar. Assim como qualquer outro americano patriota, ele é, por questões de igualdade e força de hábito, um digno habitante do Sul. No fim da década de 1950, ele já havia caído nas graças das grandes plateias americanas, mais até do que parecia possível acontecer. Na metade da década de 1960, ele tomara consciência de que havia ainda um vasto mercado internacional a ser explorado. De maneira intermitente, ao longo de toda a sua carreira, gravou músicas de outros artistas ou utilizou arranjos orquestrais e, mais tarde, trabalhou com produtores estrangeiros para tentar atingir alvos diferentes, alguns deles com sucesso. No entanto, se analisarmos sua obra sob a luz certa, se ouvirmos a parte principal de suas gravações mais importantes, seria preciso ser cego para não ver, surdo para não ouvir que a música que ele faz quando tem acesso aos seus próprios métodos é sim proveniente do Sul do país. Ele não se sentia confortável em Nova York e, no início da década de 1970, voltou a morar em seu Estado natal.

Existe uma terceira parte da criação de Brown que torna confusa a equação e traz inúmeráveis problemas a ele. Ele é uma mistura eclética de índio americano – cherokee e asteca, disse uma vez a Cliff White – com africano e, se podemos de fato acreditar no testemunho de James a respeito, de ancestrais asiáticos do Extremo Oriente. Seu pai teve de enfrentar os problemas do preconceito demonstrando respeito aos brancos, embora os odiasse com uma paixão colérica. Entretanto, em função de todas as ideias políticas e relações visivelmente confusas da década de 1970, James Brown sentia-se profundamente orgulhoso, já que no início disseram a ele que soubesse qual era o seu lugar. Seus primeiros anos de vida e educação poderiam muito bem ter sido tirados das páginas de um antigo romance de Alice Walker ou Toni Morrison, pois foi criado no tipo de pobreza rural que se tornou um clichê para todos aqueles que nunca chegaram a viver nada parecido. A mãe de Brown saiu de casa para o norte quando ele tinha 4 anos e nunca mais a viu até a sua estreia no Apollo e no Madison Square Garden em Nova York. Viveu em barracos de apenas um cômodo em todos os lugares onde seu pai conseguia um emprego – em fazendas, postos de gasolina, serrarias, lojas, trabalhando em pequenas e grandes estradas. Sozinho a maior parte do tempo, Brown aprendeu a tocar gaita por conta própria: "Meu pai comprou uma gaita para mim por 10 centavos e eu aprendi a tocá-la depois de um dia e meio tentando".

Após passar por muitas dificuldades para conseguir criar seu filho sozinho, seu pai, que sempre trabalhou duro e sofreu muita pressão, pediu que a tia Minnie viesse para ajudá-lo a criar o garoto. Ela fora a responsável por fazer seu frágil filho voltar à vida depois de ele nascer quase morto. Aos 6 anos de idade, seu pai foi embora; foi então que James e a tia Minnie mudaram-se para uma casa no bairro de Terry, o quarteirão dos negros de Augusta, um lugar controlado por outra tia, Handsome Washington, conhecida como Honey. A casa era uma pensão, um lugar de jogos e apostas (nunca jogue os dados com James Brown), um ponto de encontro para as pessoas beberem e um prostíbulo. Era possível conseguir uma boa refeição ali também.

Brown tinha um bom ouvido e adicionou o órgão ao seu repertório autodidata de instrumentos musicais: "Eu tinha 8 anos de idade – contou a Cliff White em uma entrevista gravada em vídeo. – Meu pai trabalhava em uma loja de móveis e uma das pernas do órgão quebrou. Eles iam jogar o instrumento fora, mas deram o aparelho para meu pai. Ele o trouxe para casa e nós pegamos um engradado de queijo e fabricamos uma perna nova. Ele chegou com o instrumento em casa por volta das 11 horas naquele dia e, quando voltou às 6 horas da tarde no mesmo dia, eu já tocava uma música inteira".

"Assim aprendi a tocar baixo, violão, um pouco de saxofone, tudo sozinho. E toco um pouco de trompete, que aprendi quando tocava corneta no período em que fui escoteiro."

Assim como o pai, ele recebeu uma educação formal bastante restrita e em suas primeiras entrevistas se lembrou de ter usado sacos de farinha como cuecas, de ir descalço para a escola no inverno e ser mandado de volta para casa por suas roupas serem esfarrapadas demais. Seu maior interesse incluía a prática de esportes – baseball, futebol americano e boxe: "Quando eu ia à escola, procurava me adaptar a tudo o mais rápido possível porque sabia que tinha de ser assim. Eu era o melhor. Tive a chance de jogar baseball profissional, participei de três lutas profissionais como lutador, era o melhor dos campeões nos jogos de arremesso de ferraduras, era um excelente jogador de futebol e muito habilidoso no basquete. Eu era o melhor, até mesmo quando competia com bolinhas de gude. Eu simplesmente era muito, muito bom em tudo". Obviamente, a solidão de seus primeiros anos jamais abalou sua autoconfiança ou o orgulho de suas habilidades. Não há espaço para a autocrítica em sua formação.

Ele trabalhou com muitas coisas diferentes: colheu algodão, cortou cana-de-açúcar, engraxou sapatos. Aprendeu a tocar bateria, piano e violão, saxofone e trompete. E, como era de se esperar, existia o *gospel*. Nas celebrações alegres embaladas por salvas de palmas, batidas de pés e acompanhamentos de tamborim, pela primeira vez Brown testemunhou produtores de espetáculos naturais conquistando e mantendo a atenção de uma plateia. Ele estava aprendendo a fazer o mesmo, apresentando-se na escola onde estudou somente até a sétima série e onde também conheceu Henry Stallings, aquele que mais tarde viajaria o mundo todo como o cabeleireiro pessoal de Brown. Eles tentaram ganhar alguns dólares engraxando sapatos e, como boxeadores, mais tarde. Mas perderam o ritmo quando Stallings passou a prestar serviço militar e Brown foi para a cadeia. (Eles só se encontrariam novamente quando Brown, que na época fazia sucesso com "Please, Please, Please", tocou em um show em Nova York onde Stallings trabalhava no *Golden Gloves*, o bar cujo proprietário era Sugar Ray Robinson, na rua 123 com a Sétima Avenida. Stallings quase não acreditou – James Brown, de um atendente do salão de mesas de bilhar e engraxate a um astro!)

Aos 11 anos, venceu seu primeiro show de talentos como cantor e, no fim da guerra, formou o The Cremona Trio, que ganhou esse nome em homenagem ao violão do grupo, e também cantou, possivelmente, com Bill Johnson & The Four Steps of Rhythm. Apresentou-se na escola. E também se envolveu em pequenos delitos, roubos de lojas e, acima de tudo, cometeu roubos de baterias de carros e calotas para conseguir dinheiro e comprar roupas novas para ir à escola e se alimentar. Essa era a vida simples e pura de um sobrevivente.

Quando completou 15 anos, foi pego roubando peças de carro pela segunda vez e, afirma, foi mantido preso até completar 16 anos, quando foi julgado como adulto. Foi sentenciado a passar de 8 a 16 anos na cadeia e lá ficou durante o tempo restante de sua adolescência, no Instituto de Treinamento Juvenil da Geórgia, na cidade de Roma no Estado da Geórgia, mais tarde mudando para a Escola do Alto Reformatório, um antigo quartel e arsenal da Guarda Nacional próximo a Toccoa, Geórgia. Um homem jovem, da raça de Brown, podia esperar ser submetido a um tratamento severo e provocações de todos os tipos na prisão, mas ele demonstrou uma atitude positiva e passou por um período de reabilitação gradual. Formou um quarteto de *gospel*, houve outras incursões na música, até se tornar um depositário e ganhar o apelido de Caixa de Música, o primeira de muitos.

Brown acabara de completar 19 anos quando lhe concederam a liberdade condicional depois de passar três anos e um dia na prisão, por intermédio de uma assistente social que lhe conseguira e uma família que o abrigou e o ajudou a encontrar um emprego em uma revenda de motores. Ele conhecera, literalmente por acaso, Bobby Byrd, durante uma partida de baseball na comunidade. Naquele dia, Byrd estava na segunda base; Brown, um lançador mediano do time de Alto, passou correndo pela base de Byrd. "Depois do jogo – Byrd se lembrou – ele me falou de uma carta que estava escrevendo para o diretor do presídio, dizendo como pretendia fazer para se ajeitar na vida e para falar algo em favor dele. A família também ajudou bastante na carta e permitiram que ele recebesse o direito de sua condicional para começar a trabalhar em um emprego que conseguimos para ele na empresa de motores Lawson."

Logo depois de ser solto, Brown destruiu o jipe de um cliente. Foi salvo de um retorno rápido para a prisão de Alto, a apenas 30 quilômetros de Toccoa, apenas depois de muitos pedidos da família de Byrd muito respeitada e de outras pessoas. James Brown voltou a se dedicar à música, por um tempo.

Capítulo 2

"Toccoa? Ah, achei que você fosse chamar o lugar de 'uma Próspera Metrópole'", disse o alto e agradável Bobby Byrd a respeito de sua cidade natal. Um riso profundo retumbou por todo seu corpo: "Não, é uma cidade pequena ao pé das montanhas na região norte da Geórgia, perto do rio Savannah e bem no coração do Cinturão Bíblico. Os responsáveis por darem vida à nossa cidade foram os membros do Colégio Bíblico. E a pesca. Eles construíram uma represa no rio e encontramos peixes ótimos lá. As pessoas vinham de todas as partes por causa dos peixes". Foi nesse ambiente que Bobby Byrd nasceu no dia 15 de agosto de 1934 e para onde James Brown se mudou após sua soltura da prisão no dia 14 de junho de 1952.

"Vou lhe dar uma ideia de como era Toccoa na minha infância –, continuou Byrd com seu vozeirão rouco. – Quando o primeiro trem chegou à cidade, o horário marcado era para as 12h01 da tarde e toda a cidade se reuniu na estação para vê-lo. As pessoas vendiam lembranças, era como uma festa. Assim que o trem chegou, sequer parou, passou direto cruzando a estação com um som ruidoso! Depois disso, todos voltamos para nossas casas."

"A única vez que vimos algo diferente na cidade foi quando Clyde McPhatter e The Drifters passaram por lá. Eles pararam em Toccoa para abastecer o carro a caminho de algum outro lugar. Uma pessoa contou à outra e, de repente, metade de Toccoa estava lá no posto de gasolina. Todos olhavam para eles embasbacados – The Drifters!"

Entretanto, Toccoa era um lugar predominantemente livre de tensões raciais quando comparada à maioria das pequenas cidades sulistas, disse Byrd. Era "um lugar calmo para se viver", cheio de fiéis praticantes. Além disso, idosos brancos achavam que incidentes raciais só serviriam para afastar dali as pessoas que vinham pescar. "Assim, tudo continuava tranquilo. Na maior parte do tempo, todos nós tínhamos uma boa relação." O encanto natural e a personalidade de Byrd o ajudavam a manter um bom relacionamento com a maioria das pessoas.

"Mais tarde, com o grupo, tivemos um pequeno problema local. Uma família de brancos acabara de se mudar para Toccoa e eles nos contrataram para uma festa de aniversário. Nós agora já conhecíamos seus filhos. Éramos todos amigos. O problema aconteceu com os pais deles. Fizemos nossa apresentação e então os meninos nos convidaram para desfrutar do churrasco. O pai disse: 'Não! Dê comida para esses negros, pague pelo serviço e mande-os de volta para a Cidade dos Negros' com mais uma porção de palavrões no meio. Então uma das garotas brancas, convidada da festa, disse ao pai dela o que aquele homem estava dizendo na frente de todas as crianças. Acho que aquela família não ficou muito tempo morando em Toccoa."

Por outro lado, Bobby se lembrou de uma ocasião em que os garotos negros salvaram um de seus amigos brancos de um ataque de outros negros: "Aquela não era uma questão entre negros e brancos, pois em Toccoa você ajudava quem precisava de ajuda. Eles chamavam a cidade de 'Toccoa, a Bela' – e é isso o que o nome significa. Esse é um antigo nome da língua dos índios cherokee. Toda aquela área pertencia aos cherokees antes de serem forçados a fugir para a Carolina do Norte".

A família de Byrd era equilibrada e solidária. Frequentadores da igreja. Bobby cresceu passando por uma adolescência relativamente estável e frequentou a escola de maneira regular: "Quando falamos de escola, havia somente um colégio para os negros. A princípio um lugar antigo e, então, quando cheguei ao colegial, uma nova escola foi construída e recebeu o nome de Whitman Street. Foi ali que eu me formei e fui o orador da turma na cerimônia de formatura, com as mais altas honrarias. Os prêmios foram concedidos pela diretoria da escola dos brancos, porque não havia uma diretoria na escola dos negros naquela época".

"Depois disso, fui para a faculdade, a A&T [Agrícola & Técnica] em Greensboro, na Carolina do Norte. Mais tarde, Maceo e Melvin Parker foram para lá, e Nat Jones, Levi Rasbury e Jesse Jackson também frequentaram a mesma instituição. Não na mesma época que eu, mas todos estudamos no mesmo lugar." Bobby conseguira uma bolsa de estudos por jogar basquete, mas como não era um gigante, como Wilt Chamberlain, "eles não puderam conseguir um seguro para mim e, por isso, não tive chance de jogar". Em vez disso, ele se formou em música com habilitação para dar aula aos mais novos.

"Eu sempre fui bom em piano. Tinha um ouvido muito bom, desde os 9 anos de idade. Não sei fazer composições musicais, mas aprendi os acordes logo cedo. A professora de música podia sentar-se ao piano e tocar qualquer coisa que eu conseguia facilmente acompanhá-la e então adicionava algo que criava no momento. Ela disse à minha mãe: 'Ele não aprende porque já tem na cabeça o que quer fazer'. Quando fui para a faculdade, foi a primeira vez que saí de casa e consegui ouvir muitas músicas de R&B."

Em Toccoa não havia uma estação de rádio de negros, mas logo ao lado da cidade universitária, em Greensboro, podia-se captar a frequência de uma. "Eu aprendi muita coisa. Além disso, foi nessa época que comecei a tocar com uma banda profissional. Era a banda de um rapaz negro chamado Williams, mas não me lembro de seu primeiro nome. Ele também tocava teclado, mas queria dirigir o grupo e, portanto, decidiu me contratar. Depois da quinta-feira, eu não tinha mais aulas e, por isso, passava o fim de semana com eles – Goldsboro, Winston Salem, High Point – e voltava com bastante dinheiro. Eu estava ganhando 11 dólares por noite, o que era uma boa quantia na época. Toquei com eles por quase um ano e meio durante o tempo em que estive na faculdade. O engraçado era que o cantor da banda gravou para a King Records e eu nem sabia. Depois de assinarmos contrato com a King, estava mexendo em alguns discos antigos e vi seu nome, uma música chamada 'That I Wanna See'. Eu pensei: 'Não acredito nisso!'".

Era inevitável que houvesse outro lado da educação de Byrd. Toccoa ficava no coração do Cinturão Bíblico e mesmo após o decreto-lei da Proibição, quando o assunto era álcool, o lugar era tão seco quanto uma Mesquita. "Mas logo do outro lado do rio, as Carolinas eram bem molhadas. Assim, você podia cruzar o rio e comprar bebidas. Foi aí que as bebidas fermentadas ilegais floresceram. Bebidas à base de milho. Muito forte também. Mas, acredite, nós bebíamos aquilo como se fosse água. Mais tarde, quando começamos a beber as opções legalizadas pelo governo, a bebida parecia suave demais. Dizíamos: 'Não tem nada aqui! Vamos voltar para a nossa velha branquinha!' Eles faziam a bebida com misturas diferentes, com sabor de maçã, pêssego, além do sabor de cereja. No entanto, todas eram as bebidas ilegais fermentadas conhecidas como *White Lightning*. Nós nos sentávamos ali e bebíamos de gole em gole sem parar e, mais tarde, tentávamos nos levantar com grande dificuldade. Era comum procurarmos um lugar tranquilo e dormir até o dia seguinte".

Da Carolina do Sul e do Norte, ou até mesmo de Louisiana, o transporte de bebidas ilícitas era um negócio lucrativo: "Nós trazíamos a bebida, eu e um rapaz chamado Doyle Oglesby. Ele e Fred Pulliam eram antigos desistentes dos The Flames. James também participou do esquema. Era comum encontrar 15 ou 20 carros na estrada. Não em comboio, pois cada um fazia o seu negócio por conta própria. Meu percurso era de Brebard, na Carolina do Norte, até Toccoa. Mais tarde, com o grupo, quando tocávamos em Brebard, eu transportava tudo sozinho, pois já conhecia bem o local".

Byrd fazia o percurso de 240 quilômetros, passando pelas montanhas Apalaches duas vezes por semana por quase 15 meses até que começaram as guerras contra as bebidas. Ele compara a ação daquela época com as pessoas de hoje que ganham dinheiro com a venda de drogas: "Você só voltava para a cidade no dia seguinte e chegava atrasado na escola e, por isso, sempre levávamos uma troca de roupa na viagem. Em um determinado ponto na montanha Currhee havia uma cabine onde fazíamos uma parada, trocávamos de roupa, descansávamos um pouco e então íamos para a escola. Posso dizer que quando chegávamos naquelas montanhas, era difícil de acreditar. Nós dirigíamos no meio das florestas, e esse enorme platô de repente surgia diante de nossos olhos, uma fábrica de bebida ilegal que era como uma cidade inteira lá em cima. Se você só passasse pelo local, só veria árvores. Mas quando cruzávamos o portão, aquilo parecia uma cidade. Você podia comprar roupas, havia bares, mulheres, lojas, tudo de que você precisava".

"A polícia sabia do esquema. É claro que eles sabiam. Era como o negócio de drogas nos dias de hoje. Eles sabiam o que se passava. Sabiam quais eram as casas que eram abastecidas e de onde vinha tudo. Eles recebiam sua parte. Mas nem sempre sabiam de todos os percursos." Quando as "guerras" e as "batidas policiais" começavam, os rivais espalhavam as informações entre eles, mas os bloqueios policiais eram fáceis de ser evitados: "Como conhecíamos as estradas vicinais, sempre conseguíamos despistá-los. Entretanto, era preciso tomar mais cuidado com alguns daqueles bloqueios. Foi assim que um amigo meu foi morto, e foi também quando eu decidi parar. Ele tinha um Ford 36 com o motor envenenado e transportava 24 engradados cheios de bebidas ilegais em jarros de leite. Ele bateu de frente com uma barragem e a caminhonete explodiu".

Contudo, essas atividades noturnas clandestinas sempre foram extracurriculares em relação à música. O grupo de Byrd na escola, duas moças e quatro rapazes, pegava músicas "caipiras" e as interpretavam no ritmo do *blues*. "Nós cantávamos aquelas músicas nos pequenos eventos organizados pela escola. Depois éramos convidados para ir até a escola dos brancos e apresentar algumas delas. No entanto, as verdadeiras raízes do The Famous Flames, o grupo original que cantava músicas *gospel* com o nome de The Gospel Starlighters e *blues* com o nome de The Avons, era formado por mim, Sylvester Keels, Fred Pulliam, Doyle Oglesby e Nash Knox, com Nafloyd Scott na guitarra. Essa era a formação do grupo pouco antes da chegada de James."

Byrd era o vocalista principal e tocava piano, Keels, Pulliam e Oglesby cantavam. Um pouco depois, o baixista Baroy "Baby Roy" Scott se juntou ao grupo. A irmã de Bobby, Sarah, cantava com eles também. "O que as pessoas têm de entender é que vivíamos na igreja desde muito pequenos. Em nossa cidade, assim como em uma porção de outras cidades pequenas, a igreja era a coisa mais importante. Você tinha de ir à igreja. Durante a semana, eles faziam sessões de oração ou grupo de estudo da Bíblia. Todos nós fazíamos parte de uma organização chamada de BYPU – do inglês, *Baptist Young People's Union* [União dos Jovens Batistas]. Nossa mãe dizia: 'Ok, hoje é dia do BYPU'. Isso significava que você tinha de ir até lá. Portanto, grande parte do grupo, inclusive eu, não gostava de muitas coisas que tínhamos de fazer. Nós todos acreditávamos estar no caminho certo para chegar lá. Mais tarde, descobrimos que as coisas não são bem assim. Foi por isso que Doyle e Fred deixaram o grupo; eles não gostavam do que estava acontecendo. E eu não gostei muito disso porque, afinal, eles eram os melhores cantores".

Entretanto, Byrd continuou no grupo. "Tenho de ser realista e dizer que se não fosse por James juntar-se a nós, depois que insisti muito no convite, provavelmente não teríamos conseguido nada. Não na mesma escala, posso garantir. Nós éramos bons, mesmo antes de James aparecer. Mas ele era o que tínhamos de especial. Mas, como ele vivia sempre com aquela atitude de alguém que não tem raízes e pelo fato de desconhecer qualquer espécie de limite, sempre vai além da conta. Eu o conheço quase que a minha vida toda e realmente não acho que ele saiba o que é amar ou ser amado. Ele não sabe se comunicar dessa maneira. Ou você está do lado dele ou contra ele. É assim que a cabeça dele funciona. E, na maior parte do tempo, acha que você pode estar contra ele, mesmo quando não está."

Antes de Byrd levar Brown para o grupo, eles sempre tocavam tudo de maneira bastante regrada: "James trouxe essa coisa mais competitiva para o grupo. Coisas estranhas começaram a acontecer durante o tempo em que tentávamos nos acertar. As difamações, por assim dizer, assim como o fato de algumas pessoas perderem seus empregos, os questionamentos. Não era assim antes. Se você era contratado para desempenhar uma função, era isso o que tinha de fazer. Se aquele fosse o trabalho de outra pessoa, nada mudava. James começou a aceitar algumas coisas por menos dinheiro do que os outros, para conseguir seus trabalhos. E aquilo, de certo modo, fazia com que as pessoas ficassem chateadas, pois elas começaram a dizer: 'Ok, se você vai fazer o trabalho por essa quantia, por que eu deveria pagar mais pelo serviço?' Isso só fazia com que as pessoas ficassem mal-acostumadas, porque gostavam de pagar menos e, assim, começamos a trabalhar por valores menores."

Mesmo antes da partida de baseball que uniria essas duas figuras em um momento difícil, Byrd e James já haviam conversado por meio daqueles telefones separados por uma parede de vidro na prisão de Alto. "Sabe, dá para sentir quando alguém tem algo especial. Quando vi James pela primeira vez, minha alma disse: 'você tem de tirar ele dali porque se outra pessoa o encontrar, seja na música *gospel*, no blues ou o que for, ele vai ser grande'. Ele tinha algo de especial. Simplesmente tinha algo de diferente. Algo excepcional, de verdade. Por isso fiz tudo que pude para convencê-lo a se juntar ao meu grupo, sem de fato perceber, naquele momento, que aquele passaria a ser o grupo dele!"

"Naquela época ele cantava de verdade. Não gritava e berrava. Acho que tudo começou quando decidiu superar Little Richard de todas as maneiras possíveis. Antes disso, ele era realmente um excelente cantor. E quando dançava (...) o jeito de dançar que todos vocês viram em seus últimos anos não é nada comparado ao que ele fazia naquela época. James conseguia ficar com os pés solados no chão e se sacudir e girar com grande habilidade, e ele sabia o que estava fazendo. Sabia se requebrar e saltar, como quando você gira, gira e gira em uma apresentação de ginástica olímpica. Ele era muito bom."

"Olha, e eu que achava ser o melhor em Toccoa. Eu devia ser O CARA.. E aí ele aparece, cantando como um pássaro, requebrando e enlouquecendo todo o mundo. Não havia ninguém assim lá! Era fascinante, mas aquilo tudo também me deixou zangado, entende!? Eu não precisava que ele viesse para competir comigo, e sim que me ajudasse."

A família de Byrd era muito respeitada em Toccoa. Eles ocupavam cargos na igreja e a mãe de Bobby trabalhava para um dos médicos brancos mais ricos da cidade, um homem poderoso. "Todos na cidade me conheciam. Eu trabalhava nos teatros, limpava os *drive-ins* e vendia ingressos nos outros dois teatros locais. Eu me dava bem com todos, era amigo de todas as crianças e, por isso, também exercia a minha influência. Além disso, o diretor da escola também nos ajudou muito. Ele inclusive foi contra o sistema e permitiu que James começasse a estudar lá. Só que o James não queria ir."

Quando ele deixou o presídio de Alto, viveu por um tempo com Nathaniel e Dora Davis que o levaram para a igreja *Trinity CME* onde ele cantou com o coral, conheceu Sarah, a irmã de Byrd, e se juntou ao Coral da Comunidade local, o *The Ever Ready Gospel Singers*. "James era um excelente cantor de música *gospel*, realmente muito bom. Ele deixava toda a congregação extasiada. Nós achávamos que éramos bons até conhecermos James. Ele era muito especial. Iniciou uma parceria com a minha irmã Sarah e ela também era excelente. E é aqui que podemos falar de uma verdadeira alquimia. Você precisava ouvir os dois juntos, era maravilhoso. Eles se apresentavam com o coral da comunidade, mais ou menos umas 30 pessoas, sendo que a maioria delas sabia cantar muito bem. De fato, grande parte deles poderia ser o cantor principal de uma banda. Mas James e Sarah eram os escolhidos para ocupar os papéis de destaque o tempo todo. Eles viajavam para todos os lugares."

"Quando finalmente conseguimos tirá-lo [de Alto], ele só queria cantar música *gospel* com a Sarah e o coral. Mas eu queria que ele fizesse parte do meu grupo. Era como tentar arrancar o dente de alguém, quase impossível conseguir tirar ele de lá. Ele não queria sair de jeito nenhum, pois fazia aquilo tão bem que não queria fazer mais nada. Mas eu finalmente consegui trazê-lo para o meu grupo e passamos a investir no *blues*."

Havia outras questões que preocupavam Byrd: "Para falar a verdade, minha primeira namorada, com quem mais tarde me casei, ficou grávida. Essa foi uma das razões que me levaram a deixar a cidade e ir para a faculdade. James e eu tínhamos acabado de começar a investir em nossa carreira, mas eu tive de partir. Quando voltei, dessa vez para ficar, aí sim retomamos os nossos planos com força total, mas durante o tempo em que fiquei fora eu só podia voltar de vez em quando nos fins de semana ou nos meses de férias. E ele continuou com o coral da comunidade. Nem sei dizer o quanto fiquei chateado. Aquilo me incomodava muito. Eu fiz absolutamente tudo o que pude para conseguir tirá-lo da prisão e ele tinha de estar comigo, mas eles me forçaram a ir embora. E sempre que voltava, a minha irmã ficava com ele, o que me fazia pensar: 'Ah, meu Deus, eles estão juntos!' Entende meu problema?"

"Sarah brigava em favor de James porque ele era seu namorado e uma peça-chave para o coral. Eles faziam aquela dança de ir para a frente e para trás com os dois cantando as partes principais das músicas e sempre eram comentados por toda a cidade. Eu não tinha como começar nada com James, até mesmo porque toda vez que pensávamos em algo novo eu tinha de voltar para a faculdade. Era preciso esperar até o próximo período de descanso dos estudos para voltar e fazer algo que acabasse com aquela parceria deles. No entanto, sempre que eu tinha uma folga e voltava para casa, ele tinha feito alguma loucura. Vocês nem imaginam como era, aquele garoto sempre fazia alguma coisa maluca!"

"Teve uma vez que voltei para casa na época do Natal. Mas esse é só um incidente entre muitos. James tinha outra namorada em Cornelia [Geórgia], ele tinha ido até lá com alguns amigos e o outro namorado daquela garota estava lá. Aí eles começaram a brigar e ele quase foi preso. Os outros colegas acabaram se separando e voltaram para Toccoa. Pois bem, James e a menina caminhavam lado a lado e um outro amigo dele, Horace Brown, passou de carro. Ele sempre foi de beber muito, e James pediu uma carona para voltar para Toccoa. No caminho de volta, quando o carro subia por uma colina, eles sofreram um terrível acidente, mas a porta se abriu e James foi lançado contra uma árvore, bateu a cabeça com muita força e feriu o ombro. Pelo menos ele continuou em segurança no topo da colina. O outro rapaz morreu no acidente quando o carro despencou lá do alto."

"Nós todos estávamos de volta a Toccoa, bebendo e rindo, quando um colega branco passou lá em casa. Ele se chamava Taylor, nunca vou me esquecer. O pai dele era dono da antiga concessionária da Buick na cidade. Ele disse: 'Eu pensei ter visto James Brown descendo a montanha, mas não tenho certeza porque não dou carona a ninguém na estrada'. Talvez o que ele quisera dizer era que não dava carona aos negros, mas ao menos teve a decência de passar lá em casa e dizer o que tinha visto. Foi aí que lembramos que todos os rapazes haviam voltado, claro, mas James não estava com eles. Então, sabíamos que Taylor só podia estar falando dele. E ele estava em estado de choque. Não conseguia dizer uma só palavra e ficava apontando de volta para a montanha. Fomos até lá e encontramos o local do acidente."

"A partir daí você imagina que ele deveria ter mudado seu estilo de vida, principalmente depois de escapar da morte e presenciar o que acontecera com um de seus amigos no acidente que o matou. Mas você não acreditaria no que ele fez; assim que voltou para Toccoa, logo se meteu em outra briga. Quando voltou encontrou Velda, pelo menos acho que foi ela, a mulher que mais tarde se tornaria sua primeira esposa. Ela estava com outro rapaz, Nelson. Ele avançou para cima de Nelson e, em seguida, James e Velda acabaram se pegando e se arrastando pelo chão. Bem, o que estou dizendo é que voltei para casa a fim de passar o Natal e ele já tinha se envolvido em duas brigas, um acidente de carro, uma morte, e James estava com problemas até o pescoço novamente."

Essa capacidade incrível de procurar provações em suas mais diversas formas não era a única característica do caráter de Brown que as pessoas que o conheceram, muito tempo depois, conseguiam reconhecer como resultado da reconstrução de sua vida após deixar a prisão. "Ele era um tanto quanto paranoico mesmo naquela época. Sempre achava que as pessoas estavam tentando fazer algo de ruim contra ele. Era difícil fazer com que ele entendesse que a maior parte das pessoas com quem conversávamos em Toccoa eram pessoas que, de algum modo, faziam parte de sua família. Por ser de Augusta, James não conhecia a cidade ou as pessoas de verdade. Todos em Toccoa conhecem todo mundo. Você tem algum grau de parentesco com eles ou os conhece há tanto tempo que sabe como são. Você conversa com uma garota e depois com outra e acaba descobrindo que ela é prima da primeira. Ou você pode fazer algo de errado com alguma garota e depois contar vantagem para seus amigos e descobrir que ela é prima de um deles e levar uma surra! Sempre que eu voltava para casa havia alguma coisa maluca acontecendo com James."

Byrd e o grupo decidiram mudar para o *blues* quase na mesma época em que Brown se juntou a eles: "Quando conhecemos Hank Ballard, The Midnighters, The Clovers e outros grupos, todos ficamos estarrecidos. Nós dizíamos: 'Ah, é isso o que nós queremos fazer!' As garotas não paravam de gritar, berrar e fazer escândalos". A princípio, faziam pequenas apresentações em clubes sociais e centros recreativos. "Embora James tivesse se tornado o cantor principal, nós ainda não tínhamos um nome novo e as pessoas simplesmente nos conheciam como 'aquele grupo do Bobby Byrd' (...), não tocamos nenhuma música própria por um bom tempo, pois costumávamos apresentar somente as nossas canções preferidas dos sucessos de R&B: 'Baby Don't Do It dos The Five Royales', 'Annie Had A Baby dos The Midnighters', 'Goodnight Sweetheart' dos The Spaniels, 'One Mint Julep' dos The Clovers. Na verdade, 'Julep' era a música principal do nosso show, pois tocávamos aquele sucesso com maestria."

"Pouco depois de deixarmos a música *gospel*, 'aquele grupo do Bobby Byrd' passou a se chamar The Avons. Antes, contanto que estivéssemos tocando músicas *gospel*, tudo estava bem com todos em casa e na igreja. Mas quando descobriram que tínhamos passado a tocar

R&B, foi aí que fizeram de tudo para nos impedir. Eles não descobriram logo de início porque todas as apresentações que fazíamos com o nome The Avons eram fora de Toccoa e nós sempre voltávamos para casa bem a tempo de participar dos trabalhos da igreja. Aos poucos, as pessoas começaram a ouvir coisas sobre nós e ficaram sabendo que tocaríamos em Athens, na Geórgia. Foi só uma questão de tempo até que toda a congregação de Toccoa aparecesse e dançasse nos bailes." Por fim, quando foi convocado a prestar esclarecimentos diante da conferência da igreja, Byrd pediu perdão por seus horríveis pecados. Ele jurou que jamais iria tocar *blues* em Toccoa.

Contudo, o único empresário profissional de música negra da cidade na década de 1950, Barry Trimier, tornou-se o primeiro empresário e agente dos The Avons. Trabalhou como diretor funerário em Decatur, uma região suburbana no sul de Atlanta. "Esse homem fez muito por nós", declarou Bobby, no funeral de Trimier. Um senhor alto, um pouco recurvado e bastante reservado com os modos conciliatórios e afáveis necessários para a sua nova profissão, ele não era nada acessível quando o assunto era o The Avons e James Brown. "Um dia publicarei a minha própria história." Já que ele fizera parte da lista de pacientes em estado crítico na ala de emergência do hospital local alguns meses antes, o tempo era, de fato, algo essencial em sua vida.

No entanto, o mais antigo empresário do grupo aos poucos abriu mão de contar sua história. Ele nascera em Toccoa no dia 18 de outubro de 1912, da "mulher mais incrível do mundo. Minha mãe, Savannah, era enfermeira e parteira. Ela ajudou a cuidar de alguns dos cidadãos já adultos da cidade. Os mais velhos diziam com orgulho: 'Meu bebê levou umas palmadas daquela negra que mora lá embaixo'. Todos gostavam dela e isso me ajudou". Mas não o suficiente para lhe servir de auxílio aos 28 anos de idade quando foi convocado durante a Segunda Guerra Mundial. "Eu era muito velho, mas alguns dos brancos queriam me ver longe da cidade. Eu trabalhava com um táxi e ganhava mais dinheiro do que eles achavam que eu deveria."

Enviado para Liverpool, Inglaterra, com o Batalhão do Quartel 372, Trimier e seus companheiros receberam treinamento de invasão avançada e foram enviados à França. "Uma noite, alguns de nós acampamos no meio de um campo enquanto outros soldados dormiam próximo à estrada. Eles foram todos assassinados pelos aviões alemães que bombardearam as estradas durante a noite. Chamaram a operação de 'Inspeção Charlie Noturna'. Mais tarde, em Cherbourg, passaríamos a primeira noite em um quartel-general submarino alemão, mas a infantaria nos expulsou. Na manhã seguinte, todos estavam mortos. O quartel-general foi atacado de surpresa. O bom Deus parecia não ter planos para a minha morte."

Na Europa, as companhias do exército foram integradas para uma repatriação. "De Nova York, fomos todos enviados de trem para Augusta, Geórgia, para sermos liberados. Quando chegamos à Virgínia, os militares vieram até os carros e nos dividiram novamente. Os soldados brancos que estavam conosco na França acharam que ficariam mais seguros se dormissem ao lado de um soldado negro enquanto os alemães ainda estavam por perto. Não havia nenhum soldado negro alemão. Mas nós retornamos para casa e voltamos a ser os negros de segunda classe."

Ele ficou em Toccoa para cuidar de sua mãe. Voltou a trabalhar com o táxi e teve dificuldade para se acertar com alguns motoristas brancos que tinham assumido seu negócio enquanto ele estivera fora defendendo a liberdade. Apesar de não conseguir nenhum tipo de ajuda dos agentes da polícia local, o teimoso Trimier conseguiu o que queria.

Comprou um terreno de esquina, construiu uma lanchonete, um clube e uma sala de bilhar e batizou de Centro Recreativo de Barry. "O local ficava a meio quarteirão da escola e acabou por se tornar o ponto de encontro da garotada. Foi aí que Bobby e seus amigos começaram a frequentar o lugar e passaram a tocar no Centro Recreativo. Após certo tempo, expandimos para outras cidades pequenas, colégios, faculdades e até na Universidade da Geórgia. Bobby era o principal organizador da banda, um músico com um dom natural. Se não fosse por esses garotos, não teríamos nada para comer."

"Assim, James Brown apareceu. Tenho de dizer que, apesar de todos os seus problemas, o garoto era algo raro. Ele sempre estava metido em alguma encrenca, mas havia algo de diferente nele. James foi solto por um período de condicional de nove meses. Sem que eu soubesse, comprou um carro, ficou com o automóvel por duas ou três semanas e o trocou por outro. Por estar em liberdade condicional, ele não podia ter feito aquilo. Ele havia perdido a cidadania. O delegado veio buscá-lo e ia enviá-lo de volta para a prisão por mais nove anos. A única coisa que o salvou foi o fato de ainda ser menor de idade. Além disso, fomos procurar pelas pessoas endinheiradas que moravam em nossa cidade e que contratavam esses garotos para trabalhos temporários. Eles tinham influência. E nós sempre tínhamos de encontrar alguma pessoa influente."

Com Brown ainda disponível, Trimier agendava apresentações do grupo de Byrd em escolas nas sextas-feiras e sábados e em clubes aos domingos e segundas. "Nós formávamos duas ou três bandas nos finais de semana, continuou Trimier – James cantava com diferentes bandas em diversas fraternidades estudantis. Uma delas era comandada por Bobby, outra por James, outra por Sylvester. James Crawford também estava presente. O conselho estudantil indicava nosso trabalho para outras escolas. Fazíamos todos os acordos por telefone, não havia contratos assinados. Aquilo não era uma questão que envolvia muito dinheiro para a banda. Algo em torno de 125 dólares, às vezes 150 dólares".

"Quando James atingiu o auge com 'Please, Please, Please', ele já era bem conhecido na região. Conseguia reunir uma plateia maior do que a de Little Richard. Não era a música que o transformava em sucesso, pois nem gostava tanto dela no início. Ele nunca tinha certeza do que as pessoas queriam. No começo, era preciso que seus colegas lhe dissessem o que fazer. A música não o agradava tanto. Foram as pessoas que o ajudavam que o criaram. Ele era alguém incomum, mas precisava de pessoas como Clint Brantley e Ben Bart para ir mais longe. Não havia nada no mundo que me fizesse criar algum envolvimento com as pessoas. Ele assumiu o nosso nome e a nossa música, mas eu disse: 'Não me envolva'."

Trimier fez com que o grupo trabalhasse de modo constante durante o período entre 1954 e 1955, no circuito semiprofissional da região norte da Geórgia e na Carolina do Sul. A instrumentação, lembrou Byrd, era bastante primitiva: "Benny Jones possuía uma caravan, e Barry Trimier, um carro. Nós tínhamos um címbalo antigo feito de aço ou de uma lata muito resistente. Era só bater os pratos e ouvir aquele som de PLAT! nada suave. Conseguimos um bumbo de bateria na escola, um enorme tambor usado nos desfiles da fanfarra. Depois demos um jeito de conseguir um pedal. James trabalhava em uma fábrica de plásticos naquela época e eles soldaram tudo para que não quebrasse mais. E assim, o som agora era 'Bum-bam-PLAT! Bum-bam-PLAT!'".

"Nafloyd tinha um violão elétrico comum. Não tínhamos um baixo. Eu fazia a parte do baixo com a voz. Tínhamos um microfone e um pequeno amplificador quase do tamanho de uma TV da época. Nós todos cantávamos acompanhados por ele, até que o irmão de Nafloyd, apelidado de Baby Roy, chegou com a outra guitarra, um instrumento muito simples também. Não era um baixo, mas colocamos cordas de baixo nela. Ele não sabia muito bem como fazer para que o instrumento ficasse com um som grave e, por esse motivo, muitas vezes tínhamos apenas a impressão de que Nafloyd só estava tocando uma parte diferente da música. Mais tarde, conseguimos comprar mais um amplificador."

Por mais rudimentar que fossem os instrumentos, tudo pertencia a eles e, por essa razão, podiam se apresentar com regularidade, fazendo com que sua confiabilidade e consistência os tornassem populares na região. "Éramos diferentes porque tínhamos bastante variedade. Escolhíamos bem as mudanças. Embora eu fosse o principal pianista e responsável pela voz mais grave, também arriscava na bateria e fazia a voz principal. Antes de Baby Roy começar de fato a tocar aquele instrumento fazendo as vezes do baixo, ele cuidava dos teclados. Em Toccoa, havia muitos outros pianistas porque os garotos gostavam de aprender o instrumento. Baby Roy era muito bom, quase como eu."

Byrd, Brown e Sylvester Keels eram os principais vocalistas. "Assim, quando James estava pronto para cantar, eu assumia a bateria e quando eu me preparava para cantar, Sylvester cuidava dela, porque James e eu nos revezávamos na posição de vocalista principal. Nossas vozes sempre combinaram muito bem. O que fazíamos naquela época era a base para todas as coisas futuras, como 'Licking Stick' e 'Soul Power', James também tocava bateria e Sylvester sabia tocar piano. Então, vivíamos trocando de posição. Aquilo fazia parte do show e deixava as pessoas fascinadas."

Os instrumentos não eram as únicas coisas em que se revezavam. Nesse período, enquanto ainda se apresentavam com o nome The Avons, começaram a fazer seus primeiros shows como os The Flames. Eles também usavam outros nomes – como The Trenells e The Rhythm Masters – e possivelmente ainda eram chamados para apresentações de música *gospel* pelo nome de Gospel Starlighters, já que estavam sempre dispostos a qualquer coisa para trabalhar.

Johnny Terry estivera na mesma prisão que James e, antes da soltura de Brown, levara um grupo de Atlanta para Toccoa. "Acho que foi a primeira vez que vimos algo realmente sério de R&B." Byrd não se lembra do nome da banda, "mas os rapazes sabiam cantar, todos, com exceção de Johnny. Ele jamais deveria cantar, mas só descobrimos isso de verdade muito tempo depois. Assim, Johnny decidiu fazer de Toccoa seu lar e tentou estudar. No entanto, James saiu da cadeia e eles fizeram muitos planos juntos. E foi assim que tudo aconteceu, nenhum dos dois voltou para a escola".

"Johnny era sempre aquele que não fazia nada porque ele não podia cantar no meu grupo, nem no coral da comunidade. Ele não cantava com ninguém. E tenho certeza de que ficou feliz quando James finalmente o chamou para o nosso grupo. A princípio, ele veio como compositor e não como vocalista. E era um bom compositor. Por fim, ele acabou se juntando a nós em período integral assim que passamos a investir somente no R&B. James queria que Johnny estivesse no grupo, e foi aí que descobrimos que ele não sabia cantar. Mas ele era um bom dançarino. Assim, nós cuidávamos das harmonias e ele passou a cuidar dos demais trabalhos de rotina."

"Pelo que me lembro, não lançamos nenhuma música original por um bom tempo. Cantávamos só os nossos sucessos preferidos de *blues*, 'Baby Don't Do It' do The Five Royales, 'Annie Had a Baby' do The Midnighters, 'Goodnight Sweetheart' do The Spaniels, 'One Mint Julep' do The Clovers. Mas não tocávamos apenas sucessos de artistas conhecidos. Um de nós arriscava algo de B. B. King, um outro fazia algo de Big Joe Turner. Na verdade, eu fazia isso, pois gostava de cantar 'Shake Rattle And Roll' e esse tipo de coisa. Fred Pulliam cantava 'Reconsider Baby' e outras músicas de Lowell Fulson. Sylvester Keels preferia os sucessos de Clyde McPhatter, James sempre escolhia Wynonie Harris e Roy Brown. Quanto aos instrumentos de sopro, se precisávamos de um solo de saxofone, eu ou James assobiávamos ou usávamos juntos a técnica do *scat singing*. No final, tudo parecia funcionar muito bem. Nós tivemos um saxofonista durante algum tempo, um rapaz chamado Neil, amigo de James, de Augusta. Ele ficou conosco por pouco tempo em Toccoa e depois voltou a juntar-se a nós em Macon, mas ele não esperava que o grupo tivesse muito futuro. E com certeza perdeu o barco."

Além de suas apresentações em clubes, escolas e faculdades, o grupo também tocava baladas populares em chás da tarde. "Era isso o que fazíamos quando ainda éramos os The Avons antes de James juntar-se a nós, mas ainda assim ele se dava bem nesse estilo. Ele cantava algumas dessas baladas gravadas mais tarde, 'So Long', 'Prisioner Of Love', além de 'Blue Moon' e 'White Cliffs Of Dover'. Na verdade, gravamos tudo isso antes de sequer pensarmos em assinar contrato com a King Records. Não me recordo quando, mas tenho certeza de que fizemos algumas apresentações em Atlanta e na Flórida. [Brown diz que foi na Carolina do Sul.] Eu queria muito que tivéssemos regravado 'White Cliffs Of Dover' para a King porque James realmente ficava muito bem cantando essa música, e os arranjos que fazíamos eram fantásticos."

Não demorou muito até as trocas e os revezamentos de funções provarem que James Brown deveria ocupar a frente do grupo de modo permanente. No entanto, durante os anos de 1954 e 1955, aos poucos as mudanças passaram a acontecer no ritmo de James, impulsionado pela energia maníaca que impressionara Byrd quando ele viu o "Music Box" se apresentar pela primeira vez dentro dos muros da prisão. Certa noite, no Clube Rendezvous de Bill, o lugar mais agitado de Toccoa, o grupo de Byrd e Brown conseguiu a sua estreia no local quando subiram ao palco durante o intervalo entre as apresentações de um dos shows mais populares do circuito de música do sul, Little Richard. Eles incendiaram o lugar. Depois da invasão e o restante do show da atração principal, Lucas "Fats" Gonder, o empresário de turnê/mestre de cerimônia/pianista de Richard, apresentou-se ao grupo e sugeriu que eles entrassem em contato com Clint Brantley, o empresário de Richard em Macon. Brantley levou-os para tocar nesse clube, *The Two Spot*, e também conseguiu agendar algumas outras datas de show na região. No entanto, ele estava ocupado demais investindo na carreira meteórica de Little Richard para dedicar mais tempo e energia com aquele grupo mais jovem. Apesar disso, duas coisas logo forçaram Brantley a mudar de ideia: a tendência de Brown de se envolver em encrencas e a mudança de Richard ao assinar contrato com a Specialty Records.

"Uma vez", continuou Byrd, "James estava na Carolina do Sul às quatro horas da manhã. Naquela época, sendo um garoto negro do sul, você não poderia ser pego viajando em uma hora daquelas, ainda mais cruzando a divisa do Estado, e acima de tudo em liberdade condicional! Mas ouvimos dizer que ele se meteu em uma briga e que roubara o para-choque do carro de alguém. Uma coisa posso dizer com certeza, James tinha muita habilidade para depenar um carro em questão de segundos. Ele tinha paixão por carros. Você e eu podíamos entrar em casa, sentar e conversar por uns 20 minutos. Quando saíamos novamente, seu carro já estaria totalmente desmontado. Ele tirava as rodas, os para-choques, o motor e tudo o que achasse conveniente. Dissemos a ele: 'James, você não precisa mais fazer isso. Você não precisa mais viver disso. Entenda, você agora tem minha mãe que é a responsável por você. Ela teve de enfrentar muita gente para conseguir tirar você da cadeia...'"

"Então, pegamos o carro e fomos até lá para livrar a cara dele. Ele estava dirigindo um Ford 37 com um banco traseiro adaptado. O para-choque, as calotas e peças do motor do outro rapaz, estava tudo em cima do banco do carro. O restante do motor estava suspenso por correntes pronto para ser carregado. Eu acredito que ele estava pensando em como fazer para colocar aquilo em cima do carro. Então, conversamos com o rapaz e tiramos o James de lá. Estávamos com dois carros e, por isso, colocamos James em um deles e o mandamos de volta para casa. Depois, tiramos todas as coisas do carro dele, deixamos tudo por ali mesmo, prendemos o carro a uma corrente e o rebocamos até Toccoa. E foi assim. Tivemos que voltar da Carolina do Sul no meio da noite, cruzar toda a divisa dos estados, rebocando um carro – todos nós negros. E James não tinha pneus no carro dele! Mesmo assim, conseguimos voltar para a Geórgia. Conversei com ele, mas é claro que ele simplesmente não conseguia manter-se longe de confusões."

Nem mesmo o casamento com Velma Warren e a responsabilidade de seus dois filhos, Teddy e Terry, conseguiram fazer com que Brown diminuísse o ritmo: "Durante todo o tempo em que ele ficou em Toccoa, eu sempre pensava: 'Meu Deus, eles vão prender a minha mãe por ser responsável por esse garoto'", disse Byrd. "Quando chegamos em Macon, eles transferiram sua fiança [para Brantley] e, assim, minha mãe e sua família estavam livres daquele peso. Fiquei muito feliz por aquilo. E agora Clint é quem estava encrencado."

Capítulo 3

Comparada à Toccoa, Macon era o ponto alto da Geórgia. Grandes shows de *blues* acontecendo o tempo todo no Auditório de Macon, reservado com antecedência por Clint Brantley. E no seu apogeu, todos eles tocavam em seu bar, o *Two Spot*. Com a formação mais profissional do dono do clube, Brown, Byrd e a banda causavam um impacto cada vez maior no cenário de Macon, mas sempre em função de sua condicional ainda em vigência, as atividades de James fora do palco causavam o mesmo nível de apreensão.

"Clint comprou um carro para James", lembrou-se Byrd, "um Buick 55 novinho, se me lembro bem. Não tínhamos nenhum disco gravado ainda, mas nos apresentávamos com frequência e James trabalhava bastante. Ele tinha um emprego na rodoviária e, por isso, podia bancar as despesas com o carro. James decidiu que queria dirigir até Toccoa para mostrar seu carro novo a todos de lá. Entretanto, naquela época não existia nenhuma superestrada, apenas aquelas de duas faixas. Dissemos a ele: 'Não vá', mas certa noite ele simplesmente foi. Quando tivemos notícias dele, seis horas da manhã do dia seguinte, estava preso de novo. Em Madison, Geórgia. Por ser negro, aquele não era lugar de se estar naquela hora. Uma cidade muito peculiar àquela."

"James acabou batendo no trator de um homem na estrada. Se fosse um jovem rapaz branco, talvez tudo tivesse sido diferente, mas ele havia cruzado o caminho de um senhor branco de idade avançada que conhecia todo mundo em Madison. E foi isso o que aconteceu. Bem, James foi quem colidiu com o trator do homem, não foi? Mas, em vez de dizer: 'Desculpe-me por ter batido em seu trator', ele deu uma surra no homem porque seu carro novo estava todo amassado. Em Madison, Geórgia, em 1955! Bum! E foi isso. Ele estava, sem dúvida, encrencado. Até hoje não sei como Clint conseguiu tirá-lo de lá, mas depois de quatro ou cinco dias, ele o trouxe de volta para Macon. Um tempo depois, tocamos em Madison duas ou três vezes e nunca chegamos a receber pelas apresentações. Com certeza, Clint deve ter ficado devendo um favor enorme para alguma pessoa influente de lá."

De volta aos palcos, Brown e o grupo preparavam uma apresentação arrebatadora, com um espetáculo de vozes e arranjos fantásticos, mas assim como o herói local Little Richard e dezenas de outros antes e milhares depois, James sabia por instinto que quando estava diante de uma plateia, um artista tinha de estar bem alinhado. Não com as orelhas esfregadas e as unhas limpas e cortadas, mas alinhado, elegante, arrojado. Todos os melhores grupos eram como os modernos Orioles ou os The Flamingos, assim também como os mais atraentes vocalistas principais como Louis Jordan, cuja habilidade é captar e manter a atenção de uma plateia com sua música de arranjos fortes, letras inteligentes e espetáculos impressionantes, algo que deixava Brown estupefato. Tentar imitá-los tinha seus obstáculos para alguém que não era tão flexível.

"James é muito exigente com relação ao seu cabelo", disse Bobby. "Não sei de quem ele herdou isso, mas talvez tenha alguma ligação com a época em que começamos a cantar juntos. Víamos aqueles grupos como os The Flamingos e outros que tinham a pele bem cuidada, boa aparência e penteados benfeitos. Assim, embora fôssemos diferentes deles, queríamos ter a mesma aparência. Na época, não tínhamos dinheiro para comprar aqueles ternos e acessórios todos, mas ao menos podíamos deixar nossos cabelos em ordem. Assim como todas as pessoas 'negras' têm cores diferentes de pele, todos também temos cabelos de cores distintas. Exatamente como os brancos, certo? Vocês não são todos naturalmente loiros, nós não somos todos naturalmente pretos. E por isso costumávamos tingir nossos cabelos. Naquela época costumávamos usar graxa de sapato. Esse era o nosso estilo. Coloque essa coisa no seu cabelo e tente secá-lo, demora uma eternidade."

"Johnny Terry era muito moreno e, por isso, tinha de usar uma quantidade muito grande daquela coisa. Mas ele sempre transpirava muito. Quando era mais jovem, eu sempre era o mais desencanado. Eu fazia minha parte, ia de um lado para outro, mas nunca transpirava. Eu só comecei a transpirar muito tempo depois, afinal, todos envelhecemos um dia. Mas Johnny... sempre transpirou demais. Então, às vezes, quando pulávamos demais ou quando fazia muito calor, aquela coisa escorria por todo o rosto dele (...) lembro-me bem de tudo o que passamos para chegar onde chegamos."

"Uma vez, tocamos na região de Atlanta e tivemos um pequeno problema. O pneu estourou logo na entrada da cidade e não tínhamos um estepe. Demos um jeito no pneu e empurramos a caravan para tentarmos ser pontuais e quando chegamos, dissemos: 'Estamos aqui!' As pessoas olharam para aquela cena e disseram: 'Nossa, como foi que vocês conseguiram chegar com essa geringonça aí'. Apesar de tudo, entramos no clube, fizemos um show excelente e, claro, arrasamos. Levamos a plateia à loucura. Depois disso, ainda tínhamos mais uma missão: voltar para casa. Saímos do clube e não conseguíamos dar a partida no carro. Mais uma vez, voltamos a empurrar a caravan pela estrada feito doidos, antes que as pessoas saíssem do salão e nos vissem naquela situação. Nossa! Aquilo foi trágico e engraçado ao mesmo tempo."

Uma noite em Macon, entre o pôr do sol e a hora do show começar, James fez uma revelação estarrecedora para os demais integrantes do The Flames. Ele estava prestes a "vender sua alma ao diabo". "Isso aconteceu no *The Two Spot*", lembrou-se Byrd: "Ele conversava comigo e Johnny Terry quando disse: 'Vocês querem ir comigo? Eles me trarão de volta amanhã à noite'. Eu nunca consegui descobrir quem eram 'eles'. Eu disse: 'Ah não. Não vou a lugar nenhum por essas estradas sombrias a fim de ter um encontro com o diabo'. E Johnny Terry também não quis ir. Mas James disse: 'Vocês são loucos. Como assim, não vão?' Ele estava mesmo muito sério naquela noite".

A lenda de vender a alma ao diabo em troca de poder para inovar a música – ou em troca de grande riqueza ou do amor de outro ser humano – não é novidade em qualquer conto da mitologia. Essa história acompanhou o inovador cantor de *blues*, Robert Johnson, até o dia de sua morte, e permanece sendo um símbolo forte na emergência da genialidade de uma alma selvagem e perdida. O cabo de guerra entre a salvação espiritual e o pecado venal entre os cantores afro-americanos, que surgiu na igreja com a música *gospel*, é agora algo tão óbvio a ponto de tornar-se um clichê. Uma grande lista de cantores – Little Richard, Sam Cooke, Al Green, Marvin Gaye e muitos outros – viveu isso. E sob os olhos atentos dos membros da comunidade, é o mesmo que de fato fazer um pacto com o demônio.

"Ninguém o viu por uns dois dias. Ficamos sem saber o que ele poderia estar aprontando. Até que ele voltou e, de repente, começou a transpirar muito. Parecia estar com falta de ar. Não sei se voltou andando daquele lugar onde dissera que ia, mas ele estava cansado e transpirando. Naquele mesmo dia, Clint teve uma discussão horrível a respeito de Little Richard porque James disse que ele estava impulsionando demais a carreira de Richard e não estava nos dando a devida atenção."

"Vou dizer só uma coisa a favor de James. Ele nos disse: 'Não vou lhes dizer para serem como eu ou para passarem para o meu lado. Levarei vocês todos comigo de qualquer maneira. Vocês não têm de se preocupar com absolutamente nada. Vamos ser a maior sensação deste lugar'. Ele passou a dizer aquilo diversas vezes. Mas vou lhes dizer algo muito estranho: nós começamos a ficar muito populares depois de James dizer que vendera sua alma ao diabo. Depois desse ocorrido, não começamos a fazer nada de muito diferente, exceto James que começou a se entregar muito mais do que antes. Então, de repente, o telefone começou a tocar e todos pareciam estar à procura do The Flames."

Parte de sua popularidade surgida podia ser explicada apenas por meio de um processo de eliminação. Little Richard acabara de conquistar o sucesso nacional com a música "Tutti Frutti" e desapareceu do cenário local: "Assim, de repente, passamos a ser o grupo número um em Macon. Veja bem, Richard tinha a cidade toda aos seus pés. Aquela era a sua cidade natal. E por mais exibicionista que fosse, as pessoas sempre vão querer vê-lo independente de haver um disco novo ou não. Você não acreditaria no número de lugares em que ele já se apresentara antes de lançar 'Tutti Frutti'. É simplesmente algo inacreditável. Ele enchia o auditório local. E estou falando do grande auditório, não de um clube ou um teatro pequeno. Ele não tinha sequer um grande sucesso. As pessoas vinham para vê-lo trocar de roupa e como estaria o seu cabelo. Ele tinha um enorme topete *Pompadour*. Chamava muito a atenção."

"O tempo todo Richard tentava ser simpático conosco, mas James tinha algo contra ele pelo fato de ele ser um cara boa pinta e de grande sucesso, enquanto nós não passávamos de um grupo tentando sobreviver. Richard era astuto, mas todos nós dávamos a impressão de ser relaxados demais, entende? Richard e sua banda estavam sempre bem alinhados, com ternos, gravatas e tudo mais. As garotas os rodeavam. James detestava ver aquilo tudo. E manteve um ódio sincero por Richard por um bom tempo."

"Além disso, tínhamos a situação financeira. Nenhum de nós estava ganhando muito naquela época. Enquanto conseguíamos ganhar, por exemplo, 12 dólares cada um por noite, às vezes 8 ou 10, a banda de Richard tirava 15 ou 20 dólares por cabeça. E Richard ganhava 35 ou 40. Então, James zangava-se com o fato de Richard ganhar todo aquele dinheiro a mais por estar à frente de seu grupo, sendo que James não podia receber nada a mais que nós porque éramos um grupo unido e trabalhávamos por igual. Naquela época, ainda não existia um James Brown e os The Flames. Descobrimos mais tarde que Clint lhe dava alguns dólares extras por debaixo dos panos. Na verdade, fui o primeiro a saber e, assim, ele passou a me oferecer alguns dólares a mais também!"

"A pessoa mais maldosa de nosso grupo era Nafloyd. Ele não aceitava desaforo de ninguém. Até mesmo James tinha medo dele – eu também. Ele parecia nunca querer dizer nada. Simplesmente chegava e enchia a pessoa de bofetadas. Um guitarrista muito talentoso, mas não tolerava desaforo algum de James ou de qualquer outra pessoa. Deixe-o em paz e ele fará a parte dele. Entretanto, não se esqueça de pagar por seus serviços. Não fale nada sobre multas ou despesas extras com ele, de jeito nenhum. Foi por isso que o perdemos ao longo do caminho. James não aguentava ter de lidar com ele."

"Bem, de modo natural, criou-se uma situação desagradável quando todos ficaram sabendo que James ganhava um dinheiro extra enquanto todos faziam o mesmo trabalho, pois, naquela época, nós todos ainda vivíamos trocando de posição em tudo. James não era o cantor principal de todas as músicas. Sylvester também era um excelente homem de frente. Nós tivemos alguns problemas antes, mas daquela vez eles se irritaram de verdade e, com Richard fora do caminho, começamos a fazer o que era preciso."

Quando o sucesso "Tutti Frutti", de Little Richard alcançou uma posição entre as 20 Mais Pedidas em 1955, o álbum *Georgia Peach* não perdeu tempo e saiu em busca da conquista do Oeste da Califórnia. Richard entrou em contato com Macon com a excelente informação de que não conseguiria voltar para casa, a fim de cumprir com a sua agenda de shows programados para as próximas semanas: "E assim, todas aquelas datas, estou falando de algo entre 40 e 50 datas que Richard tinha, foram todas transferidas para nós. O que foi bom, porque finalmente vimos entrar um dinheiro de verdade". Embora eles tenham tocado em algumas dessas datas como os The Famous Flames, em grande parte dos eventos, os cartazes ainda diziam "Little Richard e The Upsetters". "James tinha cabelos longos, nós arrumávamos bem o cabelo dele e ele dava conta do recado." Em algumas ocasiões, eles acabavam revelando sua verdadeira identidade no fim do show: "Alguns dos lugares não gostavam nem um pouco quando descobriam aquilo. Quero dizer, é melhor continuar como Little Richard. Você pode não ser ele, mas é melhor fingir que é esta noite!"

O subterfúgio contava com o auxílio da falta de fotografias promocionais dos concertos daquela época "e as fotos nos cartazes não se pareciam em nada com ninguém. Naquele tempo, você escolhia a foto de alguém e fazia o que tinha de fazer e, assim, nós podíamos fazer muita coisa na maioria dos lugares. Em alguns dos locais tivemos alguns problemas, mas tínhamos de achar uma maneira de fazer o show acontecer."

É claro que personificar Little Richard e The Upsetters surtia o efeito de colocar Brown em evidência, sendo que ele passava a ser o único homem de frente do grupo: "Nunca vi alguém trabalhar tanto em minha vida inteira", disse Byrd. "Ele fazia mais do que o necessário. Usava tudo aquilo que ensaiávamos e, a partir daí, incrementava com seu estilo pessoal. Ele simplesmente sabia o que estava fazendo, entende? Superava-se cada vez mais. Nós dizíamos: 'Qual é o seu problema? Quando chegar nossa hora de tentar gravar um disco, você já vai estar morto'. Ele só pensava em superar Richard, esse era seu projeto pessoal. Ele queria que as pessoas se esquecessem de Richard e passassem a falar dele."

"Ele também fazia isso. Lembro-me de uma apresentação em particular, no Alabama. As pessoas descobriram que não éramos Little Richard e começaram a gritar: 'Queremos Richard. Queremos Richard'. James subiu no piano, saltou de lá dançando, girando e pulando. Ele fez de tudo. E conseguiu fazer com que as pessoas deixassem de pensar em Richard e prestassem mais atenção nele. Quando terminamos o show, todos estavam nos aplaudindo. Então, quem é mesmo Little Richard? Esse tipo de coisa."

Até aquele momento, sua experiência com gravações limitava-se a fitas não lançadas feitas nas estações locais de rádio da Geórgia. Uma dessas gravações demo editada na estação WIBB de Macon em novembro de 1955, de repente, superou as expectativas. Segundo Byrd, "Please, Please, Please", uma súplica fervorosa transformada em um canto hipnótico inacreditavelmente emocional que se tornara um veículo da capacidade cativante de representar de James, surgira a partir da versão de "Baby Please Don't Go", como foi apresentada pelo grupo de Bill Johnson, de Augusta. Por se tratar de uma versão de grupo, a leitura dos The Orioles de "Baby Please Don't Go" influenciou o arranjo de "Please, Please, Please", embora talvez eles também tenham ouvido a versão de 1951 de *Turn Your Lamp Down* do famoso artista, também de Atlanta e localmente popular, Billy Wright.

O *dee-jay* da WIBB, Hamp Swain, tocou a fita de "Please, Please, Please" e Brantley enviou demos para gravadoras locais e também para produtores independentes maiores. Don Robey, o chefe da Duke Records, gostou do trabalho, mas não conseguiu chegar a um acordo com Brantley. Em Chicago, Leonard Chess demonstrou interesse e enviou um contrato para Brantley, mas o acordo deu errado quando o voo de Chess até a Geórgia foi impedido de decolar. Enquanto isso o produtor e caçador de talentos, Ralph Bass, ouviu a demo. Ele trabalhava para a King e para a Federal Records, duas gravadoras cujo dono era Syd Nathan e localizavam-se em Cincinnati. Os discos de R&B de Bass eram lançados pela Federal. Por fim, ele assinou contrato com o The Famous Flames no dia 23 de janeiro de 1956.

Bass contou a história em detalhes a Harry Weinger e, para fins de entretenimento, ela foi recontada no folheto dos vencedores do *Grammy* anteriormente mencionado, no *box* do álbum *Star Time*. Em poucas palavras, ao visitar a gravadora Atlanta, a filial na Geórgia da King Records, Bass encontrou uma demo que foi deixada lá para ele. Do lado de fora estava escrito: "The Flames". Ele perguntou onde poderia achar o grupo quando lhe indicaram a direção de Macon, Geórgia. Assim, Bass foi direto à estação de rádio local onde lhe disseram para procurar Clint Brantley, o responsável por diversas franquias e negócios de alguns artistas. Uma reunião clandestina entre Bass e Brantley foi organizada em uma barbearia para evitar que alguns brancos da cidade descobrissem que ele estava negociando com alguém de fora.

Bass disse a Weinger que oferecia a Brantley 200 dólares pelas assinaturas dos membros do grupo e então firmou-se o acordo. Ele levou o The Famous Flames para Cincinnati e gravou "Please, Please, Please". Três meses depois, ainda na estrada, agora em St. Louis, Bass recebeu um recado que dizia que o dono da King Records, Syd Nathan, estava disposto a brigar e queria que Bass fosse demitido: "Essa é a maior porcaria que já ouvi na vida!" Nathan simplesmente pegou o telefone e ordenou: "Você está despedido!". Mas, por causa das reações que ele vinha recebendo da música enquanto viajava, Bass sabia o que estava fazendo e implorou a Nathan que testasse a canção "Please, Please, Please" no mercado de Atlanta. "Que se dane", Nathan respondeu. "Eu vou lançar a música no país todo só para provar o tamanho dessa porcaria."

Capítulo 4

A música "The Great Pretenders" dos The Platters (um hit de sucesso nº 1) e a mais alegre "Why Do Fools Fall in Love" de Frankie Lymon & The Teenagers (a música popular de nº 7) foram os discos nº 1 de R&B nas paradas da *Billboard* nas primeiras 15 semanas de 1956. As raízes aprofundaram-se bastante no estilo *doo-wop* de cantar a *black music* à capela, mas os maiores sucessos alcançaram as posições mais importantes nas paradas, sendo que esses acordes em comparação mais suaves acabaram sendo sobrepostos pela energia menos contida do *rock'n'roll*.

Little Richard consolidou a sua posição de o mais barulhento no Sul, com dois sucessos duplos lançados pela gravadora Specialty – "Long Tall Sally/Slippin' & Slidin" e "Rip It Up/Ready Teddy" – enquanto a principal banda da Imperial, o Fats Domino, emplacava os sucessos "I'm In Love Again/My Blue Heaven" e "Blueberry Hill". Elvis Presley, que acabara de deixar a gravadora Sun de Sam Phillips e fechara contrato com a RCA Victor, compensava o grande investimento da produtora com a corrida do disco de ouro. Em 1956, "Don't Be Cruel/Hound Dog" chegaram a superar as listagens de R&B. Chuck Berry lançara seu primeiro sucesso: "Maybellene", um ano antes. Todos esses discos chegaram rapidamente às paradas de sucessos populares dos brancos. Little Willie John, um dos ídolos de Brown, se é que possuía algum, e Bill Doggett, o cantor que mais vendia títulos da King Records na época, alcançaram as primeiras posições de R&B com os sucessos "Fever" e "Honky Tonk" respectivamente.

O estilo *doo-wop* entrou em declínio, e o apelo ao R&B já não era mais tão convincente diante dos estrondos causados pela explosão do *rock'n'roll* quando Syd Nathan desmascarou Ralph Bass e lançou "Please, Please, Please" na Federal Records, no dia 3 de março de 1956. Os primeiros discos de vinil traziam os nomes dos artistas como "James Brown e os The Famous Flames", o que não agradou aos demais integrantes do grupo. Eles também não ficaram nada empolgados com a falta de sucesso imediato de seu único *single*.

"Tínhamos todos desistido", disse Byrd. "quanto ao que diziam a respeito de nós, nada estava acontecendo. Então, fomos todos para casa, até mesmo James. Ele voltou a trabalhar na fábrica de plásticos. Eu voltei à loja e aos teatros, Sylvester voltou para a clínica de repouso. Todos nós voltamos para Toccoa e estávamos bastante decepcionados."

Brown, na verdade, tinha uma esposa em Toccoa e uma namorada em Macon "e por isso ele vivia indo de um lugar a outro. Todos nós, na realidade. Eu tinha me casado com uma garota, Gail Harvin. No entanto, nunca nos encontrávamos com essas mulheres quando tocávamos em Macon e elas achavam que nós éramos membros do grupo mais famoso da época. Você sabe como é. De qualquer modo, continuamos fazendo nossos shows locais, mas não fazíamos a menor ideia de que nosso disco estava sendo vendido. Afinal, nós não o ouvíamos tocar nas rádios."

"Please, Please, Please" estava sendo tocada no Mississippi, Alabama e Flórida, mas não era ainda sucesso na Geórgia e nas Carolinas: "E com certeza nem imaginávamos nada a respeito de nenhuma *Billboard*. Quadros? O que era isso? Estávamos muito desanimados. Não sabíamos de nada – o que precisávamos fazer era correr atrás e trabalhar o disco."

Na verdade, o disco já estava vendendo bem. Classificado como uma "dica territorial" pela cidade de Atlanta na *Billboard,* no fim de março, o álbum ganhou o título de O Mais Vendido da Semana logo na primeira semana de abril: "Surgindo do nada (...) vale a pena ser observado. Atlanta e Cincinnati há duas semanas relatam grandes atividades". Essas áreas, naturalmente, tinham fortes relações com Brown ou a gravadora King, mas a região do golfo e a Virgínia também registravam boas vendas. Embora a canção "Please, Please, Please" quebrasse os recordes em ambas as costas do litoral, demorou muito tempo até que ultrapassasse a casa do primeiro milhão de cópias vendidas. A música tinha suas próprias pernas. Ela permaneceu nos registros e representaria o clímax enlouquecedor dos exaustivos shows ao vivo de Brown por décadas. A canção passou a fazer parte das paradas de R&B da *Billboard* e, no dia 21 de abril de 1956, alcançou a posição de nº 6 e vendeu uma boa quantidade de cópias em diversos territórios, em diferentes momentos, até permanecer entre as 20 Mais Tocadas por 19 semanas.

Antes de descobrirem que o álbum estava sendo vendido nas lojas, Byrd contou que o disco aparecia nas paradas na posição de nº 60. E o disco continuou vendendo. Em novembro de 1956, dois meses após deixar as listagens nacionais, a música "Please, Please, Please" ocupava a posição nº 3 de discos de R&B em St. Louis, de acordo com a *Billboard*, o disco estava classificado como o 16º mais tocado de 1956. Apesar de seu desprezo inicial pelo disco, Nathan já trabalhava nesse ramo há tempo suficiente para saber que devia fazer com que a obra figurasse entre as melhores de seu negócio nos primeiros meses de 1957. Outros quatro *singles* de James Brown & The Famous Flames – "I Don't Know/I Feel That Old Feeling Coming On/No, No, No, No/Hold My Baby's Hand, Just Won't Do Right/Let's Make It/Chonnie-On-Chon e I Won't Plead No More" – haviam passado pela Federal Records naquela época sem provocar grande interesse. Os compradores de discos deixariam ainda de demonstrar interesse por outras cinco músicas, chegando a recusar um total de nove trabalhos em um período de dois anos e meio, até que Brown & The Famous Flames voltassem a despontar nas paradas de sucessos.

Por quê? Por que suas músicas foram tão mal recebidas? Desde a fundação da King Records em 1943, Nathan criara uma das pouquíssimas gravadoras independentes da época. Como a empresa fora construída nas dependências de uma antiga empresa química, a King tinha seus próprios setores de gravação, edição, impressão e, até certo ponto, de distribuição de materiais. E embora fosse bastante reconhecida por suas produções de R&B, a gravadora contava com uma seleção muito mais diversificada. A disposição do local era ideal para canalizar discos até mercados étnicos específicos, mas o *rock'n'roll* mudou as regras do jogo. Os mercados étnicos aos poucos começaram a se romper, e a King não estava equipada o suficiente para promover e comercializar seus produtos, mesmo que a maior parte deles agradasse o público do *rock'n'roll*,

Como Nathan reaparece inúmeras vezes em discussões com Brown com relação aos lançamentos de seus novos discos, uma rápida análise das atividades incomuns do grande chefe dessa gravadora será bastante útil. Nascido em Cincinnati em 1904, ele sempre teve de lidar com terríveis ataques de asma, além de sofrer com uma visão extremamente debilitada e, desde os 5 anos de idade, teve de usar um aparelho de surdez. Abandonou os estudos quando ainda tinha 13 anos, trabalhou em uma loja de penhores, em um elevador, foi ajustador de rebites, ajudante de garçom e tocou bateria. Começou a trabalhar na imobiliária de seu pai, na joalheria, foi promotor de lutas marciais, gerente de uma loja de rádios, vendeu geladeiras e gerenciou uma rede de galerias de prática de tiro ao alvo. Um empreendedor incansável. Tentou iniciar seus próprios negócios na cidade de Fênix, Arizona, Miami e Flórida, mas sempre voltava para Cincinnati.

Diz a lenda que, com apenas um capital de três dólares, ele firmou um contrato de aluguel com uma loja na área dos negros da cidade, conseguiu discos de distribuidores em consignação, comprou um antigo toca-discos e abriu as portas de seu mais novo empreendimento. Pouco antes de os Estados Unidos entrar na Segunda Guerra Mundial, Nathan seguiu sua intuição e comprou 12 mil discos. Em pouco tempo, o material estocado começou a ser vendido e desapareceu de suas prateleiras como poeira. Quando recebeu um lote de discos comprados de um dono de outra loja, que decidira tirar férias para pescar, ele viu que 85% dos álbuns eram de grupos caipiras de quem ele nunca ouvira falar antes: "Não se preocupe", disse o vendedor, "os clientes seguirão as tendências dos discos". Ele estava certo. Nathan conseguira lançar-se com sucesso em mais um mercado. Ele também começou a gravar discos de músicos caipiras, atraídos até Cincinnati pela enorme quantidade de trabalhos oferecidos em fábricas que começavam a ter cada vez mais pedidos de compras durante os anos de guerra. No entanto, percebeu que as empresas de impressão estavam levando todo seu dinheiro e, por isso, decidiu montar a King Records em agosto de 1945.

Nathan ergueu a maior parte da infraestrutura da empresa com suas próprias mãos, derrubou as paredes e ergueu novas estruturas até estar pronto para produzir tudo que precisava, exceto as embalagens de papelão nas quais vendia os discos. Foi durante a fase de equipar o prédio que sua visão piorou e ele tinha de ser guiado de um lugar a outro por amigos, com bastante frequência. Foram necessárias quatro operações de catarata e óculos com lentes triplas até que ele conseguisse voltar a ver as coisas com maior clareza. Sua energia e percepção nos primeiros anos o tornaram o grande proprietário de sua gravadora e das empresas de divulgação afiliadas. Nos jantares e reuniões, ele costumava fazer grandes discursos diante dos funcionários reunidos, geralmente com o auxílio de um microfone e um gravador, em cadências semelhantes às de W. C. Fields com sua sutileza um tanto brusca.

Em uma dessas reuniões, contou a história de uma viagem que fez à Europa na década de 1960 com uma série de imprevistos, como hotéis inadequados, refeições indiferentes e prostitutas sujas. Na França, as pessoas "procuram por *jazz* de boa qualidade e encontramos uma porção de músicos mulatos por todos os lados. Lá os brancos não conseguem uma chance com as moças por causa dos mulatos. Não existe uma linha definida de cores. Absolutamente nenhuma. Na verdade, se ela existe, os brancos parecem ser menos respeitados do que os homens de pele escura. Simplesmente o inverso. Por conta disso, quando esses rapazes chegam, preferem ficar por lá porque se sentem em um paraíso; é como algo que jamais encontrarão na América, e mais, acredito que isso acontece porque a maioria dos mulatos que lá chegam são artistas que, propensos à música, são capazes de fazer coisas fora do comum, e é por isso que [os franceses] provavelmente criaram a opinião de que eles representam uma super-raça".

"Se a qualidade dos mulatos fosse equivalente à das pessoas que conheci lá", Nathan concluiu, "viveríamos em um mundo melhor aqui se os aceitássemos em um nível mais igualitário, como acontece lá. Você não vê nenhum tipo de preconceito. Eles são apenas pessoas". Algo curioso que contou à sua plateia foi que, pelo fato de sofrer de asma, conseguia detectar a raça de uma pessoa pelo cheiro.

Ele gravou outras fitas e discos para que circulassem entre seus vendedores e funcionários de empresas afiliadas: "Infelizmente", prefaciou em suas observações a respeito da estratégia de negócios da King Records, "você ou outras pessoas podem discordar de mim em 100%, mas alguém tem de ser o chefe e eu fui o escolhido para este cargo. Estou gastando meu dinheiro, não o seu, portanto, a menos que eu mude minhas ideias, tudo deverá ser da maneira que você ouve neste disco". Suas teorias são simples: "Parto do princípio de que as coisas não vão bem (...) Deixe-me ver as vendas depois de 90 dias e depois disso lhe direi se são boas ou não. Esse é o tamanho da minha genialidade. Não acredito em gênios", referindo-se ao funcionário e compositor/produtor Gene Redd. Ele havia "composto algumas músicas. Algumas muito boas, outras ruins. O problema de Gene Redd estava no fato de ser um músico de *jazz*. Graças a Deus ele está seguindo por outros caminhos. E acho que até está dizendo 'Amém' para isso".

As composições de novas canções mantiveram a King no ramo musical: "A King Records em 25 anos não ganhou sequer um centavo", disse Nathan. "O dinheiro obtido foi empregado nas empresas de divulgação, na importação de nossos produtos, trabalhos de customização, etc., etc. Ser dono de sua própria fábrica, conseguir as coisas quando se quer algo, na verdade é isso o que importa, ter uma vida boa e ser feliz. Agora, não queremos ser milionários porque para isso é preciso dar duro demais. Estamos todos satisfeitos em poder usar roupas boas, comer uma comida de qualidade e estar felizes por sermos seres humanos normais. Isso é o único bem realmente durável nessa organização holandesa. Eu digo holandesa porque Cincinnati é uma cidade holandesa. Eu sou judeu, mas a cidade é holandesa. Sou mais holandês do que judeu. Não se esqueça, estamos na região centro-oeste e não nos deixamos contaminar pelas cidades de Nova York, Los Angeles ou Chicago."

Após a guerra, as principais gravadoras não entendiam por que não conseguiam grandes lucros nem nos mercados étnicos e especializados. O seu desinteresse abriu as portas para as gravadoras regionais independentes que se expandiram rapidamente para cobrir o mercado que agora era mal explorado. Em pouco tempo, estimou a *Billboard*, havia na região cerca de 500 gravadoras operando, e Nathan, com a típica modéstia que gerava um lucro provavelmente não muito aquém da realidade, reconheceu a King como a quinta ou a sexta em termos de volume de discos. Em seu auge, as instalações da King empregaram um quadro de 400 funcionários.

Em seus primeiros anos, possuía muitas coisas em comum com as gravadoras independentes. No período da noite, os escritórios da King Records passaram a ser usados como estúdios de gravação com os móveis empilhados em um canto da sala. O primeiro disco da gravadora foi uma composição caipira de Cowboy Copas, "Filipino Baby" com I "Don't Blame You". Um antigo sucesso de vendas veio como cortesia de Benjamin "Bull Moose" Jackson com a canção "I Love You, Yes I Do", classificada como a melhor do disco de raça de 1948 do *Cashbox*. A obra vendeu mais de meio milhão de cópias.

A música de "raça", como era conhecida a música afro-americana em 1945, à época de criação da King Records, representava 60% das vendas da gravadora, e o saldo não havia mudado muito alguns anos mais tarde quando Brown e o The Famous Flames fizeram de tudo para continuar com o sucesso com a música "Please, Please, Please".

Anos depois, quando dependia demais de suas vendas, Nathan falou a respeito de Brown: "De um minuto a outro você não tem como prever como esse rapaz James Brown se comportará, mas nós todos o adoramos, consideramos e respeitamos o fato de ter conseguido transformar-se em um grande sucesso. Agora esperamos que não apenas tenha chegado lá, mas que permaneça onde está por muitos anos, como é o caso de Bing Crosby, Sinatra, [Perry] Como e outros". No entanto, a opinião inicial persistente de Nathan a respeito da capacidade e do apelo de Brown & The Famous Flames fora vindicada pelas vendas constantes dos lançamentos depois de "Please, Please, Please". Além disso,

Nathan tinha fracassos muito mais dramáticos com que se preocupar, como Hank Ballard & The Midnighters. O grupo número 1 de R&B da gravadora de 1953 a 1955 deveria ter-se mudado de forma natural do seu estilo para o *rock'n'roll*, mas apesar de sua imensa popularidade no cenário musical, eles nunca conseguiram entrar nesse mercado mais recente, chegando inclusive a despencar das paradas de sucessos de R&B por três anos e meio. Talvez Nathan não estivesse disposto a pagar para as pessoas certas a quantia esperada com o intuito de fazer com que seus lançamentos fossem aceitos nesse novo cenário. Na realidade, Brantley os orientou acerca de algumas verdades seculares a respeito dos negócios e começou a agendar shows para eles bem mais longe de casa. Foi aí, disse Byrd, "que descobrimos como funcionavam os subornos comerciais".

Eles ainda eram muito caipiras, quase que desconhecidos por completo como grupo, longe dos estados do sudeste. Uma de suas poucas apresentações fora de sua região naquela época foi em um show no Laurel's Garden Ballroom, Newark, em Nova Jersey: "Essa foi a primeira vez que vimos Little Richard desde que ele havia deixado Macon com 'Tutti Frutti'", disse Byrd. "Nós estávamos na estrada a caminho de Nova Jersey. Era a primeira vez que estávamos tão longe ao norte e era um grande show. Richard, Ray Charles, Fats Domino, Solomon Burke (...) é claro que ele era tão desconhecido quanto nós naquela época, embora ele já tivesse algumas coisas esperando por ele no norte como nós tínhamos no sul."

"Nosso carro quebrou na estrada e Richard passou por nós. Ele parou e perguntou: 'Qual o problema aí?' Nós dissemos o que havia acontecido e perguntamos para onde estava indo. Ele disse: 'Vocês todos vão participar do mesmo show que eu, então me permitam ajudá-los e chegaremos todos lá'. Ele voltou e abriu o porta-malas de seu carro. Eu nunca vira tanto dinheiro em toda a minha vida. Até hoje tento imaginar por que ele não tinha tudo aquilo guardado em uma pasta, uma mala ou qualquer outra coisa. Havia notas soltas espalhadas por todo o porta-malas do carro, milhares de dólares, tudo jogado ali. Ele simplesmente foi até lá, juntou um grande punhado de notas e sequer contou quanto tinha. Ele nos deu aquele dinheiro e disse: 'Consertem esse carro e vão para a cidade'."

Eles continuaram a apresentar os mesmos tipos de músicas que no início chamaram a atenção do pequeno séquito de Little Richard no Clube Rendezvous de Bill. Byrd lembrou-se de uma ocasião no restaurante de Little John em Climpson, Carolina do Sul: "Estávamos agendados para tocar lá logo depois de lançarmos "Please, Please". Não havíamos conseguido quase nada ainda. Havia um outro show próximo do nosso horário naquela mesma noite. Corremos até o local onde aconteceria a outra apresentação e eles já estavam no palco. James pediu ao homem: 'Podemos ver o show deles?' e então ele começa a tocar e dar um show em cima do palco, deixando toda a plateia realmente empolgada. Aí, pega o microfone e diz: 'Estamos logo ali no fim da rua, no restaurante do Little John, senhoras e senhores, vamos até lá!' Saímos do local acompanhados por uma enorme multidão logo atrás de nós. Ele costumava fazer coisas assim. Eu disse a mim mesmo: 'Esse é um homem que com certeza fará sucesso'. Era inacreditável para os demais integrantes do grupo que ele tivesse toda aquela energia e coragem para fazer coisas como aquela".

"Brown nunca perdeu o ritmo. Muito tempo depois (...) Otis [Redding] fez uma apresentação no Teatro Howard em Washington. Nós estivemos na loja de discos de Waxie Maxie para uma noite de autógrafos e eu disse a James: 'Vamos até lá assistir ao show'. Quando chegamos ao teatro, havia muita gente em frente à porta de acesso ao palco. Então, decidimos usar a porta da frente e entrar direto pelo auditório. Nós todos tentamos parecer invisíveis quando conseguimos entrar e fomos procurar alguns lugares para nos sentarmos, mas James não conseguia ser assim tão discreto. Ele caminhou até o palco pelo corredor central para que todos pudessem vê-lo. As pessoas ficaram alvoroçadas. E ele sequer ficou para ver o show de Otis. Com a maior naturalidade virou-se e voltou caminhando até sair do salão. Todos nós levantamos e saímos, e havia uma grande multidão do lado de fora do teatro no momento em que Otis começou a cantar. Eles tiveram de chamar a polícia e o corpo de bombeiros. Eu não conseguia acreditar no que via. Ele também fez a mesma coisa em uma apresentação de Ben E. King no Apollo. Foi até lá, começou a fazer sua dança sobre uma perna só no corredor central, fez alguns passos no estilo do Mashed Potato e então voltou e saiu do local seguido por uma enorme multidão."

Entretanto, naquele momento o grupo já estava se apresentando em todas as partes da região sul, isso mesmo, inclusive na costa oeste onde o sucesso estava sendo consideravelmente tocado e com um número muito favorável de vendas. Em poucos anos, a Califórnia acabaria por se tornar um dos lugares mais frequentados pelos The Flames, mas, nesse estágio, o grupo já desmoronava, com seus integrantes ainda mais desencantados com o ego cada vez mais inflado de seu capitão. As coisas não eram menos tensas no estúdio. Conforme observado, "Please, Please, Please" foi seguida de nove outros fracassos comerciais.Não que fossem inaudíveis, eram melhores que seu fracasso comercial sugere, mas os fiascos não tinham aquela centelha genuína de originalidade ou o abalo de mil volts de excitação elétrica proporcionadas pelas apresentações ao vivo de Brown da música "Please, Please, Please". Ao estilo rude do vocalista principal em contraposição às harmonias muito mais moderadas do grupo soou pouco ortodoxa, até mesmo no mercado agora mais variado das músicas de R&B, mas as gravações não atingiram nada de especial em meio a essa justaposição tão promissora. O som raro e de potencial único é utilizado em outros estilos menos originais, bem como em materiais padronizados nada excepcionais.

Um lado da primeira obra seguinte, "I Fell That Old Feeling Coming On", foi o único caminho alternativo com a mesma vibração de "Please, Please, Please". A música "Just Won't Do Right", o fracasso preferido de Brown, foi o quarto single e supostamente a obra mais vendida dentre os fracassos (ele voltaria a gravar a canção outras cinco vezes com pequenas alterações) e as origens de "I Don't Mind", um sucesso posterior, podem ser ouvidas em "Hold My Baby's Hand". Influências óbvias foram trabalhadas em suas gravações da época: "No, No, No, No" presta homenagens aos The Drifters, "Let's Make It" é uma versão vocalizada no estilo de "Honky Tonk" do The Midnighters antes da versão instrumental de Bill Doggett tornar-se um enorme sucesso e ele imitar o estilo da balada de Hank Ballard em "Begging, Begging". Até mesmo James admitiu que "Chonnie-On-Chon" foi uma tentativa falha de copiar o *rock'n'roll* selvagem de Little Richard. A maior parte dessas obras passa a impressão de James Brown tentar se parecer com outra pessoa, com a sonoridade das apresentações em busca de sua própria voz e estilo.

Com o uso de músicos locais, no estúdio de Cincinnati da gravadora King, Brown e os The Famous Flames gravaram 22 títulos em cinco sessões durante os anos de 1956 e 1957. Os bateristas Edison Gore e Reginald Hall e os baixistas Clarence Mack e Edwyn Conley ditavam o ritmo, os guitarristas Eddie Freeman e John Faire substituíram Nafloyd Scott, e os saxofonistas eram Ray Felder e Cleveland Lowe. Bobby Byrd e Fats Gonder tocavam o piano. Daquela época até 1968, quase todos os discos eram creditados a Brown e os The Famous Flames. Na verdade, eles aparecem em todos os trabalhos desde a segunda sessão de gravação – 27 de março de 1956 – em diante. Em abril de 1957, os The Famous Flames decidiram se aposentar, em grande parte frustrados por sua falta de sucesso, mas também em função da maneira como a forte personalidade e determinação de Brown começava a dominar todos os seus trabalhos.

Os pagamentos de direitos autorais também passaram a ser discutido: "Na época, ganhávamos o equivalente a 3% de direitos autorais como grupo", lembrou-se Byrd, "no início, dividíamos tudo por igual. Com a música 'Please, Please, Please', nós cinco deveríamos receber os créditos de compositores, mas foi aí que James decidiu mostrar a validade de seu pacto com o demônio. Ele e Johnny Terry ficaram com a música enquanto eu, Keels e Nafloyd ficamos com o lado B. Por um tempo, todos recebemos um quinto de 'Please, Please', mas então o crédito foi cancelado. Depois disso, acho que cheguei a receber dois cheques e nada mais. Disseram: 'Não se preocupe com isso, você ficou com os direitos da outra música do disco e, portanto, desde que *Please, Please* continue vendendo, sua parte estará garantida também'. Mas é claro que não pensamos nas futuras edições das músicas nos anos seguintes."

"Havia algo interessante a respeito da King Records. Enquanto eles tinham todas aquelas empresas de divulgação, Lois, Armo e tantas outras nos pagavam. Não nos deviam nada. Syd Nathan dizia: 'Não quero ver ninguém chegando até aqui para se queixar ou sair por aí falando mal da empresa'. Portanto, vocês todos recebem seus pagamentos pontualmente. Mais tarde, descobrimos que os adiantamentos e as porcentagens que recebíamos eram deploráveis, mas ao menos sempre recebíamos o correspondente ao que havíamos aceito em nossos contratos. Já que muitos outros grupos contratados por outras empresas sequer recebiam aquela quantia mínima."

Com o interesse cada vez menor da gravadora e seu grupo separado, Brown passou o verão de 1957 fazendo pequenas apresentações na Flórida com Fats Gonder e outros músicos menos importantes. Foi nessa época que ele conheceu Henry Stone, o produtor e distribuidor de Miami com quem ele logo firmou uma amizade que duraria para sempre. A distribuidora Tone de Henry era um negócio reconhecido na região e mantinha ligações com a King já há muitos anos.

No dia 9 de outubro de 1957, Little Richard de repente anunciara que recebera a primeira de muitas chamadas do Senhor. Abandonou o *rock'n'roll* e matriculou-se em um curso bíblico, deixando de lado o seu empresário Bumps Blackwell, a sua banda, The Upsetters, e seus cantores, The Dominions, com uma agenda de 40 shows para cumprir. Mais uma vez James Brown aparece para preencher a lacuna e fazer o papel de Little Richard, ao menos na ala sul da turnê. Com os compromissos cumpridos, ele passou a utilizar os The Dominions como substitutos dos The Famous Flames, e também usou parte dos integrantes dos The Upsetters. Os The Flames agora eram Big Bill Hollings (ou Holland), Louis Madison, que também tocava piano, e J. W. Archer. Sua primeira gravação com Brown, no dia 21 de outubro de 1957, foi sua quinta e última sessão.

Duas canções compostas em parceria com Rudolph Toombs, o célebre compositor de "One Mint Jump" dos The Clovers, entre muitos outros sucessos, foram gravadas na mesma sessão. A canção anteriormente mencionada, "Begging, Begging", era uma delas e a outra, "That Dood It", composta em parceria com Rosie Marie McCoy, era um conto admonitório tirado das músicas "It Should've Been Me" e "Greenbacks" de Ray Charles. Por mais belas que fossem, nenhuma das duas pareceu ser suficientemente comercial e, naquele momento, Nathan lavou as mãos e deixou Brown e seus famosos Flames marginais se virarem por conta própria.

Bobby Byrd resume o período: "Depois do lançamento de 'Please, Please', os integrantes originais dos Flames continuaram viajando pelo período de nove meses a quase um ano. Foi depois disso que todos nós deixamos James. Ele ainda não havia me magoado tanto naquela época. Não havia muita coisa que ele pudesse fazer contra mim, pois precisava de mim como compositor, com exceção talvez de roubar parte do dinheiro que me pertencia. Ele dizia: 'Conserte essa letra para que faça sentido'. E então ele cuidava de suas próprias coisas e deixava tudo por minha conta. Mas eu não gostava de como ele lidava com os demais integrantes da banda. Achava que as coisas deveriam ser feitas pelo grupo como um todo".

"Então, voltei a Toccoa para ficar por um tempo e trabalhar nos teatros de novo. Formei meu próprio grupo, batizado de Bobby Byrd & The Drops Of Joy. Eu era o vocalista principal e também o pianista, James Styles e Roy Mayfield cuidavam dos saxofones, Billy "P. V." Key tocava guitarra, e tínhamos Ben Payne na bateria. Era um grupo excelente. Voltamos a nos apresentar nas faculdades e a realizar o mesmo circuito de antes com os The Flames. Começamos a criar coisas novas. Foi aí que Clint entrou em contato comigo em Toccoa e disse: 'Você gostaria de voltar a se apresentar ao lado de James?'."

Capítulo 5

Ao longo dos três anos seguintes, de 1958 a 1961, o aprendizado recebido por Brown nos estúdios da King Records rendeu excelentes frutos. Sua carreira artística floresceu. O ritmo acelerado de seu trabalho, impulsionado por aquela natureza determinada e competitiva, garantiu que seus discos recebessem exposição máxima e extremamente positiva. Ele construiu sua reputação como O Homem Que Mais Trabalhava no Mundo Artístico com muito suor. Syd Nathan não era abençoado com a virtude da paciência de Jó, e seus maiores receios em relação à capacidade de Brown conseguir passar todo seu talento para os discos aumentara. Entretanto, o segundo sucesso do dinâmico artista, ao apresentar-se ao vivo como um Little Richard Mark II, convenceu o chefe da gravadora a lhe dar mais uma chance no estúdio. Era chegado o momento da compensação pelos nove fracassos consecutivos de sua carreira. Uma visão retrospectiva pode ser uma amiga traiçoeira cheia de respostas simples. No entanto, em se tratando das gravações ao longo de sua carreira é mais do que irreal fazer uma retrospectiva com o intuito de sugerir que ninguém, nem o próprio cantor, sabia muito bem como acontecera o estrondoso sucesso da música "Please, Please, Please". O que aconteceu a seguir foi uma gravação equivalente a de um homem em uma loja de roupas experimentando camisas, jaquetas, calças, gravatas, chapéus e sapatos de diversos tipos para ver qual estilo lhe caía melhor. Ele encontrou a resposta no departamento de roupas de praia dos Estados Unidos da América: Flórida. E, assim, não podemos deixar de citar a observação de Nathan de que o título "Try Me (I Need You)" foi sem dúvida a melhor escolha para o título.

"As letras que James tinha, dissera ter conseguido com um rapaz no The Palms em Hollandale, Flórida", disse Bobby Byrd, "foi mais ou menos como conseguíramos 'Please, Please', uma adaptação de alguma outra música. Esse rapaz cantava a música lá e deu a letra a James, mas no início ela parecia muito mais complexa. Voltamos e tocamos a canção mais uma vez em Nova York, simplificamos a estrutura do material, mas optamos por deixá-la musicalmente mais suave e mais sofisticada. Eu não participei da gravação original da fita demo, mas estive presente na versão gravada, cantando e ajudando com a adaptação da letra."

Apesar de manterem o contato, Byrd mudara-se e não mais fazia parte da órbita imediata do convívio de Brown. Na Flórida, o cantor costumava usar os músicos de longa data de Little Richard, The Dominions – ou Dominues, dependendo de qual cartaz ou folheto você preferir acreditar – e os músicos comandados por Fats Gonder. "Aparentemente, James enfrentava dificuldades com outro grupo que mantinha. Eram bons cantores. Na verdade, provavelmente cantores melhores como grupo do que os Flames originais. Ainda assim, sua parceria não estava dando certo."

Ralph Bass, o principal aliado de James, estava com o mesmo tipo de sorte que Brown com os outros lançamentos da gravadora Federal – tudo muito ruim – e estava prestes a deixar a empresa para assinar contrato com a Chess. E Nathan já estava prestes a rasgar o contrato de Brown. Ele estava tão desanimado com Brown que o cantor e Brantley tiveram de pagar pela fita demo de "Try Me". Um bom investimento: "James e o outro grupo editaram uma fita demo de "Try Me" diferente da versão final gravada. Clint custeara a sessão e James decidira apresentá-la a alguns *dee-jays*, o que resultou em boas críticas. A King acabou por se convencer de que seria melhor aceitá-la, mas queriam que fizessem algumas alterações". Mais uma sessão foi marcada nos Estúdios Beltone, em Nova York, para o dia 18 de setembro de 1958.

"Clint pediu que eu trouxesse Sylvester e os demais integrantes originais do grupo. Na verdade, eu também tentei fazer isso, mas todos disseram que não trabalhariam mais com James. Contudo, ele me pegou em um momento em que eu me sentia um tanto melancólico a respeito dos bons momentos que vivêramos juntos e, assim, decidi tentar. A versão original era boa, mas eu acho que a versão gravada ficou muito melhor, e estava de acordo com o que a King queria. James iniciava com alguns berros a mais na outra versão. E era exatamente isso que [o produtor] Andy Gibson tentava fazer com que James entendesse. Eles tiveram uma longa discussão sobre o caso. James achava que a música deveria ficar como estava e não queria mudar nada. Mas eles tentavam fazer com que James entendesse que queriam investir pesado no trabalho e queriam que a música parecesse mais pop. De qualquer modo, James era voto vencido, porque Syd Nathan e Andy Gibson [também conhecido como Albert Schubert] estavam determinados e James iria ter de aceitar suas condições ou estaria fora do projeto. E, assim, fizemos o que eles queriam."

"Try Me" é uma sincera súplica de amor, e se Brown de fato foi capaz de controlar sua vocalização, então a contenção trouxe bons resultados em benefício da letra da música, pois a atenuação proporcionou ao seu modo de cantar uma qualidade vulnerável que está no centro do sucesso do disco. A autocomiseração é preservada por meio da nostalgia irascível em sua voz. O grande potencial da música de apresentar uma doçura excessiva fica claro no solo que consiste de um diálogo entre os saxofones e as guitarras melódicas do músico de *jazz*, Kenny Burrell.

Outros fatores mais corriqueiros, apesar de eficazes no campo financeiro, também sofreram alterações. Nathan normalmente criava empresas de divulgação para seus produtores. A publicidade do cantor passou da empresa Armo de Ralph Bass para a subsidiária Wisto de Nathan até 1961 quando, mais uma vez, mudou-se para a principal empresa de publicidade do dono da King, Lois. Assim, além das vendas de suas gravações, Nathan poderia liberar uma quantia maior do lucro do divulgador se a música de James começasse a vender bem. A rede de trabalho das empresas de divulgação na King não era uma tática incomum. Quando Nathan sancionou a participação de Brown como produtor ao criar a marca Try Me, uma empresa de divulgação chamada Jim Jam Music também foi criada. A marca acabou por ser usada em três *singles*. Quando Brown começou a gravar os *singles* para a Smash, ele criou outra empresa Try Me para a comercialização dos discos. O nome Try Me tornou-se um talismã para seu trabalho. A música em si foi a primeira a ser editada pela Wisto, e o disco, lançado em outubro de 1958, obteve respostas favoráveis e imediatas em diversas regiões do país. A King possivelmente colocou ainda mais pressão no negócio e certamente convenceu Dick Clark a comentar o assunto como se apresentasse um novo candidato ao sucesso em seu influente *Bandstand*. No entanto, segundo Byrd, "ele simplesmente se recusou a fazer isso". O disco não precisou do apoio de Clark. Nas primeiras semanas de 1959, sua música alcançou a primeira colocação entre os discos de R&B e despontou entre as 50 Mais Pedidas, sendo esta a primeira aparição de Brown & The Flames entre as mais tocadas.

Conforme as coisas pareciam ficar mais organizadas dentro do estúdio, os resultados começaram a refletir nos palcos. Pouco tempo depois da sessão de "Try Me", Brown conseguiu duas ligações igualmente importantes. Ele foi convidado a assinar um contrato com a agência

Universal Attractions e, no fim de 1958, conheceu e contratou uma banda permanente para suas turnês. Depois da apresentação de *Try Me*, em Nova York, Brown conseguiu agendar um show no Teatro Apollo, no Harlem. Nathan pediu a Ben Hart, o dono da Universal, que avaliasse Brown com o seu olhar experiente.

Bart conhecia tudo a respeito do mundo dos negócios. Gerenciava a sua própria gravadora, a Hub, e além de ser um empresário muito eficiente, produzia discos. Enquanto trabalhou na Agência Gale, antes de criar a Universal, cuidou das carreiras de Dinah Washington e Billy Eckstine, entre outros. Brown causou nele uma boa impressão logo de imediato. O talento bruto, a energia irrestrita, o artista eletrizante nos palcos e o que sentiu ser um aprendiz disposto e determinado fora do palco. Hesitou muito pouco quando decidiu contratar Brown e seu grupo, tendo quase que de imediato passado a dedicar cada vez mais tempo e energia no desenvolvimento de sua carreira com todas as intenções de substituir Brantley como empresário, embora este continuasse agindo como um representante de peso na região sul, onde possuía excelentes contatos. Byrd, na realidade, tinha certo interesse e um ponto de vista um tanto diferente a respeito da contratação do grupo pela agência: "Ben e Syd Nathan, com o advogado da King, Jack Pearl, eram todos aparentados de uma maneira ou de outra, fosse por uma ligação de sangue ou por casamento com parentes em comum e, portanto, se você gravasse alguma coisa para a King, era como se fosse automaticamente contratado pela *Universal Attractions*. Quando fomos pela primeira vez a Cincinnati gravar "Please, Please", tenho certeza de que assinamos todos os três contratos ao mesmo tempo, ou seja, para a gravação, divulgação e agenciamento. É claro que não sabíamos absolutamente nada a respeito dos contratos naquela época. Nós todos simplesmente assinamos o nome nas linhas pontilhadas."

É claro que Brown garante que o contrato com Bart e a Universal foi assinado mais tarde em Nova York, depois do sucesso de "Try Me" em 1958. A confusão talvez fosse compreensível porque parece ter havido uma grande diversidade de contratos percorrendo a história da banda naquele tempo. Além do acordo com a Universal, o contrato de gravação com a King foi renegociado para que fosse oferecido um aumento de 5% de direitos autorais. O contrato de divulgação de Brown com Lois também foi ajustado para dar, entre outras coisas, cinco centavos sobre as vendas de partituras e 50% de todos os direitos de reprodução mecânica líquidos. Uma mudança ainda mais importante na King foi a nomeação de Hal Neely, ex-presidente da

Allied Records em Hollywood, como gerente geral, em junho de 1958, quatro meses antes do lançamento de "Try Me". Ele passaria a trabalhar como uma espécie de para-choque entre Nathan e Brown durante seus piores desentendimentos.

O entusiasmo de Bart e o sucesso de "Try Me" tornaram imprescindível que Brown fizesse algo a respeito dos integrantes temporários da banda e iniciasse sua turnê para colher os frutos da popularidade do disco nas cidades da região norte, ainda não testadas, além de poder enfim ganhar o desejado dinheiro no circuito da região sul, onde ele já era popular. Poucos cantores ou grupos vocais tinham sua própria banda naqueles dias. A maioria tinha de se contentar com a banda oferecida pelo clube ou teatro e contar com a competência de seu próprio diretor musical, geralmente um guitarrista ou um pianista, para comandar a banda contratada durante as apresentações. Entretanto, além de serem eletrizantes e entusiásticos, os shows de Brown & The Famous Flames exigiam a presença de uma banda disciplinada e habilidosa de músicos receptivos que fossem capazes de manter a música em uma base firme e que proporcionassem coerência dramática à sua energia e efusão incessante de emoção.

Durante os anos de 1957 e 1958, a natureza volátil de Brown mantivera a formação da banda em um estado de falta de controle. O guitarrista Bobby Roach fora recrutado da Califórnia como um substituto de última hora para Nafloyd Scott, e o saxofonista tenor dos The Upsetters, Lee Diamond, assim como o baterista Charles Connor começaram a se apresentar ao lado de Brown de maneira esporádica. No início de 1959, junto com o saxofonista John White, um integrante provisório da banda, deixaram o grupo. Foi aí que Brown conheceu um outro saxofonista, J. C. Davis, de Burlington, Carolina do Norte.

Davis foi contratado como líder nominal da banda e trouxe consigo algo que não podia ser subestimado – sua própria caravan e caminhão para o transporte de equipamentos: "Outros rapazes também vieram com James", lembrou-se Byrd, "o baixista Bernard Odum que já trabalhava com o grupo saiu e depois voltou. Além dos integrantes que cantavam, Baby Lloyd Stallworth era o criado pessoal de James, e Bobby Bennett auxiliava J. C. Sei que conheci Bobby Bennett quando fomos nos apresentar no Apollo. Acho que viajei para passar alguns dias em casa e depois voltei para Nova York". O baterista nova-iorquino Nat Kendrick também juntara-se ao grupo nessa época.

"Estávamos hospedados no The Cecil Hotel. Eles tinham um porão no prédio onde ensaiávamos, trabalhávamos o conjunto de vozes e preparávamos tudo para o show. Naquele momento, eu tinha de orientar duas pessoas novas que não conheciam absolutamente nada daquele mundo de shows, Baby Lloyd e Bobby Bennett. Trabalhamos todos juntos por um tempo e conseguimos nos entender. Por fim, Bennett, Baby Lloyd e eu acabamos nos tornando os integrantes permanentes dos The Famous Flames, mas isso demorou um pouco para acontecer."

"Fiz as apresentações daquela semana no Apollo e estive presente em mais alguns compromissos daquela turnê – Hartford, Connecticut e outras cidades – e então as confusões entre eu e James começaram novamente. Eu não sei o que ele tentava fazer, mas disse: 'Eu não posso manter todos vocês na banda. Portanto, terão de decidir entre vocês quem irá deixar o grupo'. Eu tinha meu próprio grupo, The Drops of Joy, e estávamos em um momento muito bom. Podia muito bem voltar e continuar tocando com eles e, então, eu disse: 'Eu! Eu vou embora'. Acho que foi nesse momento que Johnny Terry voltou ao The Flames, mais uma vez."

"O que vocês precisam entender a respeito do que é viver ao lado de James é que há períodos em que tudo vai bem, todos juntos em harmonia, e outros momentos de mudanças e confusões. As pessoas eram demitidas e contratadas novamente, deixavam o grupo e depois voltavam. Ou então, às vezes um de nós não estava presente em um show ou em uma gravação em estúdio e outra pessoa tinha de nos substituir. Era assim que as coisas aconteciam naquela época."

Uma das piores discussões aconteceu na primavera de 1959. Big Bill Hollings, Louis Madison e J. W. Archer, que haviam participado de "Try Me", "tiveram um grande desentendimento" em Oakland, Califórnia, "e James largou-os todos lá". O episódio acabou por se tornar um dos piores atrasos na discografia dos The Famous Flames. Dentre os ex-integrantes abandonados dos Flames, Madison era o mais requisitado e acabou formando (juntando-se a) um grupo chamado The Fabulous Flames. Eles gravaram um *single* em 1959 para a Baytone, uma distribuidora de São Francisco iniciada por Brantley Taylor. Em 1960, a gravadora Time, de Nova York (cujo proprietário era Bob Shad), lançou um *single* dos The Fabulous 5 Flames. De volta à Baytone, de Taylor, um grupo chamado Claude & The Hightones lançou um disco com as músicas "Buckethead" e "Doodle Bug" que, apesar de compartilharem dos mesmos títulos de duas músicas instrumentais sem sucesso de JB, são canções diferentes. Outros músicos que fizeram parte da equipe inicial com diferentes períodos de permanência, no fim da década de 1950, foram o baixista Hubert Perry, que revezava sua participação e mais tarde substituíra Odum, o guitarrista Les Buie, o saxofonista contralto Alfred Corley e o trompetista Roscoe Patrick. Os teclados eram comandados por Fats Gonder, Byrd ou Brown. O centro da banda era formado por Davis, Roach, Odum e Kendrick.

Os shows ao vivo aumentaram muito, pois as apresentações de Brown arrecadavam muito dinheiro, e também por conta de todos os esforços incansáveis de Bart na Universal. No entanto, o produto final do pacto com a Universal significava uma agenda de shows completamente lotada: "Não demorou muito para que nos arranjassem uniformes e duas caravans novinhas em folha, uma para o grupo e outra para Fats e a banda que ele reunira. Sei que Clint não pagou por tudo isso. As novas regalias eram apenas adiantamentos da Universal. Eles ficavam com uma boa quantia toda vez que nos apresentávamos. "Please, Please, Please" era um sucesso estrondoso, por assim dizer, e por isso começamos a viajar para onde as pessoas queriam nos ouvir. Além de nossa própria região, as pessoas por todo o Estado da Califórnia compraram o disco e, assim, passamos muito tempo por lá".

"A princípio, Ben ficou preocupado com todos nós. Ele sempre nos dizia que não chegaríamos a lugar nenhum sem sua ajuda. Mas, de vez em quando, ele, Clint e James sempre acabavam tendo suas conversas particulares. Eu sentia que o grupo estava se dividindo. Sabia de discórdias fora dos palcos, mas sempre que eles se apresentavam, sentia também que ficavam cada vez melhores e mais entrosados."

Byrd lembrou-se da apresentação no Apollo depois de "Try Me" chegar às paradas de sucesso: "Nossa posição nos gráficos da *Billboard* não era nada expressiva, mas aquilo significava muito para nós. A estrela do show era Little Willie John e havia também outro grupo no páreo chamado The Vibrations. Nossa, eles arrasavam. Aquela foi a primeira vez que éramos derrubados em nosso próprio jogo. Eles realmente sabiam o que estavam fazendo. Depois dos shows no sul, aprendemos uma lição."

Brown contou a história de forma um tanto diferente. Os The Vibrations abalaram os The Famous Flames em suas apresentações no teatro Uptown da Filadélfia. Depois de vê-los fazendo seus rodopios, saltos, mergulhos e danças que o grupo do sul acreditava ser uma especialidade de sua dinâmica, James afirmou que, como resposta improvisada naquela noite, ele criara à exaustão e desmaios imaginários no final da performance de "Please, Please, Please". Foi aí que apareceram os incríveis Isley Brothers e destruíram os The Flames. Aquelas foram noites de desgosto e decepção. Logo depois, ele viu o lutador americano

Gorgeous George na televisão. No final de suas lutas, um auxiliar cobria seus ombros suados com um manto que, depois de alguns instantes, o lutador jogava para o lado no intuito de desfrutar um pouco mais daquela sensação de vitória, repetindo a ação diversas vezes. No dia seguinte, Brown mandou comprar um manto para ele e adicionou aquela pequena cena teatral no final de seus shows.

O abalo emocional e os desmaios, a capa de conforto e seus poderes renovadores imediatos passaram então a fazer parte de suas apresentações e estenderam-se por três décadas e meia até tornaram-se em grande parte a assinatura de James Brown, assim como o costume de livrar-se do suporte do microfone seguido de um rodopio, um mergulho e um retorno elástico a tempo de recuperar o microfone. Ou os saltos e a "caminhada" sobre uma perna só, uma visão sinistra que dava a impressão de que James aos poucos parecia esquiar sobre um mar de águas em cima do palco, esquiando ou navegando, os passos que o jovem Michael Jackson ainda criança viu e, anos mais tarde, renovou para criar o famoso passo do *moonwalk*. Toda vez que um grupo como o The Vibrations (que ainda não tinha nenhum sucesso próprio e só ficaria famoso com o álbum *The Watusi*, que alcançou sua posição entre as 20 Mais Tocadas de R&B em 1961) apresentava algo que incomodava o The Famous Flames, James voltava ainda mais forte, liderando o grupo com a determinação e o ímpeto que Ben Bart sentia e tanto admirava.

A natureza peripatética da associação de Byrd com Brown mais uma vez o fez ausentar-se do grupo por um breve período: ele só voltou a participar das turnês e gravar com James quando lançaram a música "Think", que na realidade aconteceu de modo bastante esporádico: "Eu voltei para tocar com o meu grupo e fiquei em casa por um tempo. Mas assim que me ambientei novamente ali, James precisou de alguém que fosse até a King em Cincinnati para garantir que seus discos estivessem sendo preparados da maneira correta, sem falhas. Naquela época, as máquinas que eles tinham produziam lotes de discos com falhas de gravação e outras coisas assim. Então, lá vou eu para cuidar do problema. Foi algo até excitante. Eu tinha um pequeno escritório e, além de cuidar das coisas de James, o meu outro emprego era mudar ou reescrever as músicas. As pessoas enviavam fitas demo e, se eles achavam que o material servia para o Hank Ballard, eu envia para ele – ou ao The Five Royales ou Little Willie John. Compus uma música para Little Willie John, que Sam & Dave enviaram da Flórida. Eles a chamavam de 'This Is The Sweetest Love'. Se Willie não pudesse gravá-la, a King estava até disposta a contratar Sam & Dave. Portanto, fiz com que a música em vez de ser cantada em dueto pudesse ser gravada em uma versão solo, adicionei uma ponte entre as estrofes e mudamos o título, só não me lembro o nome que escolhemos. Eu estava lá quando Little Willie John a gravou e fiquei com raiva de mim mesmo porque o que eu deveria ter feito era criar a minha própria letra e pegar parte da contribuição dos compositores, entende o que estou dizendo? Eu estava recebendo um salário para fazer tudo aquilo".

"Muitas das músicas foram alteradas dessa forma, até mesmo algumas das coisas que James compôs. 'This Old Heart' e 'There Must Be A Reason' [ambas creditadas exclusivamente a Brown] de início eram apenas canções no estilo *country*. Quando voltei a falar com James, voltei com a música 'Think' e a mudamos também, já que James havia chegado sem preparo algum para realizar aquela gravação. Ele tinha algumas poucas ideias, mas todas pareciam iguais. Ele não tinha nenhuma canção totalmente nova."

O item fundamental da evolução permanente da música de James estava em sua própria observação daquele período: "Eu comecei a apostar em algo um tanto diferente. A coisa que fez com que isso acontecesse foi o fato de sentir que meus horizontes começaram a se abrir. Enquanto estivesse morando no sul, o ideal era apostar em outros tipos de músicas, mas no minuto em que comecei a apreciar coisas novas e meu cérebro interceptou outras ideias e novos pensamentos, tornei-me um filósofo da cidade grande".

Não existe uma cidade maior do que Nova York. Embora Brown fosse um sucesso em quase todas as casas de show e teatro em que se apresentava, ninguém entre os inúmeros grandes artistas que se destacaram no Teatro Apollo em Nova York está tão prontamente associado a essa Meca do mundo artístico afro-americano. Ele ainda gravaria três impressionantes álbuns "ao vivo" naquele lugar que define o entusiasmo dos shows ao vivo de música *soul*, como nenhuma outra gravação, na década de 1960 e início de 1970.

Na década de 1950, a famosa marquise de entrada dominava a calçada do Harlem, na rua 125 entre as avenidas 7 e 8. O prédio cinza de três andares era modesto a ponto de inspirar uma sensação de tédio e monotonia, mas você não sentia aquilo por causa das luzes roxas sobre as brancas brilhantes que exibiam o nome do teatro, fazendo saltar aos olhos uma espécie de convite para a maior casa de shows da cidade.

Passe pela multidão na calçada e dobre a esquina no beco na lateral do prédio. Um pequeno passo de distância da porta que dá acesso ao palco. Vá até os bastidores. Lá você encontrará 13 camarins distribuídos

*James Brown, o jovem no início de sua carreira, na década de 1960.
(Harry Goodwin)*

*O sr. Dinamite! James Brown
no fim da década de 1950.
(Arquivos de Michael Ochs/Redferns)*

*Amigo e Famous Flame, Bobby Byrd.
(Arquivos de Michael Ochs/Redferns)*

*Ensaio da banda na metade da década de 1960.
(Coleção Frank Driggs/Contribuinte/Getty Images)*

*Irmão Número Um do Soul ensaia no palco na metade da década de 1960.
(Arquivos de Michael Ochs/Redferns)*

*Um pôster da década de 1960
(Arquivos de Michael
Ochs/Redferns)*

*James Brown cantando "Brand New
Bag!" no programa de Ed Sullivan,
Cidade de Nova York, 1º de maio de
1966. (Foto dos Arquivos da CBS/Contribuinte/Getty Images)*

*Que soem as trombetas! James e
o solo de saxofone no ritmo certo.
(Chuck Stewart/Redferns)*

*Hora do Show! Bastidores do Teatro Apollo
no Harlem, em 1964, com seu antigo
mestre de cerimônias Danny Ray.
(Don Paulson/Redferns)*

*O ensaio foi bom.
(Arquivos Gab/Redferns)*

Com seu casaco de malha! Imagem publicitária da década de 1960. (LFI)

No set de gravação do programa Ready Steady Go! Programa da TV, 1966. (Dezo Hoffmann/Rex Features)

Martin Luther King mostra o caminho no Dia da Marcha pela Liberdade em Michigan pelas ruas de Detroit. (Bettmann/Corbis)

*O favorito das forças armadas: James Brown se encontra com
as tropas americanas no Sudeste da Ásia, 1968.
(Simon Pietri/Rex Features)*

*Com Gertrude Saunders (à esquerda), Ann Morman e Marva Whitney na turnê
USO Pacific, na Coreia e no Vietnã, junho de 1968.
(Coleção Frank Driggs/Contribuinte/Getty Images)*

*Chegando em Londres, no início da década de 1970,
com sua segunda esposa Deedee.
(Evening Standard/Stringer/Getty Images)*

*Embalado pelo ritmo da música!
Seu mestre de cerimônias, Danny
Ray, ainda presente. (LFI)*

*Negro com orgulho, enquanto a música
afro domina o processo.
(Arquivos de Michael Ochs/Redferns)*

Amém! No papel do reverendo Cleophus James no filme Blues Brothers, *de 1980, de John Landis. (LFI)*

em quatro andares com paredes pintadas de cimento e sem decoração alguma. Os mais diplomáticos descreveriam as salas como funcionais, mas aquele era um lugar que oferecia mais conforto do que o The Famous Flames estava acostumado a receber. Mesmo depois de 1958 e do sucesso de "Try Me", as apresentações de Brown nos maiores teatros, que a sua popularidade podia alcançar nas cidades da região nordeste – o Uptown na Filadélfia, o Royal em Baltimore, o Howard em Washington – todos abarrotados com a última geração de migrantes do sul, eram exceções à regra. Ele tinha uma carreira promissora mais ao norte, um nome a ser apreciado. No entanto, havia muitos outros artistas ainda maiores. No sul, ele era uma grande atração e tornava-se cada vez maior. Era no interior das pistas de dança nas grandes arenas espalhadas pela região onde o show de uma noite estendia-se por horas, e não minutos, em cima do palco e a lenda dos espetáculos de James Brown ganhava forma.

Sobre os palcos improvisados em galpões no interior da região sul, Bart fazia a coprodução agendando shows com os *dee-jays* locais. Ao oferecer às pessoas um pouco de ação não apenas significava que o show receberia uma boa dose de publicidade local, mas com o passar do tempo construiria uma rede nacional de *dee-jays* que se tornavam cada vez mais receptivos e dispostos a usar as novas músicas de James Brown em seus eventos. Se o cantor e o show não fossem de grande qualidade, é claro que a tática não traria bons resultados. Entretanto, a apresentação sensacional, estonteante e arrasadora era muito vibrante e incrível, além de atingir pessoas de modo tão extenso e intenso, que o empreendimento compensou todo o esforço até a década de 1970. Além disso, a memória fotográfica de Brown por nomes e rostos permitia que mantivesse uma rede essencial de contatos, e locais em potencial de maneira intacta em sua cabeça.

Assim como Brown, também a empresa de Nathan não conseguira capitalizar o sucesso de "Please, Please, Please", portanto, "Try Me" mostrou ser um sucesso difícil de ser acompanhado. No entanto, dessa vez era possível identificar ali razões claras. A primeira sequência, "I Want You So Bad" (que, na verdade, alcançou a 20ª posição nas paradas de R&B da *Billboard*) foi lançada enquanto "Try Me" ainda era vendida. O *single* seguinte, *I've Got To Change*, mais uma vez acabou sendo lançado muito tempo antes do *single* anterior. A King também preocupava-se com o sucesso de Hank Ballard & The Midnighters. Depois de três anos e meio na monotonia, eles de repente voltaram ao auge com um sucesso dobrado – "Teardrops On Your Letter"/"The Twist".

Um terceiro *single* gravado pela Federal, "Good, Good Lovin", foi o mais azarão e o fracasso menos merecedor entre todos. Sem dúvida seu desempenho mais instigante em gravação até janeiro de 1959, vemos com clareza que Brown estava em processo de criar um novo som que combinaria com o fascínio causado por seus shows ao vivo. Nesse momento, ele viajava de modo tão exaustivo que, se tivesse tempo, acabava gravando em qualquer cidade que parecesse mais conveniente caso encontrasse ali um estúdio livre. "I Want You So Bad" fora gravada na Califórnia com sua banda recém-formada. No entanto, grande parte do material agora em gravação só viria a ser usado no terceiro álbum da King, um ano mais tarde.

No fim de 1959, a banda já era um sucesso estrondoso. Além de acompanharem Brown e The Famous Flames, eles se apresentavam na abertura e ele fazia campanha para que eles gravassem. Nathan nunca pretendeu desperdiçar dinheiro com estúdio sem tal aventura. Contudo, na metade de 1959, a Federal lançou "Doodle Bug" e "Bucket Head", de James Davis, com Brown apresentando-se em um órgão e esbanjando berros intermitentes.

Mais tarde, naquele mesmo ano, com a banda a todo vapor e o líder criando cenas incríveis com um novo número de dança realizado no palco, James implorou a Nathan para gravar com a banda de novo. O dono, ainda tomado por um sentimento de rancor teimoso em função dos fracassos anteriores, não aceitou, embora agora seu artista já tivesse se tornado o sucesso mais óbvio da música negra no Sul dos Estados Unidos. Portanto, Brown levou a banda para conversar com seu amigo na Flórida, Henry Stone. Este agendou uma sessão em Miami usando o líder da banda no piano e o *dee-jay*/comediante local Carlton "King" Coleman como vocalista/berrador. (O contrato de Brown com a King dizia que ele poderia gravar em algumas sessões com outras gravadoras contanto que não desse um só sussurro nas músicas; além disso, Stone tinha negócios em comum com Nathan e deveria usar de todo seu bom senso e decoro.) A melodia e a letra de "(Do The) Mashed Potato Pts 1 & 2", creditadas a "Rozier" – supõe-se que seja um pseudônimo para Brown, e possivelmente Stone – felizmente não eram exigentes demais. Entretanto, o impulso gerado pela banda, nomeada no *single* da gravadora Dade como Nat Kendrick & The Swans (Kendrick era o baterista da banda), foi tão forte que o *single* subiu até atingir a 10ª posição nas paradas de R&B em fevereiro de 1960.

Enquanto esteve em Jacksonville, talvez em um dos primeiros retornos à Flórida, Brown recebera a visita de Jack Bart, o filho de Ben, na época um delegado de polícia da cidade, em seu camarim antes de um show. Havia uma multidão de quase 8 mil pessoas à espera para ver o Homem Que Mais Trabalhava no Mundo Artístico, e alguns documentos legais de posse do delegado esperando para serem entregues a Brown. Os superiores de Jack deixaram por conta dele, do modo mais gentil possível, a entrega dos papéis, que ele mais tarde se recordou referirem-se a um processo legal apresentado por uma mulher que exigia receber uma determinada quantia em dinheiro.

Desse modo, Jack preferiu vestir-se de maneira descontraída, fez uma visita, falou de amenidades e, de passagem, mencionou a Brown que talvez tivesse de resolver algum problema litigioso na Flórida em função de seu título tão famoso de O Homem: "Ele olhou para mim por um instante e disse: 'Bem, eu sei que você tem de fazer seu trabalho. O caso é que preciso subir no palco esta noite e, não importa o que aconteça, vou subir lá e divertir o público porque ele pagou para me ver aqui'". Assim, Bart deixou os papéis à vista de Brown e os dois voltaram a falar do mundo artístico: "No fundo, eu me senti mal por ser o escolhido para fazer aquilo, porque tenho certeza de que ele recebeu aquilo como um golpe baixo de minha parte ou do próprio departamento de polícia".

Felizmente, para Brown, ele se aproximava de uma fase em sua vida em que pagar contas não seria mais um problema, pois logo depois de "Mashed Potatoes", ele solucionou o problema do pagamento em seu nome naquele mesmo mês e, apesar disso, ainda teria de se comprometer com pagamentos mensais por um bom tempo. A variedade de estilos em seus discos desde "Please, Please, Please" até "Try Me" por fim se consolidou no estilo de som bastante definido de James Brown. Isso ficou evidente em três de suas músicas mais especiais: "Good Good Lovin'", gravada em Beltone, Nova York, em junho de 1959 e lançada no mês seguinte; "I'll Go Crazy", editada na King em Cincinnati no mês de novembro de 1959 e lançada em janeiro de 1960; e "Think", gravada na United Studios em Hollywood, em fevereiro de 1960, e lançada em maio.

"Good Good Lovin'" é uma música de 12 batidas ostensivamente forte, mas o ritmo e a percussão unem-se em um arranjo muito mais coeso da banda. No entanto, isso não era nada quando comparado com "I'll Go Crazy", cujos vocais suplicantes eram executados de modo muito mais imaginativo e audacioso. Eles gravaram oito tomadas de "I'll Go Crazy" antes de decidirem, como era comum acontecer, que a primeira era a melhor. Ao longo dos anos, o jeito de Brown cantá-la sobre o palco tornou-se imensuravelmente mais comovente.

Quando comparada a essas duas faixas, porém, "Think" parece ter vindo de outro planeta e é um excelente exemplo de como Brown era capaz de alterar qualquer material com rapidez com o auxílio de sua própria banda no estúdio. A terceira música a alcançar a casa de um milhão de cópias vendidas foi escrita por Lowman Pauling do The 5 Royales e gravada por eles em fevereiro de 1957. "A "Think" me fez voltar a trabalhar com James", disse Byrd, que se juntara a eles de novo na turnê de "Try Me", mas que mais uma vez deixara o grupo. Ele trabalhava na fábrica da King em Cincinnati fazendo o controle de qualidade dos trabalhos de Brown e reescrevendo canções para as empresas de divulgação de Nathan. "James foi até lá para uma sessão com algumas músicas antigas, mas nada especial. Nós voltamos a trabalhar na execução de 'Think' ali mesmo no estúdio."

Não há absolutamente nada supérfluo nos arranjos. Cada instrumento tem sua participação total desde a repetição da parte dos instrumentos de sopro, e início do refrão logo na introdução, repetido no fim de cada verso, até a sequência da guitarra impetuosa de Bobby Roach a impulsionar os versos, enquanto a bateria de Nat Kendrick arremata todo o restante da música, apesar de parecer um tanto instável, de certo modo, em determinados momentos. Aquilo tudo era muito novo com um som e um estilo renovados. O fato de parecer que tudo se unia de maneira tão rápida e perfeita tinha muito a ver com o trabalho na estrada que a banda treinada e estável de Brown efetuara nas semanas anteriores. Assim como um lutador premiado, após meses de treinamento intensivo e muitas disputas, Brown produziu uma sucessão de nocautes.

"Nosso show estava muito bem ensaiado e conseguíamos nos entender com poucas trocas de sinais", lembra Byrd; "isso significava que podíamos mudar o rumo das coisas conforme achássemos adequado. O que quero dizer é que nunca dois shows eram exatamente iguais. Ainda assim, sempre sabíamos o que deveríamos fazer. James não queria que ninguém soubesse o que ele faria; para isso, ele tinha números, berros e rodopios. Ele fazia um rodopio em especial que nós sabíamos que, se não o completasse, era a hora de irmos até lá e entrar em ação. Certos gritos instigavam mudanças de acordes, mas na maior parte eram os números que indicavam o ritmo das coisas. James iniciava alguns passes de futebol [americano] usando os números, e foi assim que aprendemos a trabalhar em conjunto. 39 – 16 – 14 – 2 – 5 – 3 – 98, e assim por diante.

"O número 39 sempre indicava o início de 'Please, Please, Please'. O número 16 transformava-se em um berro e indicava uma alteração imediata, não apenas uma batida nova, mas direto para alguma coisa totalmente diferente. Se ele girasse e chamasse 36, sabíamos que devíamos voltar ao início do que estávamos fazendo. E o 42, era como um 'Ok, vamos cantar esse verso seguinte e então encerrar e nos mandar'. Era incrível. Além disso, havia também o sistema de penalidades que fazia com que todos ficássemos alerta o tempo todo."

Um sistema de multas por erros cometidos em cima do palco – em geral uma dica perdida ou um erro mais grave de nota – era um método de penalizar erros que não eram de modo algum exclusividade da banda de James Brown, embora a lenda faça parecer que fosse. A maioria dos líderes das grandes bandas da época, das bandas saltitantes das décadas de 1940 e 1950 e das bandas ainda maiores da década de 1950, criou esse sistema para garantir que seus músicos mantivessem um padrão razoável de desempenho. Muitas delas também estendiam esses padrões exigidos para quesitos de aparência e sobriedade. A diferença estava no rigor com que aplicavam as regras. No caso da The James Brown Band, porém, a ideia das multas não partiu do líder. De acordo com Bobby Byrd, foi Johnny Terry, o ex-colega de Brown da prisão de Alto, o primeiro a sugerir a ideia.

"Muitos líderes de bandas fazem isso, mas foi por causa de Johnny que começamos e fomos todos a favor porque não queríamos que nada desse errado. Queríamos ser impecáveis, vestir as melhores roupas, apresentar os melhores shows e tudo o mais. No começo, as multas ficavam só entre James e nós, o The Famous Flames, mas depois James acabou envolvendo todos da trupe. A ideia continuava boa porque todos os que se juntavam ao grupo tinham de entender que não podiam chegar e ficar de brincadeira e, de qualquer forma, todas as multas iam para uma caixinha que usávamos sempre que organizávamos alguma festa em conjunto."

"Ben Bart sempre dizia que, com tanta gente na estrada, você tem de criar regras e impor disciplina. Você precisa saber onde todos estão o tempo todo e deve estar sóbrio no ônibus, não tem como fazer parte do grupo se for um encrenqueiro brigão. Essa infração representava uma das multas mais caras! Não era permitido ficar em pé no corredor do ônibus fazendo algazarra. Tinha de permanecer em seu assento."

Infelizmente, Brown começou a usar sua autoridade com certa intenção ditatorial geralmente associada aos modelos de regime totalitário: "A única coisa que acho que fez com que as pessoas começassem a se queixar foi que (...) bem, James", continua Byrd após uma pausa pensativa, "por um lado, ele às vezes parecia multar as pessoas sem nenhuma razão óbvia. Como, por exemplo, quando inventava uma desculpa para implicar com alguém. Além disso, começou com uma história de sempre termos de viajar de terno e gravata. Quando o dia estava quente, talvez você pudesse afrouxar a gravata e tirar o paletó durante a viagem. Mas, quando o ônibus parava em frente ao hotel, nossa gravata tinha de estar na posição correta e tínhamos de vestir o paletó ou então estaríamos encrencados. Estou contando a mais pura verdade. Não era permitido de modo algum nos vestirmos como estamos acostumados nos dias de hoje. Daí fica fácil entender que tudo começou com uma boa ideia, mas o sistema, assim como tudo o que tinha a ver com James, foi levado ao extremo. Exija demais de um homem e ele logo irá abandoná-lo". (Em *The Godfather Of Soul*, Brown admite ter iniciado algumas brigas intermináveis com os integrantes do grupo em função de comportamentos pessoais.)

Conforme sua carreira deslanchava, as situações domésticas de Brown atingiram proporções exponenciais. Embora já tivesse deixado sua primeira esposa, Velma Warren, ainda em Toccoa continuou a visitá-la e ela lhe deu mais um filho e uma filha. Ele não era um homem fiel enquanto viajava em suas turnês e era muito comum vê-lo se envolver com as jovens que contratava para cantar com a banda. A primeira cantora que ele trouxe para o grupo foi Beatrice "Bea" Ford. Ela cantava "You Got The Power", o outro lado de "Think", e chegou a fazer uma parceria incrível em um ardente dueto com James, que logo se transformou em sucesso e galgou uma excelente posição nas 20 Mais Pedidas de R&B, chegando à posição de número 14, sete lugares abaixo de "Think". Não muito tempo antes de juntar-se ao grupo em 1960, Bea casara-se com Joseph Arrington Jr., antes conhecido como Joe Tex. Eles se divorciaram em 1959 e, quando Bea se uniu a James, a deserção de afeição, segundo os boatos da época, foi a causa da disputa e rivalidade entre os dois artistas explosivos da *soul music* – como se o desafio profissional que cada um representava para o outro na região sul não fosse o suficiente para dar início a uma competição saudável. (Cinco anos antes de sua morte, em agosto de 1982, Tex disse que ele achava que Brown havia iniciado os boatos de que ele roubara a esposa de Joe. Brown insiste que ele nunca soube que Bea e Tex haviam sido casados.)

Quando Joe Tex levou a música "Baby You're Right", uma canção que ele escrevera e achava que seria perfeita para Brown, a um show no Texas, surpreendeu-se ao ver Bea bem à vontade no camarim de James, ainda assim, conversou com ela de maneira amigável. A versão presunçosa da música em forma de balada de Brown, lançada em 1961, quatro anos antes de Tex tornar-se uma presença garantida nos quadros de R&B, alcançou a posição de número 2 (R&B) e número 49 (música pop). Naquela época, Bea já deixara o grupo e fora substituída por um breve período por Sugar Pie DeSanto, que chegou a gravar alguns grandes números para a subsidiária da Chess, a Checker.

Acontecera outra modificação no grupo: "Uma coisa que fizemos para garantir boas apresentações foi manter duas pessoas para cada um dos segmentos rítmicos – dois bateristas, dois baixistas, dois tecladistas e assim por diante. Assim, nosso show nunca deixava de acontecer. Se alguém tinha algum contratempo, sempre havia alguém que podia assumir e permitir que nada fosse interrompido".

O extenso conhecimento de Ben Bart do ramo, aliado ao sentimento de parentesco de pai e filho que crescera entre ele e Brown, sem dúvida e de certo modo, foi responsável pela expansão e estilo de suas turnês: "Eu me lembro que", disse Jack Bart, "de vez em quando, meu pai dizia: 'Acho que você ficaria bem com tal roupa, tal terno, tal fantasia. E talvez fosse melhor que você colocasse o The Famous Flames do lado direito em vez do esquerdo sobre o palco e, talvez seja uma boa ideia contratarmos uma ou duas garotas para fazer o acompanhamento de vozes'. Meu pai geralmente se envolvia muito e dava sugestões de vestuário, de como se comportar em cima do palco, e coisas assim. Sempre fazia questão de sugerir algo para cada situação diferente. Ele não falava assim: 'James, você tem de vestir isso ou você tem de fazer aquilo'. Eles não mantinham esse tipo de relacionamento".

Na realidade, Bart cedia aos caprichos de Brown de maneira considerável conforme a relação de um pai substituto se desenvolvia para a de um empresário e um sócio de negócios: "Houve um incidente em Jacksonville, Flórida", recorda Byrd, "aconteceu ainda nos primórdios, antes de tudo se tornar tão grandioso para eles, embora Ben ainda estivesse conosco. Ben e James sentaram-se juntos em uma das mesas, enquanto o restante de nós ficou em outra no canto do salão. Nós pedimos bacon, ovos e café, mas James preferiu batatas, ovos, um filé e outras coisas. Então, tínhamos acabado de começar a comer quando mais uma vez os problemas começaram".

"James falava de todos os tipos de assuntos: 'Você não sabe quem eu sou, não é? Ben, diga a eles quem eu sou!' Tudo isso acontecendo ao mesmo tempo. James falou tanto que o homem lhe trouxe duas batatas e dois ovos crus, e um bife que não tinha sido grelhado de maneira adequada. Ben estava sentado à sua frente com o seu pedido correto. Então,

James levantou-se e acertou o homem, POW. E aí, meu Deus, lá íamos nós de novo."

"O engraçado é que, naquele momento, o homem é quem foi preso, embora James tivesse batido nele antes. A polícia chegou em poucos minutos e disse: 'Você não pode fazer isso. Não queremos esse tipo de atitude aqui nessa cidade. Esse homem pediu comida e ainda trouxe todas essas pessoas aqui para gastar dinheiro e, por esse motivo, você tem a obrigação de servi-los da maneira correta'. Mas eu acho que se James tivesse sido mais gentil, nada daquilo teria acontecido."

Apesar dos melhores acordos contratuais e dos salários e porcentagens aumentadas dos shows ao vivo, Bart e a Universal conseguiram negociar em virtude do poder de influência cada vez maior do grupo, sendo que Brown quase sempre ficava irado com o valor pago por suas outras apresentações: "Havia ainda outros tantos grupos no cenário musical ganhando muito mais dinheiro do que nós. O The Drifters ganhava muito dinheiro, por exemplo", lembrou-se Byrd: "Recordo-me de uma turnê em que trabalhamos com Dion & The Belmonts. Naquela época ele já tinha três grandes sucessos, 'Please, Please, Please', 'Try Me' e 'Think', mas ganhávamos 750 dólares por noite. Dion e os rapazes tinham apenas um grande sucesso, 'Teenager In Love', e recebiam algo entre 1.400 e 2.000 dólares por noite. E eram apenas em três para dividir o dinheiro".

"E não esqueça que nós todos dávamos um duro danado, principalmente o James, dançando, rodopiando, saltando por todos os lados, transpirando, dávamos o sangue para que tudo corresse bem. Enquanto eles continuavam se dando bem, cantavam 'Teenager In Love' e saíam de lá sempre com todo aquele dinheiro extra. James os olhava como se quisesse espancá-los: 'Mandem esse dinheiro para mim!', dá para entender? Como se ele fosse capaz de arrancar o dinheiro das mãos deles. Esse era um outro motivo de discussão entre ele e Ben." (Na verdade, se isso tivesse acontecido no verão de 1960 depois de "Think", Dion & The Belmonts já possuíam oito grandes sucessos, mas somente dois deles, "Teenager In Love" e "Where Or When", eram realmente populares. Entretanto, a história serve para ilustrar uma disparidade muito marcante entre as recompensas financeiras disponíveis naquela época que variavam de acordo com a raça do grupo.)

Brown gravou mais um *single* com a Federal, "This Old Heart", uma canção classificada entre as 20 Mais Pedidas de R&B, antes de os futuros lançamentos serem transferidos para a King. O show apresentado nos palcos era vibrante, mas os *singles* posteriores inclinavam-se mais para as baladas. Entre eles estava uma regravação da clássica canção de *doo-wop*, de Billy Ward & The Dominoes, "The Bells", um dos pouquíssimos *singles* de James Brown a despontar nas paradas de músicas pop, mas não na lista das canções de R&B. Isso deve ter acontecido em consequência de sua apariçâo entre as principais músicas da gravadora King, o primeiro lançamento de James Brown com a empresa, e por não estar entre as músicas de R&B da antiga Federal. Outras baladas incluíam "Bewildered", uma canção no estilo R&B que fazia parte do repertório do The Cremona Trio, mas que chegou à posição de número 8 de R&B e nas 40 Mais Pedidas da lista de músicas pop de 1961; o drama bem cadenciado de "I Don't Mind", sucesso que alcançou a posição de número 4 de R&B e figurou entre as 50 Mais Pedidas de sucessos pop; e "Lost Someone", cujos versos apresentavam um apelo mais melodioso antes de iniciar um vocal suplicante tipicamente vibrante sustentado pela percussão e pela guitarra. A música alcançou a 2ª colocação nas paradas de R&B no fim de 1961 e mais uma vez despontou entre as 50 Mais Pedidas de canções pop.

As três músicas continuaram por muito tempo sendo apresentadas nos shows ao vivo e compartilhavam de determinadas características. Os arranjos eram de arrepiar, criados pelos integrantes da banda que viajavam juntos e, no mercado pop cada vez mais insípido do fim da década de 1950 e início da década de 1960, os desempenhos vocais eram apresentados de maneira acentuadamente emocional, sem exceção, por um homem que parecia no limite das lágrimas compassivas ou da violência libertina nascida de frustração emocional. Essas expressões rudes do que era conhecido como o *blues* evoluíam para um novo estilo, dirigido tanto pelo uso que Brown fazia da forma das baladas quanto pelos arranjos benfeitos e executados pela banda. Nos palcos, ele aumentava a intensidade emocional ao máximo, encenando combates emocionais em versões de enorme dramaticidade dos sucessos com ritmo mais lento.

Brown também tocava músicas de Big Daddy em um estilo mais acelerado que, na metade da década de 1960, transformara-se na música *soul* com palmas, batidas de pés, balanços de cabeça e jogos de quadris, o tipo de música que as pessoas dançavam como se estivessem possuídas por demônios e não entrelaçadas como casais apaixonados, ou para serem ouvidas nos momentos solitários de amantes inspirados pelas estrelas. Sobre os palcos, essas canções mais aceleradas – desde "Think" e "Mashed Potatoes" de 1960 até "Night Train" (1962) – eram o foco principal do outro lado dos espetáculos de James Brown, o mestre da nova dança. O primeiro filme gravado para a televisão, datado do início da década de 1960, mostra Brown no papel de Michael Jackson da época, mas em um estado de intensa atividade e produtividade. Apoiado em uma perna só, deslizava pelo palco como se corresse sobre um pavimento escorregadio, ou saltava, girava e dançava arrastando os pés.

Obviamente, depois do sucesso de "Mashed Potatoes" no estilo de Nat Kendrick & The Swans, Nathan passou a aceitar melhor a necessidade de permitir que a banda participasse da gravação dos sucessos instrumentais. A canção "Hold It", que recebeu em seu crédito o título de "James Brown Apresenta Sua Banda", era a primeira, e os acordes idealizados por Bill Doggett formavam a ligação que ele costumava usar na transição de um número musical para outro sem interrupções, no espetáculo ardente de tirar o fôlego que contagiou inúmeras cidades dos Estados Unidos enquanto construía a reputação de Rei dos Casais de Uma Noite Apenas. Depois de mais um *single* ainda no segmento de "Apresenta Sua Banda", todos os lançamentos instrumentais posteriores foram creditados somente a James ou a James Brown & The Famous Flames, o que gerou uma falsa ideia de que era toda a banda e não apenas o grupo vocal que usava o título lendário. Brown agora gravava um material de qualidade tão superior que a gravadora King simplesmente não poderia lançar todas as músicas por receio de saturar novamente o mercado, como fizeram nos meses seguintes ao lançamento de "Please, Please, Please" e "Try Me".

Naquela época, Danny Ray, um homem de estatura baixa, arqueado e de olhar tristonho que se tornaria o mestre de cerimônias de longa data de Brown, juntou-se ao grupo como o criado pessoal do cantor. A data exata foi 19 de setembro de 1961: "Meu sonho era estar no mundo artístico e por isso comecei a prestar serviços de auxiliar, o que ainda gosto de fazer. [Mais tarde] Um dos rapazes que executava o trabalho de mestre de cerimônias teve de deixar o grupo. Então, o sr. Brown começou a reclamar e se queixar da falta do rapaz. Aí, ele disse: 'Bem, já que ele não está mais aqui, você vai fazer a parte dele'. Então foi para o camarim e fechou a porta. Eu disse: 'Meu Deus, ele não pode estar falando sério'. Ele abriu novamente a porta e disse: 'Vejo você no palco'. Eu mal conseguia pensar naquilo, minha cabeça estava acelerada e meus joelhos tremendo e tudo o mais. Jamais tinha feito nada parecido antes. Até então, eu só vira outras pessoas realizando aquele trabalho. Tive de me controlar de início, mas eu disse: 'Eu tenho de ir até lá, dar o máximo de mim e tratar com seriedade tudo o que estiver acontecendo'".

Capítulo 5

Seu primeiro trabalho como mestre de cerimônias foi em um lugar chamado Streets, em Maryland: "Nós estávamos trabalhando em uma pista de patinação de *skates*. Nunca vou me esquecer daquele lugar. A primeira vez que fiquei ali diante de uma banda, uma grande banda, e a impressão que dá é que vão jogar você para fora do palco. Você sente como se seus joelhos e tudo o mais começassem a bambear". O novo mestre de cerimônias logo aprendeu o trabalho e suas entradas acabaram se tornando uma parte bastante imitada das apresentações de JB. "James Brown me ensinou muitas coisas a respeito daquilo tudo e, às vezes, eu penso: 'Nossa, vai ser muito difícil trabalhar com esse homem', mas ao menos ele gosta das coisas benfeitas porque entende que as pessoas pagam caro pelos ingressos dos shows e oferecer algo de qualidade a elas é realmente o que sempre devemos fazer."

Ele também lembra-se com clareza da sua estreia naquele grande espetáculo conhecido como *The Cape Routine*: "A primeira vez que apresentamos aquele espetáculo foi em Baton Rouge, Louisiana. Ele fez o show com uma túnica branca no estilo das roupas turcas. Quando dava a impressão de estar encerrando o show, virava-se e retornava ao palco e arrasava novamente, [a plateia] delirava e ele voltava ao microfone. Aquilo funcionava tão bem que passou a fazer parte do show. Eu adoro fazer esse espetáculo, e quando eles dizem: 'Qual sua música favorita de James Brown?' 'Bem', eu digo, 'só pode ser 'Please, Please, Please'".

Danny Ray trabalhou ao lado de James Brown durante as inúmeras deserções posteriores de músicos e testemunhou a volta de outros tantos. Ele tem uma visão parcial do Homem Que Mais Trabalhava: "Depois de tanto tempo juntos, você aprende a pensar igual em relação a uma porção de coisas. Passa a antecipar o estado de espírito do outro e entender o que ele está pensando. E assim que você conhece alguém com tamanha determinação para fazer a coisa certa, então começa a acreditar no negócio como um todo, não há como não seguir e não respeitar o máximo possível".

Logo no início de 1961, Brown decidira responder ao aumento no número de discos vendidos e ao excelente retorno que seus shows recebiam ampliando a abrangência das apresentações ao vivo. O grupo tomou forma quando ele aumentou a banda para dez componentes. O eixo central do grupo ainda era J. C. Davis (saxofone), Roscoe Patrick (trompete), Les Buie (guitarra), Hubert Perry (baixo), Nat Kendrick (bateria) com Brown, Famous Flame Bobby Byrd ou Fats Gonder nos teclados. Ele agora se orgulhava da percussão com a adição de um velho amigo de escola, magrinho e reservado, da cidade de Augusta, Geórgia, St. Clair Pinckney, e Al "Brisco" Clark nos saxofones, além de Teddy Washington que fazia parceria no trompete e no trombone. Kendrick e Davis deixaram a banda no fim de 1961. Davis passou a trabalhar como o líder da banda de Etta James e gravou algumas parcerias para a Chess/Argo. Kendrick, enquanto isso, talvez com a cabeça tomada pelo sucesso de "Mashed Potatoes", tentou construir uma carreira solo. Clayton Fillyau assumiu a bateria e quando Kendrick voltou no outono de 1962, Brown decidiu manter os dois bateristas. Mais tarde adicionaria ainda um terceiro, Obie Williams. O papel de J. C. Davis como diretor musical da banda foi assumido pelo trompetista Alfred Corley e, não muito tempo depois, por Al Clark.

Contratou também seu primeiro conjunto de coristas e dançarinos, The Brownies, convencidos a deixar a segurança de seu emprego anterior como os dançarinos do The Hortense Allen. Recrutou Yvonne Fair, que havia se apresentado com a The Chantels, para assumir o papel criado por Bea Ford e Sugar Pie DeSanto. Enquanto a banda de James Brown estava em Miami, em janeiro de 1962, Fair gravou "I Found You" com o grupo, a primeira e muito menos frenética versão de "I Got You (I Feel Good)", que pouco mais de três anos depois iria marcar outra fase importantíssima na odisseia da *soul music* de Brown. Yvonne Fair lançou outros dois sucessos com a gravadora King – "Tell Me Why" e "You Can Make It If You Try" – e uma outra produção de James Brown, "Straighten Up", lançada pela gravadora Dade de Henry Stone, graças às ligações de Miami, em 1963. Também foi a amante titular de Brown por um tempo quando tiveram uma filha juntos, Venisha. Tudo parte dos negócios.

(Yvonne Fair voltou a despontar nas rádios por um breve período em 1975. Quando deixou o séquito de Brown, tentou, sem sucesso, investir em uma carreira solo e, após um breve período de descanso, conheceu Clark Jackson, com quem trabalhou no circuito de boates e teatros de músicas afro-americanas por muitos anos. Durante uma de suas apresentações ao lado dele em um clube na cidade de Detroit, foi descoberta por "alguém da Motown" – o anúncio da empresa na época alegava ter sido o cantor principal dos Temptations, David Ruffin, é estranho como apenas as maiores estrelas de Berry Gordy conseguiam descobrir talentos – e ela foi contratada por eles em 1968. Não se sabe se foi ou não um comentário sobre os sentimentos do selo sobre o líder voluntarioso do Temptations, mas ela conseguiu lançar seu primeiro *single* – "Stay A Little Longer" só depois de dois anos com a Soul – e quando lançou *The Bitch Is Black*, seu álbum de estreia, passou sete anos na sala de espera da Motown enquanto os compositores e produtores cuidavam do que acreditavam, ou foram levados a crer, tratarem-se de questões mais urgentes. O álbum trazia uma versão crítica de "Funky Music Sho' Nuff Turns Me On" produzida por seu compositor, Norman Whitfield.)

Enquanto isso, de volta à King, Syd Nathan estava feliz com a maneira como as coisas aconteciam. Os sucessos, que antes não passavam de esporádicos, agora surgiam de forma mais constante e independente do estado em que seu império particular se encontrava; James Brown estava pagando as contas. Contudo, ele e Ben Bart chegaram à conclusão de que o astro tinha um problema e era de comunicação, de como alcançar todos os públicos possíveis. Pouquíssimos de seus discos foram capazes de captar por completo a vitalidade intrépida que fez de James Brown um dos artistas performáticos mais completos de sua época. E, embora na metade de 1962 seus discos já tivessem alcançado uma maior amplitude entre as plateias raciais da época, ele ainda não conseguira entrar no mercado dos brancos, como já havia acontecido com outros artistas afro-americanos.

Capítulo 6

Na metade de 1962, figuras fundamentais do *rock'n'roll* a exemplo de Little Richard, Fats Domino e Chuck Berry já haviam passado por seus picos de popularidade, mas outras figuras populares da década de 1950 continuaram a florescer. Ray Charles, que já usara sua voz comovente em suingues de Big Bands e naipes de cordas orquestrais, agora com mais audácia ainda interpretou *Modern Sounds In Country and Western Music*. Suas experiências conquistaram alguns seguidores nas plateias dos brancos. Outros números do mercado de R&B conseguiram cruzar barreiras difíceis naquele ano graças aos sucessos de músicas dançantes comparativamente menos contagiantes, em especial "Twistin' The Night Away", de Sam Cooke e "The Locomotion", de Little Eva. Dois outros sucessos que foram além das origens de R&B, até chegarem às paradas de música pop em 1962, delinearam a forma comovente do que ainda estava por vir para abrilhantar o restante da década. O primeiro deles foi o sucesso instrumental "Green Onions", de Booker T & The MGs, uma grande inovação da Stax Records, uma gravadora independente de Memphis. A influente banda da casa comandada pelo organista Booker T Jones representaria um papel primordial no desenvolvimento da *soul music* sulista na metade da década de 1960, não apenas como músicos acompanhantes, mas no desempenho de papéis de compositores ao lado de Jones, Steve Cropper (guitarra) e Al Jackson Jr. (bateria), trabalhando e compondo em parcerias com muitos artistas da Stax e da Atlantic. Ao Norte, Mary Wells tinha três sucessos entre as Dez Mais Pedidas – "The One Who Really Loves You, You Beat Me To The Punch" e "Two Lovers" – e podia sem dúvida afirmar que 1962 era seu ano. A música "Punch" classificou-se na posição de número 1 pela mais recente e estável gravadora de Berry Gordon, em Detroit. O impacto da Tamla e da Motown no mercado pop nas duas décadas seguintes não precisa ser comentado aqui.

Após meses de turnês e gravações diligentes, a banda de James Brown encontrava-se no auge. Em maio de 1962, na sessão de gravação no estúdio da King produziu materiais ardorosos e extraordinários, em especial "I've Got The Money". James havia produzido uma versão dessa canção com o título de "I Need Love", dois anos antes, com o Famous Flame "Baby" Lloyd Stallworth cantando à frente da banda. Mas agora, Clayton Fillyau assumira a posição de baterista de Nat Kendrick, quando conseguiu provar ser um achado sensacional, estabelecendo uma sequência extremamente complexa de ritmo sincopado em um passo de tirar o fôlego em um período em que auxílios tecnológicos eram limitados basicamente à ocasional câmara de eco e ao *overdub*. Na mesma sessão, ele gravou "I Don't Care", uma obra explosiva que serviu como uma das faixas do álbum, o outro lado dos *singles* em 1964 e 1966, até que foi finalmente alterada e transformou-se no sucesso de 1967, "Cold Sweat", quando ainda soava como uma música à frente de seu tempo.

Com discos galgando suas posições nas paradas de R&B, como era de se esperar, Brown lotava as maiores arenas disponíveis na região sul mais do que qualquer outro artista. O ano aos poucos tornava-se um de seus mais atarefados, bem-sucedidos e satisfatórios. Embora "Try Me" tivesse sido transmitido ao vivo no programa de TV *American Bandstand*, de Dick Clark, Brown só conseguiu sua estreia na TV americana em rede nacional em 1962. No Tan Playhouse na Filadélfia, foi coroado o Rei do *Rock'n'Roll* e os *dee-jays* de toda a nação o fizeram conquistar a posição número 1 de cantor de R&B.

Por meio das turnês bem programadas nos locais mais adequados, expulsou os impostores candidatos ao trono do show mais dinâmico – em especial Jackie Wilson, outro antigo conquistador de prêmios cujas apresentações sempre foram reconhecidas como páreos muito fortes em relação aos espetáculos de Brown, em termos de intensidade física e a mais pura emoção no estilo cair de joelhos e gritar "ooouuuiiiiiiiii!". "No início, ele fazia muito desse tipo de coisa, fazendo barulho e levando a multidão à loucura", lembrou-se Bobby Byrd, "mas é engraçado vermos que depois que ficou muito famoso (...) acho que talvez ele tenha pensado: 'Bem, não quero me machucar porque, se por acaso me ferir, estarei arruinado'. Talvez pensasse nisso. Nós sempre nos perguntávamos por que ele não fazia aquilo e tentávamos convencê-lo. Mas ele nunca fazia o passo. Exceto uma vez, muito tempo depois. Estávamos no Teatro Apollo e ele subiu em cima do piano. Era um daqueles pianos verticais. Ele saltou de cima do piano em um rodopio no ar até chegar ao chão e depois repetiu tudo de novo. É claro que aquilo fez com que o show parasse. Não havia nada mais que pudéssemos fazer. Inacreditável. Quase paramos de respirar. Tivemos de carregá-lo até o camarim, mas a casa estava enlouquecida. Ele teve de diminuir o ritmo depois desse episódio."

As frases "diminuir o ritmo" e o Homem Que Mais Trabalhava no Mundo Artístico parecem anátemas e, após uma pausa, Byrd teve outra lembrança vívida de Brown em atividade. Aconteceu no salão de festas Five Four, um dos grandes lugares de música negra em Los Angeles no fim da década de 1950 e início da década de 1960: "Ele e Tina Turner tiveram um problema lá. O Ike [Turner] estava sempre presente em nossos shows. Ele costumava andar para cima e para baixo carregando um lápis e um bloco de anotações. Nós não sabíamos a respeito do que ele escrevia, mas sabia muito bem o que estava fazendo. Procurava sempre tentar entender as coisas. Uma vez, estávamos todos juntos em um show e James e Tina começaram a cantar 'Please, Please, Please'. Eles se revezavam no refrão de 'Please, Please' e Tina subiu em cima do piano e saltou de lá com um rodopio, e antes de pousar no chão, James deu um salto e pulou por cima dela. Tina era (...) essa mulher era demais. Toda vez que James inventava algo novo, ela respondia na mesma moeda. Ele não podia deixar que ela fosse melhor que ele e ela também não permitia o mesmo. Meu amigo, vou lhe dizer uma coisa, não havia nada que o The Flames pudesse fazer além de deixar o caminho livre para os dois. Ike também. Nem mesmo ele conseguia entender aquilo. Disse: 'Eu nunca vi Tina agir desse modo'".

"Tina estava com um olhar ardente naquela noite. Estava pronta para mostrar a ele do que era capaz. Mas você conhece James. Ele nunca está disposto a ser derrotado, principalmente por uma mulher. Assim, os dois estavam dando seu máximo ali, e aquele foi um dos melhores shows que já vimos. As pessoas estavam enlouquecidas. É horrível pensar que não havia câmeras filmando tudo aquilo. O mundo deixou de ver algo inacreditavelmente incrível."

Para a jovem plateia de negros, sem dúvida, ele era o Messias do *Soul*, o Irmão Número Um do *Soul*! Para James Brown, parecia óbvio que todos os que assistiam às suas apresentações ao vivo, ficariam mais do que satisfeitos em ouvir um disco da fantástica experiência no conforto de suas próprias casas, já que ele sempre foi humilde. Bobby Byrd apoiou a ideia, mas Nathan não gostou muito. Em primeiro lugar, ele acreditava estar no ramo dos *singles* e não no mercado dos discos com diversas músicas. Era aquilo o que sabia fazer e o que ele achava que os principais mercados – eles eram conhecidos como música de raça e caipira quando começou com a gravadora King – queriam. Embora sua fábrica em Cincinnati tivesse a tecnologia para mudar as gravações de 78 rpms para 45s e 33s, na década de 1950, ele nunca tivera coragem de mudar. E, embora Ray Charles, para citarmos apenas um exemplo, já tivesse lançado dois álbuns ao vivo com sucessos naquela época – *At Newport* (1958) e *In Person* (1959, gravado em Atlanta, Geórgia) – Nathan não havia comprado a ideia. Mais uma vez, o dono da gravadora e seu astro principal começaram a brigar e, assim como aconteceu com as antigas discussões em relação a "Try Me", Brown surpreendeu o homem em Cincinnati ao patrocinar ele mesmo a gravação ao vivo.

O Apollo já fora o cenário de muitos shows excepcionais de James Brown, o primeiro deles em abril de 1959, quando uma taxa de $200, menor do que a de costume, fora aceita no intuito apenas de conseguirem divulgar seu trabalho. Quando eles já estavam quase na metade da temporada, literalmente deixaram o palco, cruzaram o auditório e saíram no saguão do teatro, arrastando a plateia com eles, os donos, os Schiffmans, acabaram compensando o valor baixo inicial. (Curiosamente, as exigências posteriores de James Brown de uma porcentagem dos recibos forçaram os organizadores do teatro a mudar sua política de venda dos ingressos. De início, você comprava um ingresso, sentava-se lá e assistia às apresentações, show após show, até que se cansava e ia embora. O primeiro show acontecia às 9 horas da manhã e era especial para as crianças. Depois disso, um show ao meio-dia, um terceiro show às 4 ou 5 da tarde. O trabalho de verdade começava de fato ao entardecer, quatro shows por noite. As produções chegavam a organizar seis ou sete shows por dia, sete dias por semana. Em teoria, você poderia passar o dia todo lá se quisesse, desde o show do meio-dia até a hora em que apagavam as luzes. Mas, depois que Brown e outras bandas com a capacidade de encher o Apollo de modo regular começaram a exigir uma porcentagem das apresentações, os donos decidiram que a plateia teria de ser decantada pela rua 125 ao término de cada show e um novo grupo de pessoas com ingressos seria recebido para o show seguinte da noite.)

E lá vem o The James Brown Revue para o Apollo para mais uma semana de espetáculos, com início marcado para o dia 16 de outubro. Quando ficou claro que Nathan não moveria um dedo a respeito da questão da gravação ao vivo, Brown investiu $5.700 de seu próprio bolso para fazer a gravação. No show da meia-noite da quarta-feira, dia 24 de outubro, a banda estava mais preparada do que nunca, e as faixas gravadas naquela noite formaram a base do *Live At The Apollo*. O álbum ditou um padrão para as apresentações ao vivo de *soul* contra aquilo que todos os álbuns de concertos posteriores fizeram, os quais são medidos pela excitação gerada pela entrega emocional do cantor, o esgotamento, a natureza física do espetáculo e o forte desempenho, compassado e bastante focado da banda na apresentação de seus melhores arranjos. A tudo isso adicione a resposta eletrizante e participativa da plateia diante da carga explosiva do sr. Dinamite em relação a essas características perfeitas da apresentação do *soul* e teremos um disco, que com verdade e precisão capta o espírito e a emoção de um instante no tempo que transcende aquele momento para se tornar a eterna gravação ao vivo.

"Agora, senhoras e senhores, é a hora da estrela", o mestre de cerimônias Fats Gonder anuncia em um estilo não muito diferente daquele que ele usara com a mesma intensidade para Little Richard: "Vocês estão prontos para a hora da estrela?" Siiiiim! "Obrigado, muito obrigado de coração." O que vem a seguir tornou-se uma das maiores obras da música popular ao vivo: "Realmente, é um enorme prazer apresentar a vocês neste momento ú-ni-co, o artista nacional e internacional, conhecido como o Homem Que Mais Trabalha no Mundo Artístico, o homem que canta 'I'll Go Crazy' [aplausos e gritos! Uma fanfarra de instrumentos de sopro!], 'Try Me' [gritos e mais cornetas!], 'You've Got The Power', [mais cornetas!], 'Think' [gritos e mais instrumentos!], If You Want Me [cornetas!], 'I Don't Mind' [cornetas!], 'Bewildered' [ainda mais aplausos aqui!], com mais de um milhão de cópias vendidas de 'Lost Someone' [gritos alucinados!], seu último lançamento, 'Night Train' [cornetas!], para todos 'Shout & Shimmy' [cornetas!], o sr. Dinamite, o incrível sr. Please, Please em pessoa, a estrela do show, James Brown e o The Famous Flames!"

A banda acelera os acordes de sua introdução por dois versos e então, no início do terceiro, os gritos no Apollo indicam que James e o The Flames estão trazendo os seus ritmos e danças dos bastidores para o centro do palco: "Vocês sabem que me sinto bem!", canta e a banda responde com um "Sim!" "Eu me sinto..." – e a última palavra a seguir faz com que ecoe ao alternar o volume de sua voz e então, finalmente, com a voz na altura máxima, chegando aos ouvidos da última fileira da plateia – "óóóóótimo!" Eles gravaram "I'll Go Crazy", "Try Me", "Think", "I Don't Mind", "Lost Someone", "Please, Please, Please" e uma miscelânea de sucessos menos importantes encerrando com o seu maior sucesso daquele ano, "Night Train".

A canção "Night Train", um sucesso de 5ª posição de R&B e 35ª posição de músicas pop, foi seguida de outros três *singles* em 1962 – "Shout & Shimmy", uma exceção um tanto resoluta do modo frenético de dança do The Isley Brothers que eles começaram a apresentar quando Bobby Bennett, um dançarino do mesmo nível de Brown, Byrd e "Baby" Lloyd Stallworth, juntou-se ao grupo. A música alcançou a posição de nº 16 de R&B e nº 61 de música pop. Uma mistura de *blues* e *jazz*, "Mashed Potatoes USA" é no fundo uma forte sequência instrumental que deixa espaço suficiente para um longo solo de trompetes em surdina. O vocal é reduzido a uma participação secundária. Adicionado como uma ideia tardia, a declamação de municípios e cidades que fizeram parte do itinerário da banda (ele soletrou o nome de sua própria cidade natal de forma errada) foi uma das primeiras vezes que Brown usou a prática da mixagem com o *overdub*. Na era posterior imediata ao *twist*, criou-se logo em seguida uma nova dança que se transformou em mania, mas Brown se manteve fiel ao "Mashed Potato". Ele dizia que aquela era "uma das danças mais dinâmicas do mundo porque você pode simplesmente explorar todo o salão, desafiar a gravidade com ela. Sei que me viram dar três passos no ar antes de voltar ao chão, três passos diferentes". Seu *single,* fim de 1962, *I've Got Money*, não conseguiu marcar presença nos quadros de R&B e só apareceu por um breve período entre as 100 Mais Pedidas. Portanto, apesar das inúmeras razões para estarem bem, em dezembro de 1962, o grupo enfrentou uma fase de frustrações diante da falta de grandes inovações que os colocassem de volta no mercado da música pop. A carreira do Irmão Ray Charles mais uma vez provou ser um forte modelo para eles.

Depois de seus álbuns ao vivo, Ray Charles usara orquestras em estúdio para ampliar o apelo de sua música enquanto ainda se mantinha fiel aos seus principais ouvintes. Quando deixou a Atlantic e passou a trabalhar com a gravadora ABC-Paramount, o processo de expansão do seu apelo teve o ritmo acelerado até o fim de 1962 e início de 1963 quando se tornou o artista com número de cópias mais vendidas no mercado. Embora Brown e Charles tivessem raízes semelhantes – ambos eram da região sul do país, cantavam música *gospel* e eram pobres –, seus estilos desenvolveram-se de maneiras acentuadamente distintas, mas agora a carreira de Brown parecia ter traçado um padrão muito semelhante ao de Charles. Com "Live At The Apollo" fervendo na panela esperando para ser lançado, Ben Bart sugeriu a Brown que talvez fosse uma boa ideia gravar com instrumentos de corda. No dia 17 de dezembro de 1962, Brown, o produtor Gene Redd, o arranjador Sammy Lowe, uma banda de músicos de estúdio, um grupo de instrumentistas de cordas e um coral de cinco vozes reuniram-se no estúdio Bell Sound em Nova York. Eles gravaram quatro faixas incluindo "Prisoner of Love", uma canção chorosa e sagrada baseada na remodelação de uma impiedosa música *gospel* e "These Foolish Things", "Again" e "So Long", que, com as mixagens dos instrumentos de corda de Lowe, realizadas com os *overdubs* em três das mais antigas e famosas baladas de Brown, formaram o álbum *Prisioner of Love*.

Embora as gravações de Brown tivessem uma reputação de imediatez e impacto, elas não necessariamente acompanharam a velocidade que isso sugeria. No entanto, esse era o seu primeiro trabalho de faixas múltiplas, uma obra preparada com todo o cuidado nos mínimos detalhes – foram 15 tomadas de "Prisioner" – e o fim justificou os meios. Lançada como um *single,* em abril de 1963, a faixa deu a Brown sua primeira conquista entre as 20 músicas americanas Mais Pedidas naquela primavera. É certo que os comércios americanos já estavam muito mais aquecidos em relação a esse novo estilo superficialmente sofisticado. "Uma leitura carinhosa e muito sensível do antigo modelo de James Brown e o The Famous Flames que poderia chegar muito longe, assim como o seu mais recente sucesso "Prisioner of Love" fora o veredicto de "These Foolish Things", "cantores de apoio com estilo também ajudam muito". Pouco tempo depois, quando a música "Again" foi lançada, o mercado observou que "Brown dera uma amostra da música em sua antiga gravadora e aqui conseguiu mostrar um lado mais romântico. Uma leitura carinhosa do seu padrão de trabalho".

Em maio de 1963, Nathan finalmente concordou em lançar "Live At The Apollo". Assim como a obra *Otis Blue*, de Otis Redding, "Live At The Apollo" acabou se tornando um álbum de *soul* que definiu o estilo. Entretanto, embora não tenha investido um só centavo na gravação do álbum, Syd Nathan ainda não conseguia ver a razão de lançar o trabalho. A atitude da King Records em relação aos seus álbuns era, na melhor das hipóteses, tolerante, diferente, por exemplo, da Atlantic Records, onde o formato já fora abraçado com energia e não com pouca criatividade, em particular no mercado do *jazz*. A King simplesmente misturou uma coleção de faixas novas com o mínimo de preocupação com o valor, tanto para o consumidor quanto para o desenvolvimento da carreira do artista. Sete álbuns de James Brown foram lançados entre janeiro de 1959 e outubro de 1962. O primeiro foi uma coleção das faixas de *singles* de lados B. Os seis seguintes misturavam faixas previamente lançadas com materiais inéditos. O fato de serem bons, de acordo com o seu estilo era um mero reflexo do fato de que Brown e sua banda sabiam o que estavam fazendo. Contudo, as vendas dos álbuns não foram excelentes. No outono de 1962, o prestígio de James Brown no mercado afro-americano era equivalente ao de Elvis Presley no mercado dos brancos em 1956. Ainda assim, o primeiro pedido de impressão do trabalho *James Brown And His Famous Flames Tour The USA*, uma coleção de 12 edições, das quais seis eram instrumentais, foi emitida para um total de 3 mil cópias mono e 500 cópias em versão estéreo.

Para colocarmos o que aconteceu a seguir no contexto de sua história, as classificações do álbum na época estavam repletas do que viria a ser conhecido como as gravações realizadas durante as turnês das estrelas de Las Vegas ou os sofisticados cabarés de Nova York – músicas fáceis de serem ouvidas e preferidas em sua grande maioria por americanos brancos de "classe média" – além dos álbuns de *jazz* dos músicos mais acessíveis, a bossa nova era a última moda na época, as músicas caipiras não tão vibrantes, álbuns de musicais da Broadway ou trilhas sonoras de filmes, ou ainda os últimos lançamentos que viraram mania entre os adolescentes (brancos) como, por exemplo, o *twist*. Os poucos compradores de álbuns de música negra que existiam costumavam ser mais velhos, e preferiam o *jazz*, o *gospel* ou MOR. A *Billboard* só achou necessário criar paradas de álbuns R&B em 1965, portanto, o álbum de James Brown foi classificado com lançamentos de MOR dos brancos. Embora fosse verdade dizer que se *Live At The Apollo* foi o único álbum interessante para o mercado, suas vendas tinham grandes chances de serem expressivas. Talvez seja ainda mais coerente dizer que, para se tornar esse álbum pioneiro, foi preciso mudar as preferências e os hábitos, influenciar o gosto das pessoas e dominar um mercado inteiramente novo. O modelo financeiro a ser quebrado era significativo, pois somente uma proporção muito pequena da comunidade negra tinha condições de pagar o preço de um disco.

No ramo de empresas fonográficas do início da década de 1960, os problemas de superexposição e diminuição do interesse do público eram discutidos de forma tão primorosa quanto na década de 1990, saturada pela ação da mídia. Depois que os fãs já o viram transpirando, dançando como nunca, em carne e osso em cima do palco, só se ouviam argumentos contrários ao lançamento do álbum, pois todos acreditavam que ninguém gostaria de ouvir as músicas na solitude de seus lares apresentando o mesmo show, mas sem as danças, rodopios, mergulhos e tudo o mais. E como se esse argumento já não bastasse, há outro porém – se você oferece aos fãs um show ao vivo que pode ser ouvido no conforto de suas casas todas as noites, por que eles pagariam para vê-lo na próxima vez que você estiver na cidade?

Esses temores provaram não ter fundamento algum, e *Live At The Apollo* estabeleceu o álbum de R&B como um item muito mais lucrativo do que tinham até então imaginado. Da mesma forma que foi capaz de proporcionar a exposição que fez decolar um *single* para alcançar o sucesso, a popularidade do álbum passou a distribuir a música com ainda mais vigor pelas rádios do país. Assim que ouviam uma determinada faixa, os ouvintes telefonavam para as estações de rádio locais para exigir que pudessem ouvi-la novamente, inundando-os com mais e mais pedidos de suas músicas. Por fim, muitas estações deixaram de lado um determinado horário regular de algum programa para tocar todas as músicas do álbum uma vez ao dia. Isso se estendeu por vários meses. Um ano após o lançamento do álbum, a King Records gabou-se por ter vendido 66 mil cópias em 11 dias e ter se tornado um campeão de vendas em "pouquíssimas semanas", o que foi uma alegação impressionante já que o pedido de impressão inicial fora de apenas cinco mil cópias, e *Live At The Apollo* só chegou às paradas dos álbuns nacionais no fim do mês de junho de 1963. O desempenho das vendas do álbum não precisava de nenhuma hipérbole. A obra alcançou a 2ª posição na listagem nacional de músicas populares da *Billboard* e foi o 32º álbum mais vendido na América naquele ano. Isso não teria provocado grandes reações se tivesse acontecido com o querido Nat King Cole ou Johnny Mathis LP cujas vendas teriam aumentado mediante constante exposição que tinham em rede nacional por meio da televisão. Entretanto, essa era uma simples gravação ao vivo, financiada de modo privado, de um dos artistas mais viscerais de todos os tempos, cuja falta de inibição sobre o palco ainda afrontava as posições emergentes dos afro-americanos urbanos de classe média. Além disso, o álbum foi lançado por uma gravadora independente que não tinha visão alguma de como divulgar ou promover seus discos de outra forma que não por meio do modo mais rudimentar de testar e experimentar, de enviar e esperar que os solidários *dee-jays* da época apostassem no trabalho e decidissem investir nesse tipo de música, e então, fosse como fosse, esperar que os pedidos começassem a chegar, ou não.

Talvez um barômetro melhor do impacto de *Live At The Apollo* do que a sua 32ª posição na listagem de total de vendas de 1963 seja o fato de ter sido superado somente pelas vendas de um outro álbum americano que visava ao mercado jovem naquele ano, o disco *Surfin' USA* do The Beach Boys. É claro que os três irmãos Wilson e seus dois primos tinham a força de uma grande gravadora, a Capitol, por trás deles com tudo o mais que isso implicava – excelentes orçamentos de divulgação e promoção, acesso às redes de televisão, apelo ao mercado dos brancos que dispunham de uma quantia maior de dinheiro. O *Apollo* legitimou a produção dos álbuns *soul* "Ao Vivo" e abriu as comportas para a inundação deles, em especial os de muitos artistas da Tamla Motown, fossem projetos individuais ou como parte do grupo Motortown, e também dos cantores de música *soul* menos experientes da Stax e Volt, mais uma vez com projetos isolados ou como parte dos pacotes de promoções das gravadoras.

O álbum *Apollo,* de outubro, e com sessões de instrumentos de corda, de dezembro de 1962, deu a Brown, em menos de seis meses, um apoio para o lançamento no mercado dos brancos e fundamentou a disseminação de seu evangelho de forma tão abrangente e sólida no mercado dos negros que seu prestígio como o Irmão Nº Um do *Soul* logo se tornaria intocável. (A princípio, os apelidos atribuídos a Brown eram verdadeiros – o "Homem Que Mais Trabalha", Bobby Byrd disse ter vindo da plateia, não da organização, embora a banda e os promotores locais tenham espalhado a notícia de que o "sr. Dinamite" estaria na cidade por meio de folhetos e adesivos em restaurantes e banheiros de postos de gasolina, em cabines telefônicas e bares, em qualquer lugar que chamasse a atenção – nada muito novo pelas ruas da cidade.)

Para enfatizar ainda mais a maneira como sua carreira em 1962-63 parecia seguir e buscar direções a partir da decisão de Ray Charles de deixar de lado o R&B, a King lançou duas interpretações de canções *country* & *western* – "Three Hearts In a Tangle", o lado A de "I've Got Money", e "Signed, Sealed And Delivered", uma música escrita em parceria com Syd Nathan e Cowboy Copas. (O álbum *Filipino Baby/I Don't Blame You* fora o primeiro lançamento da King Records em 1945). Felizmente, o estilo não foi considerado digno de futuras especulações.

A diversidade de Brown nessa época foi analisada por alguns escritores como uma falta de direção coesa. A decepção com a King Records e um sentimento de confiança gerado pela fé de Ben Bart e as evidências visíveis e tangíveis da reação aos seus shows ao vivo, que quebravam os recordes nos teatros frequentados por negros de todos os cantos durante suas viagens pelos diversos estados americanos, são capazes de oferecer um diagnóstico mais provável de sua diversidade. A saúde de Nathan, que não era das melhores, mais uma vez voltou a dar sinais de debilidade. Hal Neely assumira as transações diárias da empresa com toda a vivacidade que se poderia esperar, e apesar de Nathan, assim como muitos dos antigos donos de gravadoras independentes, ter começado a perder a noção dos negócios em relação aos seus principais mercados, ele ainda tinha o direito de dar o veredicto final.

Contudo, era inteligente o bastante para saber que devia fazer determinadas concessões ao seu mais valioso contrato. Brown abriu sua própria gravadora, Try Me, que contaria com os trabalhos de produção e distribuição da King e da Jim Jam Music, uma empresa de divulgação de discos. A James Brown Productions começou a proliferar – ele já tinha créditos com a Federal, a King, a Dade e outras gravadoras menores. Nos primeiros meses de 1963, produziu três trabalhos para a Try Me. *Devil's Den* do The Poets era uma obra instrumental que apresentava o sr. Dinamite no órgão, no qual a banda trazia a sua versão do estilo do pequeno grupo de música *soul funk* que viria a ser uma característica das gravações energéticas da Blue Note e o *jazz* de prestígio da metade da década de 1960. Brown gostava da enorme variedade de sons que conseguia criar com um órgão Hammond. Ele já usava o mesmo instrumento há 20 anos, e o chamava de *The Godfather* [O Padrinho]. Os outros *singles* da gravadora Try Me eram de Johnny & Bill – Johnny Terry e Bill Hollings – e Tammy Montgomery. Terry, o velho amigo de James, e Hollings tiveram seu lugar de destaque no grupo, como agora era o caso de Bobby Byrd e "Baby" Lloyd Stallworth.

Montgomery foi sua última mulher jovem, em cima e fora dos palcos, mas como parceira de canto ela seria muito mais conhecida, alguns anos mais tarde como Tammi Terrell, a parceira vocal de Marvin Gaye em uma série de baladas românticas. Dentre os sucessos de Tamla estão, por exemplo, "Your Precious Love", "Ain't Nothing Like The Real Thing", "You're All I Need To Get By" e "If I Could Build My Whole World Around You", entre outras, até falecer em 1970 em consequência de um tumor cerebral. Como Tammy Montgomery, ela gravou "I Cried" para a Try Me, uma balada popular cantada com doçura por Brown e Bobby Byrd – com uma sequência no final usando frases como "*don't make me over*" [não minta para mim] e "*any day now*" [a qualquer momento agora] como um reconhecimento de que as produções Burt Bacharach/Hal David de Dionne Warwick eram uma inspiração. Como produtor, uma oportunidade ainda maior logo surgiu para Brown e a gravadora Try Me. No entanto, o caso foi considerado, mas arquivado.

Parecia que a relação comercial e a parceria de confiança entre Ben Bart e Brown não poderia estreitar-se ainda mais. Mas foi exatamente isso o que aconteceu. Depois de provar ser o empresário ideal, copromotor, conselheiro e figura paterna não oficial, Bart decidiu transferir o seu reinado na agência da *Universal Attractions* – por um preço – para seu filho Jack, e Dick Allen, um sócio da empresa, e partir para agenciar Brown em período integral: "Tivemos muitas brigas nos anos em que se passaram quando meu pai agenciava James", disse Jack, "isso aconteceu porque James questionava 'por que ele deveria pagar pelos serviços de uma agência, por que ele deveria pagar por um empresário'. Se o caso tivesse sido entre duas famílias isoladas e nossos sobrenomes fossem diferentes, ele provavelmente não teria sido contra. Mas ele achava que o seu dinheiro estava indo para os mesmos bolsos, e por isso tínhamos discussões intermináveis. Eu brigava com o meu pai, James brigava com o meu pai e, eu acho que ele [meu pai] estava no meio disso tudo. Não defendia a minha posição, tampouco a de James".

"O relacionamento entre meu pai e James era o de pai e filho, e eu me lembro de James telefonar diversas vezes para a nossa casa e, quando eu atendia ao telefone, ele dizia: 'Deixa eu falar com o pai', porque era assim que o chamava. E lá no fundo, eu ficava um pouco zangado com aquilo. O que era tolice de minha parte, porque os dois realmente tinham uma relação muito íntima."

Nos negócios, Jack sentia que Brown estava "tentando ganhar dinheiro em cima de mim, quando estávamos cuidando de seus shows e eles não nos pagavam em determinadas ocasiões. Então, o amor entre James Brown e Jack Bart e a *Universal Attractions* naquele período não era dos melhores. Na verdade, se fôssemos casados, teríamos nos divorciado. No entanto, nós vivíamos juntos e estávamos sempre ouvindo as loucuras um do outro. Infelizmente, meu pai faleceu. James me procurou e disse: 'O caso é que nós não nos damos muito bem, mas eu fiz uma promessa ao seu pai e acho que teremos de aprender a trabalhar com nossas diferenças'". Isso se prolongaria por mais cinco anos. Naquele momento, no outono de 1963, Brown e Ben Bart fundaram a *Fair Deal Productions*, uma unidade independente, e lançaram as duas obras seguintes com a *Smash*, uma gravadora protegida pela poderosa *Mercury Corporation*. Anna King, uma jovem cantora da Filadélfia que substituíra Tammy Montgomery no grupo, tinha um modesto sucesso popular no início de 1964 com "If Somebody Told You" e a música "I'm Just A Nobody", de Bobby Byrd, foi deixada de lado. O terceiro lançamento era um dueto de King e Byrd, "Baby, Baby, Baby", que se mostrou cativante logo de início e acabou sendo lançado nos mercados europeus. (O impulso extra na distribuição oferecido às produções de Brown por uma grande gravadora não ficariam por conta dele. Brown também sabia que aquela era sem dúvida a principal carta na manga da gravadora de Syd Nathan, e também lhe renderia alguns frutos. Contudo, a King não podia se permitir concordar com todas as mínimas exigências de sua atração principal. Novos confrontos à vista.)

Enquanto isso, a mais importante turnê de James Brown de 1963 oferecia um pacote surpreendente. De maneira essencial, ele agia como a atração principal entre Marvin Gaye, The Supremes, The Temptations, The Four Tops e outros números novos da Tamla de Berry Gordy e da Motown: "Aquela foi uma das melhores turnês", disse Byrd a respeito dos 40 shows agendados naqueles meses de setembro e outubro, "a Motown apenas começara a ser muito tocada. Eles estavam ficando conhecidos nas rádios e participavam de shows de brancos em que nós ainda não conseguíamos nos apresentar, mas nem toda a escalação da Motown junta era capaz de superar James Brown & The Famous Flames nos locais de shows dos negros. Eles eram conhecidos por seus discos e não pelo seu trabalho. Assim, acho que Berry queria cruzar o país visitando os locais com as plateias de negros e por isso viajava com James".

As gravadoras de Detroit tinham só uma estrela além de James que poderia ter desagradado uma plateia inteira no Apollo – Marvin Gaye: "Embora seus discos tivessem chegado às casas dos brancos por causa da marca Motown, Marvin sabia cantar muito bem a música negra e ele era muito atraente. Era o homem mais popular da Motown entre as garotas. O engraçado era que Marvin, na verdade, não gostava tanto assim do estilo. Voltava-se mais para o *jazz* e os musicais da Broadway e não gostava tanto assim de se apresentar ao vivo". Desse modo, apesar de conseguir lançar três sucessos de R&B nos últimos 12 meses – "Stubborn Kind Of Fellow", "Hitch Hike" e "Pride And Joy" – com "Can I Get A Witness" logo em seguida, Gaye não representou nenhuma forte concorrência ao Homem Que Mais Trabalhava no Mundo Artístico. "Otis [Redding] era assim", completou Byrd, "ele podia deixar de agradar um salão inteiro, mas isso não fazia diferença alguma para ele, não se importava. Isso não o abalava de maneira alguma".

Depois da operação de junção com a Motortown, Brown gravou outro álbum "ao vivo", no Royal Theater em Baltimore, e voltou para o Apollo. O teatro do Harlem tornara-se o seu lar simbólico e ele fizera de Nova York o seu novo lar quando se separou de Dessie, deixou Macon e comprou uma casa na região de St. Albans no Queens. Ele teria agora muito tempo livre para procurar móveis para a sua casa nova porque seus conselheiros haviam lido seu contrato de gravação no que dizia respeito aos "serviços pessoais" com a King como cantor substituto apenas, e sugeriram que ele estava livre para assinar um acordo com outra empresa e participar de gravações como instrumentalista. O resultado dessa análise contenciosa foi que na maior parte de 1964 a organização de Brown se manteria tanto ocupada nos tribunais de justiça quanto com as gravações em estúdios. Sua carreira provavelmente foi interrompida pelo litígio que não passou de um período de criação ainda mais marcante na vida de James Brown, já que nada seria capaz de impedir sua música de continuar decolando.

Capítulo 7

A "politização" de James Brown só atingiu toda sua extensão na segunda metade da década de 1960 – foi uma expressão um tanto confusa em termos de consistência e lógica. Entretanto, nos anos de 1963 e 1964, em sua posição de artista afro-americano mais querido no mercado negro, ele passou a sofrer pressões para se pronunciar a respeito de questões sobre a integração e igualdade de oportunidade. Depois de *Live At The Apollo*, passou a ser conhecido por um grupo bastante considerável de jovens compradores brancos de discos. Tornou-se um aliado com um potencial forte de qualquer partido ou movimento político que decidisse apoiar. Em nome da razão compreensível de desejar construir uma carreira contínua, ou simplesmente conquistar um modo de vida justo, muitos artistas na América mostravam-se desinteressados em falar a respeito de temas políticos e sociais. Os precedentes das antigas caçadas às bruxas de McCarthy de escritores, atores, diretores e produtores de cinema na década de 1950, até a perseguição de Paul Robeson, eram lembranças recentes e bastante vívidas do que poderia acontecer com os artistas cujas opiniões fossem diferentes das apresentadas por instituições políticas, industriais e sociais.

A emergência de Brown com "Please, Please, Please" em 1956 coincidiu com as primeiras tentativas de segregar as escolas no Sul e com as campanhas que visavam a forçar a segregação em outros locais públicos. Muitas das imagens daqueles dias tornaram-se tão idealizadas por determinados filmes que é difícil descrever a coragem estremecida dos fracos, apesar de uma destemida Rosa Parks que ousava sentar-se nos assentos reservados "somente para os brancos" na parte da frente de um ônibus em Montgomery, Alabama, e que acabou gerando o boicote dos negros da empresa naquele lugar. A princípio, o prestígio de Brown cresceu de forma muito lenta durante anos de turnês exaustivas e da emergência gradual de um estilo único gravado por ele. O movimento contra a segregação e a desigualdade racial também comprovou sua estabilidade durante esses anos da recente liderança de Martin Luther King. Sua trilha sonora na década de 1950 foi proporcionada pela música folclórica popular, que falava aos negros, e também por hinos com base espiritual e não do R&B e do *jazz*. De maneira simples, a guitarra e a voz humana eram os instrumentos mais portáteis e universais capazes de incitar as mentes e os espíritos das pessoas em marchas ou outras formas de protestos pacíficos.

Da maneira como Bobby Byrd a descreveu, Toccoa era um lugar relativamente bom quando comparado a tantas outras cidades pequenas ao sul da linha Mason-Dixon, mas assim que a banda deixou esse paraíso improvável, encontraram sua cota de problemas na estrada. Embora um número muito reduzido de pessoas fizesse isso, caso você quisesse ignorar os insultos diários feitos contra a dignidade e a humanidade que a segregação e a intolerância produziam, eles eram, apesar de tudo, fortes o suficiente para deixar uma marca na vida das pessoas. Até mesmo o primeiro grupo da Motortown a chegar ao sul fora recebido com tiros enquanto às pressas subiam em seu ônibus, apesar de serem cantores que faziam discos que os brancos costumavam comprar. Entretanto, a principal preocupação do The Famous Flames era deixar uma cidade e conseguir chegar na outra, encontrar um hotel que pudesse acomodá-los, um lugar que pudesse lhes servir algo para comer, fazer o show, receber o cachê e subir novamente no ônibus. Os protestos nos balcões de restaurantes e as manifestações de liberdade aconteciam na periferia desta vida, embora Brown sempre demonstrasse possuir um radar preciso pronto para detectar e reagir a qualquer forma de desrespeito. E de qualquer modo, acreditava-se que os artistas itinerantes não tinham qualquer opinião própria nem causavam qualquer tipo de influência, pois eram apenas pessoas que cantavam e dançavam.

No entanto, depois do sucesso meteórico com *Live At The Apollo*, isto foi uma concepção menos precisa no caso de James Brown. O ano foi bastante traumático para os americanos. Em setembro, a bomba de um racista, instalada na Igreja Batista da rua 16, em Birmingham, Alabama, matou quatro jovens negras – Carole Robertson, Cynthia Wesley, Denise McNair e Addie Mae Collins. No dia 22 de novembro de 1963, o presidente John F. Kennedy, um líder notável por estar em constante dedicação aos valores e ideias progressistas, fossem seus companheiros americanos a favor ou contra, fora assassinado em Dallas, Texas. Seria impossível não ter algum tipo de opinião contrária ao histórico de assassinatos tão obviamente motivados por objetivos políticos, sociais e racistas. Se James Brown ainda poderia se sentir estimulado a expressar sua opinião de maneira pública, não há como sabermos com certeza. Sem dúvida esse seria um forte apelo ao seu ego, mas Ben Bart lhe aconselharia que uma atitude dessas não seria prudente naquele estágio de sua carreira. Além disso, ele tinha questões mais mundanas com as quais lidar como, por exemplo, a batalha com a King.

Sua última gravação em estúdio para a King sob a vigência do antigo contrato aconteceu em 23 de outubro de 1963, memorável por uma briga entre Brown e o produtor/arranjador Gene Redd, bem como pela remodelação secular da alegre música clássica *gospel* de Swan Silverstones, "Mary Don't You Weep", que se tornou "Oh Baby Don't You Weep". Brown, ao piano, comanda o The Famous Flames, que repete o título por trás de seu vocal, durante seis minutos de exaltação emocional, tributos a outros cantores de *soul* e *gospel* e um reconhecimento de suas próprias realizações já gravadas anteriormente. A música deu a Brown a 23ª posição nas paradas de música pop em janeiro de 1964 e, com a técnica do uso dos *overdubs*, foi uma das duas faixas da gravação no estúdio que chegaram a ser adicionadas como pesos-pesados no álbum ao vivo gravado no Royal Theater, em Baltimore. Nesse momento, ele e Bart já haviam iniciado as atividades da Try Me Music, uma empresa de divulgação para a qual suas músicas apareciam como composições de "Ted Wright". Em março, ele gravou um lote de canções padronizadas de R&B com arranjos da grande banda de Sammy Lowe (mais uma vez com os ecos das táticas de Ray Charles) para a Fair Deal e as ofereceu à Smash na forma de um álbum chamado *Showtime*. Ambas as ações capitalizaram o sucesso do álbum *Apollo* e é difícil não acreditar que não tenha sido elaborado de maneira deliberada para prejudicar as vendas do álbum *Live At The Royal* da King e provocar o humor de Syd Nathan, que já parecia tão bem-sucedido quanto Brown. Dois *singles* de *Showtime*, suas versões das perenes músicas de Louis Jordan, "California" e "The Things That I Used To Do", de Guitar Slims, acabaram por se tornarem sucessos de vendas não tão expressivas e, comercialmente, representaram uma enorme decepção para a Mercury.

De 10 de abril a 17 de maio, ele saiu em viagem com uma formação maior. Fats Gonder ainda estava na banda com Al "Brisco" Clark como mestre de cerimônias, mas um novo nome no saxofone era Nat Jones, que assumiria a função de diretor musical no início da turnê seguinte na metade do mês de maio. Jones era de Kinston, Carolina do Norte, e Byrd disse que "era um bom líder de banda e criara alguns belos arranjos. Ele fez o primeiro álbum de Natal de James [*Christmas Songs* de 1966] e James tirou tudo dele. Aquilo o deixou bastante decepcionado. Sem dúvida, a traição fez com que se sentisse muito mal. Ele idolatrava James, pois ele era esse tipo de pessoa. E nós tentamos alertá-lo de que não poderia aproximar-se demais de James porque este lhe daria as costas. Para ele, você é um empregado, portanto, não se torne vulnerável demais diante dele".

De volta aos estúdios, Brown começou a gravar de forma prolífica. Apesar de que a maior parte do material que estava editando agora fosse ser lançado daquela forma, os experimentos foram o alicerce de seu progresso pela *soul music* até o funk durante os anos seguintes. No verão, gravou a primeira versão de "I Got You", "It's A Man's World", "Nature Boy, Till Then", "I Wanna Be Around", "Only You" e "I Loves You Porgy" para a sua empresa, a Fair Deal Productions. Algumas dessas músicas eram de uma seleção orquestrada com padrões de criação e composição realizadas durante as turnês, outras eram versões instrumentais repletas de *jazz* com sua banda. A extensão de sua ambição é evidente quando comparamos o desejo de impressionar como cantor "sofisticado" ou tecladista de habilidades notáveis, como vemos em seus trabalhos, com a ambição desmedida de compor um sucesso popular em "Out Of The Blue", uma tentativa descarada, extraordinária e incomum que despontou entre os sons de batida voltada para os adolescentes das 20 Mais Pedidas.

É claro que Syd Nathan não deixou de agir todo esse tempo e abriu um processo legal contra Brown e a Mercury em abril. No dia 16 de outubro, conseguiu a liminar que impedia o cantor de gravar a parte vocal com a Smash. No entanto, todos sabiam agora que o contrato da King com Brown permitia que ele, por uma falha do acordo, gravasse como músico com outras gravadoras. Até então, Brown havia lançado dois álbuns da Smash e três *singles*, um dos quais figurava entre os 30 Mais Pedidos de músicas populares e lhe fez experimentar, pela primeira vez, o importante gosto do sucesso no exterior.

Contudo, ele não pôde desfrutar a sensação por muito tempo. Durante o impasse legal imposto pela disputa contratual, Brown tentou pressionar a King a lhe oferecer um novo contrato. Embora mais tarde tenha começado a gravar novamente para a gravadora de Cincinnati, tecnicamente continuou a disputa por muitos anos. Na verdade, para adiantarmos o assunto, no dia 26 de janeiro de 1967, vemos Brown em Nova York, no escritório da Shea, Gallop, Climenko & Gould na avenida Madison, diante de Anthony Werner, um oficial de justiça do Estado de Nova York, para ser interrogado antes do julgamento final referente ao pedido do reclamante, a King Records Inc., contra James Brown, a Mercury Records Corporation, a Mercury Records Production Inc. e a Fair Deal Record Corporation. A transcrição de 65 páginas da deposição anterior ao julgamento apresenta em sua maior parte as trocas entre Brown, que chegara quase 35 minutos atrasado, e Martin Shelton, advogado da King Records, com interjeições do advogado de defesa de Brown, Marty Machat.

Em primeiro lugar, Shelton tenta determinar quando o cantor deixou de gravar para a King. Brown se lembra da última gravação de "Oh Baby Don't You Weep". Em que ano? "Não me lembro ao certo. A única coisa da qual me recordo com clareza é que não me pagavam direito". Que meses? "Quase todos." É bastante conhecido o fato de que James é muito direto em suas respostas sempre que possível. Sabe-se que é provável que não estivesse sendo pago ou que bancava uma série de itens, como anúncios, que não deveriam ficar por sua conta. Também afirma não ter conhecimento algum a respeito das cláusulas dos contratos e de não se lembrar com exatidão das datas ou dos nomes de três, quatro e cinco anos antes. E isso vindo de um homem que todos diziam ter uma memória excepcional de seus promotores, *disc jockeys*, número de pessoas nas plateias e dos locais exatos de seus shows. "Não sou eu que cuido dos livros e dos números. Sou apenas um cantor. Se tomasse conta desses detalhes, certamente estariam em melhores condições." Em um determinado momento, Shelton tentou estimular seu ego e fazê-lo admitir sua imensa popularidade: "Você diria que o seu estilo é um tanto inimitável, não é?" "Eu não entendo você. Sabe muito bem que parei de estudar na sétima série." "Não há ninguém que se compare a você nesse ramo, não é verdade?" "Não sei nada disso, porque sei que há muita gente por aí muito melhor do que eu."

Depois da discussão a respeito da relação comercial de Brown com Bart e a criação da Fair Deal, o inquiridor Shelton então volta-se para algumas fotos e folhetos de publicidade (adesivos e pôsteres com o intuito de serem utilizados em locais de shows e lojas de discos). Um folheto, do álbum ao vivo de Brown nos teatros Apollo e Royal, foi enviado pela King para as lojas de discos, ele admitiu: "Se você compra um disco, imagino que eles lhe ofereçam também um folheto. A propósito, esse é um dos álbuns mais importantes já gravados e pelo qual não recebi nada. Esse álbum permaneceu na *Billboard* por 64 semanas, saídas paradas e voltou em seguida". Shelton mostra um anúncio feito para um álbum de James Brown, para a *Billboard*, de outubro de 1963.

Brown diz que pagou metade dos custos do anúncio: "Não foi algo que ganhei de presente. Paguei metade e não deveria ter dado um só centavo. Isso é algo que deveria ser de responsabilidade da empresa que não cumpriu com sua obrigação. Eu paguei metade".

Shelton mostra que Brown deixou de gravar para a King no fim de 1963 e começou a gravar para a Smash no início de 1964. "Eu estava quase pronto para deixar de cantar porque não estava recebendo nada." Por fim, Shelton chega à essência do assunto – a assinatura de contrato da Fair Deal com a Mercury. Brown se lembra de uma reunião entre ele, Bart e um homem que foi apenas apresentado como sr. Irving Green, da Mercury Records, mas, quando pressionado a falar dos detalhes de sua conversa, ele diz: "Não me lembro de nada". Admitiu ter assinado um contrato de cinco anos com a King, no dia 1º de julho de 1960: "Bem, eu não tentava entender as cláusulas dos contratos. Estava mais preocupado em entender qual o tratamento que qualquer pessoa merece receber. Não acho que um homem deva ser tratado dessa maneira nos Estados Unidos".

Mais provocações são proferidas. Uma delas, a que questionava por que Green, da Mercury, estava presente na reunião com Brown e Bart, é digna de ser analisada pelos irmãos Marx. Shelton: "Você teve alguma discussão com o sr. Green naquele momento, além da que foi declarada por você?" Brown: "Que tipo de discussão?" "De qualquer tipo." "Não havia nada que eu pudesse discutir. O que eu poderia dizer a ele?" "Eu não sei. Ele estava lá com você. Você o convidou?" "Ele estava lá comigo? Ele não estava comigo." "Quem o convidou?" "Não sei quem o convidou." "Ele estava lá, não estava?" "Sim, estava." "Você o convidou?" "Eu teria convidado você se tivesse aparecido por lá."

No término da entrevista, Brown admite ter recebido 27 mil dólares da Mercury, mas nenhuma parte desse pagamento fora recebida antes de ter gravado para eles. No decorrer da entrevista, Brown passa de seu estado humilde e de quem nada sabia para mal-humorado, agressivo e autoconsciente. Eles dão sinal de querer encerrar a sessão depois de duas horas, embora esse não seja o desejo do advogado de Brown. Ele quer acelerar as coisas e encerrar o depoimento porque Brown logo estará de viagem para a costa oeste.

De volta ao tempo real, a disputa litigiosa de 1964 não diminuiu a capacidade operacional de Brown e, quando esteve em Chicago, em junho, gravou o primeiro sucesso para a Smash, seu terceiro *single* com a gravadora. Em agosto, "Out Of Sight" já figurava na lista das 100 Mais Pedidas e alcançou a 24ª posição. O disco foi um grande salto para

Brown e para a música *soul*. E o chute inicial foi dado pela expansão na última primavera da seção de metais da The James Brown Orchestra sob comando de Nat Jones. Brown acabara de conhecer um excelente baterista, apesar de muito jovem, chamado Melvin Parker, que ainda frequentava a escola na Carolina do Norte quando a banda de Brown passou pela cidade. Os Parkers eram nativos de Kinston, o mesmo lugar de Jones. Um ano mais tarde, Brown se encontrou de novo com o baterista e o contratou. No entanto, Melvin só faria parte do grupo se houvesse um lugar para o seu irmão mais velho, o saxofonista Maceo Parker. Todas as vagas de tenores estavam preenchidas, mas Maceo também tocava com um saxofone barítono.

"Era aluno de música na Universidade da Carolina do Norte em Greensboro", disse Maceo, "onde acho que ainda estava no segundo ano da graduação de saxofonista. Conheci [Brown] por intermédio de meu irmão (...) na época achávamos que a escola deixara de ser interessante para nós e, por isso, quisemos acreditar que estávamos respondendo a um tipo de chamado que nos era feito. Precisávamos de algo que fosse diferente da escola, e achamos que trabalhar com a banda de James Brown seria uma resposta a esse chamado. James Brown era o artista mais eletrizante naquela época, e aquele tipo de música era nova, e eu sentia que aquele ritmo caminhava lado a lado com o que eu achava resumir tudo o que esperava encontrar na música".

Maceo estava no ensino médio quando sentiu pela primeira vez a magia de Brown. "Aquilo era algo místico (...) era como um magnetismo que me atraía cada vez mais para ele, o grupo e tudo o mais. Acho que posso dizer [que aquilo] era meu destino, fazer parte do show. Eu sabia que estava assistindo algo de que eu viria a fazer parte. Chegava a ser bastante assustador." (Bobby Byrd recorda-se da primeira vez que viu os Parkers como algo também assustador. O grupo acabara de encerrar uma sequência em uma casa de shows na Carolina do Norte e preparava-se para iniciar um segundo show no mesmo lugar quando Maceo e Melvin chegaram ao palanque pouco antes de termos um problema sério com o nosso equipamento. Eles nos livraram de um grande contratempo, pois conseguiram fazer com que as pessoas que começavam a ir embora voltassem para dentro do auditório. Foram contratados naquela mesma noite, disse Bobby.)

Apesar de os Parkers permanecerem no grupo por pouco mais de um ano antes de Maceo ser levado pelo exército americano – ele se alistou e serviu em Augusta, Geórgia – a vitalidade da parte responsável pelo ritmo do grupo e da dinâmica da parte dos instrumentos de sopro mudou de forma drástica. O ritmo tornou-se o fator predominante na música de Brown. Anteriormente, os músicos da seção de sopro ajudavam a conduzir e embelezar a melodia, mas na música "Out Of Sight", o arranjo dos instrumentos de sopro e as frases unidas dão ênfase na capacidade dessa parte da banda de reforçar o impulso inicial e sustentar a batida da música. Sendo assim, o baixo de Bernard Odum, ao assumir o papel de comando, é levado mais à frente para orientar a mistura, com os padrões de seu baixo provocando algumas batidas menores, além de conduzir melhor os arranjos. (O ritmo torna-se o elemento central da canção, uma mudança que ficaria ainda mais marcante em seu próximo grande sucesso. Aos poucos, o conteúdo melódico foi destilado conforme a voz de Brown era recrutada para agir como parte da seção responsável pelo ritmo – certamente de modo tão marcante quanto a própria seção dos instrumentos de sopro. Desse modo, alguns dos gloriosos caminhos posteriores são pouco mais do que algumas explorações de ritmos criados por uma corda só.) Em contrapartida, o outro lado do disco de *Out Of sight*, o arranjo mais tradicional da música de raiz *gospel* "Maybe The Last Time", indica uma despedida do velho estilo de James Brown. Essa também foi a última vez que ele trabalhou em um estúdio com o The Famous Flames como seus vocalistas de apoio. A partir de agora, seria Bobby Byrd e qualquer outra pessoa contratada para a sessão, embora nos palcos tudo continuasse acontecendo com as músicas e as danças do jeito que costumava fazer com o The Famous Flames. Ele ainda é o Homem Que Mais Trabalha no Meio Artístico, mas o sr. Dinamite não existe mais e apenas desejam vida longa ao Irmão Número Um do *Soul*.

Out Of Sight não foi o primeiro *single* de James Brown a ser lançado na Grã-Bretanha, mas foi o primeiro a ser, de fato, bem aceito por lá, quando a Philips o lançou na última semana de outubro de 1964. O impacto de Brown fora dos Estados Unidos será discutido com mais detalhes em um capítulo adiante, mas as avaliações da banda oferecem uma indicação das primeiras impressões. Na terminologia que parece ter surgido na década de 1950, a *Melody Maker* o descreveu como "o ídolo americano de muitos amantes do *frenesi*" com um "ótimo som e consistente no estilo de Little Richard". O comentarista achou que, considerando-se toda a exposição, a nota seria positiva. A *New Musical Express* foi menos receptiva em relação ao novo estilo. Brown "grita-canta uma composição R&B de meio-tempo com sua voz simples e arenosa (...) Os vocalistas de apoio mantêm o ritmo, mas a melodia poderia ser mais forte. Tudo bem para os entendedores, mas isso não significa muito por aqui". A *Disc*, ao analisar os dois lados do disco, foi sem dúvida a que mais se impressionou, admirando-se diante da garganta "arenosa, potente e em boa forma de Brown (...). Ele desenvolveu um ritmo alucinado que faz com que você não consiga ficar parado" e, de modo bastante perceptivo, observou o "excelente som do saxofone que embala a canção". O outro lado do disco era "uma apresentação estridente ao extremo que faz você sacudir sem parar enquanto viaja no som". Finalmente, e mais uma vez de maneira bastante precisa, o jornal achava que aquele era "um disco que todos os grupos comprarão de qualquer maneira". A *Record Mirror* observou uma "batida média percuciente com um toque de Rufus Thomas".

Conforme a música "Out Of Sight" subia nas listagens das Mais Pedidas, o processo da King contra Brown, Bart e a Mercury avançava nos tribunais. A liminar anteriormente mencionada do Tribunal de Apelações de Nova York impedia o artista de gravar para a Smash enquanto o contrato de exclusividade com a King estivesse sob vigência. Brown fracassara em sua tentativa de manter o processo longe dos tribunais ao negociar um acordo melhor com a King e depois dessa decisão recusou-se a gravar os vocais por quase um ano. Nathan, enquanto isso, lotou o mercado com os *singles* de James Brown em 1964. Depois do sucesso com "Oh Baby Don't You Weep", a King lançou outros sete *singles* do vasto acervo de materiais antigos, quatro deles lançados depois de "Out Of Sight". Eram relançamentos, novas edições de músicas gravadas ao vivo e também versões mais antigas. Brown continuou a gravar a parte instrumental de outras músicas para a Smash.

Apesar da qualidade variável dos lançamentos, 1964 terminou em um ápice estratosférico para James Brown. Em primeiro lugar, ele passou a se dedicar muito mais aos shows ao vivo e continuou a colecionar prêmios como um homem que colhe os frutos de sua mais recente safra. Mais tarde, em 1964, ele recebeu o título de Artista de R&B do Ano da *Music Business* – no depoimento anterior ao julgamento alguns anos depois, ele chegou a dispensar o Prêmio, dizendo de forma autodepreciativa que premiações como aquelas não significavam absolutamente nada porque, segundo ele, podiam ser compradas pelo artista ou pela empresa gravadora – e, em outubro, foi agraciado com o Prêmio de Irmão do *Soul* da estação de rádio de Nova York, a WWRL – um lindo troféu com quase um metro de altura – pelas mãos do *dee-jay* Rocky G no palco do teatro Apollo. Também filmou um pequeno vídeo em *Ski Party*, um filme piloto de 1965 para o astro da música pop da década de 1950, Frankie Avalon.

Uma obra do cinema incomensurável e mais importante foi o segmento do excelente filme artístico de Steve Binder, o show T.A.M.I., filmado no Auditório de Santa Mônica, na Califórnia, no dia 24 de outubro. Brown estava bastante alinhado com a invasão das batidas britânicas no estilo da atração do momento, o The Rolling Stones. "Sei que James conta essa história, mas ela era tão divertida para todos nós que tenho de contá-la", começou Bobby Byrd. "Lesley Gore chegou lá e apresentou aquela sua música popular, 'It's My Party' e outras coisas mais. Quando terminou, houve um enorme drama. Sua mãe ou empresária, ou uma outra pessoa qualquer aparece gritando: 'Abram espaço para ela respirar! Não a incomodem agora, está cansada demais'. Por quê? Por ficar ali em cima do palco e cantar duas músicas? Agora eu digo, espere um minuto, nós estávamos prestes a morrer e eles estão armando o maior escândalo por causa de Lesley Gore? Foi tudo muito engraçado".

"Estávamos de certo modo preocupados com os shows da Motown porque eles estavam conseguindo todas as melhores posições nas paradas pop e nós não. Por essa razão, estávamos determinados a superá-los. Mas, a nossa maior preocupação era o The Rolling Stones, porque não sabíamos nada a respeito deles. Todos diziam: 'Esse grupo britânico vem aí e eles vão arrasar todos vocês'."

"Falamos com eles mais tarde e disseram: 'Nós nunca recebemos esse tipo de tratamento. Vocês todos são demais'. No entanto, vejam bem, o que eles não entendiam é que no início estávamos tão apavorados quanto eles porque ouvimos dizer que eram demais e ainda não tínhamos visto o grupo. Nós tentamos ver um ensaio deles, mas seus dirigentes os mantinham a sete chaves. Era assim que provocavam ainda mais a curiosidade de todos. Imploramos aos organizadores para que nos colocassem entre alguns dos números principais da Motown, pois sabíamos que podíamos dar conta do recado. Nós não queríamos nem chegar perto do The Rolling Stones. James estava mais nervoso do que nunca, ele não queria falar com ninguém naquele dia. Ele só queria ficar em paz e em silêncio conosco por perto, pensando no que poderíamos fazer para superar aqueles caras desconhecidos. No entanto, Ben [Bart] nos disse: 'Apenas façam o que estão acostumados. Não mudem absolutamente nada'. E era só isso o que devíamos fazer: seguir com nosso show como sempre fazíamos."

"O grande erro do The Stones foi saírem de seu camarim para assistir ao nosso ensaio. Aquilo bastou. Daquele momento em diante, ficaram apavorados. Parece que disseram ao Mick, como nos contou Ben: 'Apenas façam o que sabem fazer'. Contudo, quando se apresentaram depois de nos assistir, Mick pulou para trás e tentou fazer o que James fazia. Aquilo foi sem dúvida um grande erro, porque ele não dominava os passos. Ainda assim, eles até que se deram bem e todos ficamos amigos."

"Depois do show, James e Ben tentaram pensar em algo que poderíamos fazer juntos, uma turnê, alguns shows ou coisa do gênero. Aquela seria uma grata exposição para o nosso grupo, já que, depois daquele show, James alcançara o estrelato, e estou falando do verdadeiro estrelato que podíamos ver em seus olhos. Ele queria fazer qualquer coisa com qualquer pessoa que tivesse o que quer que fosse a caminho do sucesso. E percebeu que podia superar a todos. No entanto, o empresário do Stones disse ao Ben, e estávamos todos presentes naquele momento, então ouvimos tudo, que aquilo não seria um bom negócio para os seus garotos. E que teria de se reunir com eles para restaurar sua autoconfiança porque nós tínhamos destruído grande parte de seu sonho e ambição."

Conforme relatos da história, o Stones logo recuperou o ritmo e Brown; em pouco tempo voltou para a King Records. Ele tinha um contrato muito rigoroso e uma nova faixa que prenunciava uma nova fase da música afro-americana.

Capítulo 8

É algo comum nas biografias de importantes figuras da música popular do pós-guerra – e até as menos importantes – interromper a história com frequência por meio de boletim a respeito do estado do mercado de modo geral. Quem se saía bem com qual estilo, quem eram os novatos, o que deixava o cenário. No caso de James Brown, de 1964 pelos 10 anos seguintes, esse exercício de comparação e contraste serve apenas para mostrar o quanto profundamente diferente, de modo rítmico ou melódico, seu estilo se tornara quando comparado a qualquer outra coisa no mundo mais amplo da música pop ocidental. Análises das paradas de música pop não ajudam muito. Na segunda metade de 1964, quando "Out Of Sight" estava no auge, a posição Nº 1 nas paradas da América era compartilhada pelo cantor romântico ao extremo e astro do cinema Dean Martin, a estrela do cinema ocidental Lorne Greene, a nova sensação adolescente WASP Bobby Vinton e as bandas de ritmo britânico The Animals e Manfred Mann (com bandas *cover* de originais negros americanos). O principal show era o preferido de Berry Gordy, o The Supremes, que conseguiram lançar três músicas Número Um nos últimos quatro meses do ano (e uma quarta em janeiro de 1965) e já haviam desaparecido por completo. No disco, o império multiplicador de Gordy em Detroit ofereceu ao Som da Jovem América uma forte batida no ritmo da música negra. Em cima dos palcos, seus gostos inclinavam-se na direção das vozes e da apresentação que ia do Apollo até o Copacabana, o primeiro local preferido dos principais nomes da música.

O apelo da música de James Brown não tinha nada a ver com isso. Sua carreira avançava cada vez mais e foi a sua capacidade instintiva de se conectar e de manifestar a experiência afro-americana que lhe deu forças no mercado e manteve sua música na melhor forma. Não estava fazendo música para alcançar um grande público. O grande público é que estava em busca de sua música. Suas letras durante esse período – antes da mais óbvia cunhagem de *slogans* e comentários sociais do fim da década de 1960 e início da década de 1970 – raramente são discutidas, mas na metade da década de 1960, na época de sua mudança para St. Albans, Queens, vemos uma alternância clara na linguagem de amor comum da música *soul* sulista para as frases mais atuais e mais abertas que impulsionam e dão energia às cadências de diálogos por meio do estilo de conversa de rua. Como testemunha disso, temos o próprio título da música "Out Of Sight" [Fora de Alcance]. Esse era o início do período em que LeRoi Jones, mais tarde conhecido como Amiri Baraka, chamaria Brown de "nosso poeta negro Nº 1", rebatendo a declaração de Bob Dylan de que os graciosos sorrisos e as metáforas de Smokey Robinson fizeram com que ele se tornasse o poeta Número Um da América. A absorção gradual de frases como "fora de alcance" nos dicionários da música e da linguagem dos brancos não era algo novo – considerava-se como algo atual e já vinha acontecendo desde a era do *jazz*. No entanto, na metade da década de 1960, o mundo estava mudado e o *jazz*, o *blues* e o *rock'n'roll* foram substituídos por uma mudança ainda mais sísmica na música, dessa vez transmitida de forma mais incisiva pelos músicos britânicos que exportavam suas interpretações da música afro-americana de volta para os Estados Unidos. James Brown, ao se aprofundar de modo ainda mais rítmico em suas raízes e usar em suas letras as expressões de rua mais grosseiras do mundo urbano da região norte, agora seu lar, acabou por determinar o padrão do *soul* para que se equiparasse aos ritmos mais duros e as palavras mais atuais. Ouviremos mais a respeito deles ainda neste capítulo, apesar de a maior parte dos compositores e cantores só aderirem a essa nova prática no início da década de 1970.

A explosão da produtividade implacável de Brown na metade da década de 1960 coincidiu com a solidificação de atitudes relacionadas às questões políticas e sociais que há muito tempo incomodavam a todos nos Estados Unidos. Ao contrário dos sons risonhos criados na Motown – até mesmo com as baladas amarguradas de Smokey Robinson que deixavam certo brilho no coração, assim como uma lágrima nos olhos – ou as canções de amor mais resolutas editadas na Stax e pela Atlantic, a música de Brown passou a ser melhor desenvolvida e a devolver ao público afro-americano a energia e o ardor do desejo de mudança. Em 1964, a "guerra" da segregação fora vencida. Bem, ao menos no papel. O presidente Lyndon Baines Johnson, desde o assassinato do presidente Kennedy, assinara o último Ato de Direitos Civis na Casa Branca, redigido em 1957 e 1960 e elaborado para proteger os direitos de voto de mulheres e homens negros. Contudo, em regiões maiores do sul, poucos cidadãos cadastraram-se na justiça eleitoral e um número ainda menor sentia-se encorajado a apoiar esse novo direito.

Selma, a sede do condado de Dallas, no Alabama, a 80 quilômetros a oeste da capital do Estado de Montgomery, tinha uma população de 27 mil habitantes com algumas poucas centenas de cidadãos negros que podiam votar. Administrados por oficiais brancos agressivos do condado que criavam todos os obstáculos para o registro de eleitores, a cidade passou a ser o foco da atenção da Conferência de Lideranças Cristãs do Sul de Martin Luther King e do Comitê de Coordenação Contra a Violência Estudantil, como o local de provação da campanha de um estatuto de direitos eleitorais federal. Pela primeira vez, a polícia local agiu de maneira branda, mas King praticamente os forçou a deter e prendê-lo. A publicidade nacional logo se manifestou. Quando um protestante de direitos civis foi atingido por uma bala, morrendo mais tarde nas proximidades de Marion, os líderes decidiram marchar de Selma até Montgomery em sua homenagem. Em 7 de março de 1965, um domingo, a procissão de 600 homens cruzou o condado de Selma, Partindo pela Ponte Edmund Pettus na travessia do Rio Alabama. À espera do outro lado da ponte estavam tropas estaduais fortemente armadas, delegados do condado e outros membros da polícia local. Por não recuarem de imediato, os marchantes foram atingidos por bombas de gás, forçados a deitarem no chão, atacados por cassetetes, tiveram de fugir dos cascos dos cavalos da polícia montada. As imagens televisivas da reação pesada da polícia, junto do chamado de Martin Luther King para uma nova marcha com um número maior de pessoas até Selma, incitou a administração federal a acelerar o processo legislativo iniciado pelo movimento. Duas semanas depois da primeira marcha, a segunda conseguiu chegar ao seu destino sob a proteção considerável da Guarda Nacional e do FBI. Quatro meses mais tarde, o Ato de Direitos Eleitorais foi assinado.

Em meio às comemorações, havia razões para que as pessoas fizessem uma reflexão dura e fria. Em fevereiro de 1965, Malcolm X, o ex-muçulmano negro que deixara o grupo de Elijah Muhammad a fim de propor as próprias ideias radicais, fora assassinado sob as ordens de seu ex-líder. No verão de 1965, a tensão nos guetos urbanos, que vinha crescendo de modo intermitente há dois anos – Birmingham, Alabama (1963), Harlem, NYC e outras cidades (1964) – irrompeu em um tumulto de maior escala no subúrbio de Watts em Los Angeles. A partir desse momento, o foco desses movimentos rapidamente deixou as áreas rurais do sul chegando aos enormes e opressivos centros urbanos do norte, caixas de estopim a incendiarem a ira e a frustração das gerações mais jovens. Não demorou muito até que tudo ficasse fora de controle.

A disputa de James Brown com a King e o consequente período de 11 meses de interrupção para os novos lançamentos, com apenas faixas antigas tiradas das prateleiras empoeiradas e colocadas no mercado como itens novos pela empresa de Nathan, indicava que ele havia feito alguns ajustes na banda e no estilo quando voltou aos estúdios. O título "Papa's Got A Brand New Bag" só confirmava essa verdade. O material foi rapidamente editado no estúdio Arthur Smith, em Charlotte, Carolina do Norte, em fevereiro de 1965. Maceo encarregou-se dos solos de saxofones, tenores e barítonos; Melvin criou uma nova sequência sincopada na bateria e aquela foi a primeira sessão de gravação de Jimmy Nolen, o inimitável guitarrista que viria a ser primordial para o som de James Brown por muitos anos. No Natal anterior, Les Buie, que assumira o lugar de Bobby Roach em 1961 e aparecia em "Lost Someone", "Out Of Sight" e no álbum *Apollo*, entre diversos outros trabalhos, deixou o grupo. A banda estava em Los Angeles e seu saxofonista tenor Eldee Williams recomendou Nolen, na época responsável pela banda em que tocava antes de juntar-se a Brown. Nolen, na verdade, já tocara para Brown quando o cantor foi convidado a participar de um show de talentos sob o comando de Johnny Otis, o chefe do guitarrista na ocasião, no Oasis Club em Los Angeles. Não houve necessidade de um teste, Nolen foi contratado e ganhou a posição no palco ao lado do organista/diretor musical Nat Jones, que cuidava de tudo. Nolen lembrou-se de sua estreia como algo "tranquilo, assustador, inesquecível". Em entrevista, publicada na revista *Guitar Player*, pouco tempo depois de sua morte em 1983, Nolen tentou descrever o típico processo de gravação de James Brown: "A maioria de seus discos de sucesso foram criados em sua cabeça, ao menos no que diz respeito às letras das músicas e à ideia geral do acompanhamento rítmico (...). Você chega lá e entra no balanço ...Algumas vezes trabalha metade da noite em uma música até chegar onde quer com ela; você grava e, na maior parte das vezes, é um sucesso. "Naquela época, era difícil entender com clareza o que o chefe fazia ou no que pensava", disse Maceo. "Às vezes era assim, ele decide e dita um ritmo, diz ao baterista: 'Você faz isso', e aos percussionistas, 'Façam isso', e ao baixista, 'Faça aquilo'. Ele costumava trabalhar assim e, no fim, dava tudo certo. E não havia como saber se trabalharíamos naquele material mais tarde ou se gravaríamos em um estúdio no dia seguinte ou o que viria a seguir. No entanto, a maior parte do tempo sabíamos que, quando ele tinha uma ideia nova ou um ritmo, tínhamos de explorar aquela criação porque gostávamos de fazer aquilo. E, além disso, sabíamos que em algum momento ele nos chamaria para o estúdio e mais um sucesso estaria a caminho."

A versão de "New Bag", gravada depois de uma longa viagem de ônibus, foi baseada em um improviso feito em um de seus shows. Em sua forma original, a música era muito mais lenta do que a gravada e lançada. O grito confiante de abertura de Brown, "Esse é um sucesso!", foi tirado do início da faixa e a fita foi acelerada antes de o disco ser trabalhado. "Quando gravei 'Papa's Got a Brand New Bag', aquela era uma fórmula nova para a música; pinceladas de *jazz* com um som *gospel* harmônico, sem nenhum conceito musical que lhe permita compor algo", disse Brown a Cliff White. "Você simplesmente pega a música e faz o que quiser, porque posso usar apenas um acorde e criar milhares de variações a partir daí. Essa é a diferença da música *soul* e do *blues*. É por isso que eu jamais poderia cantar *blues*, não quero cantar algo que me faça sentir preso." Embora seja verdade que as raízes da maior parte dos músicos estejam impregnadas de treinamentos e noções do *jazz*, a ênfase da música em "New Bag" passou a ser o ritmo. "Suas melodias anteriores eram mais ou menos uma mistura de *blues*", disse Jimmy Nolen. "Tudo era lento ou rápido demais. Essa foi uma das primeiras músicas em que ele simplesmente decidiu relaxar e experimentar algo diferente. Criou uma música tranquila e isso fez com que uma enorme variedade de grupos e músicos passasse a seguir essa linha."

A sessão dos instrumentistas de sopro chega com rapidez e de maneira clara na primeira batida de barras alternadas ou interrompe a primeira batida original de cada barra com um floreio de três notas. Os solos de Maceo, em especial os barítonos, são totalmente dedicados à acentuação das batidas e adição de síncopes ao ritmo: "Eu tenho de chegar em um ponto no qual posso impulsionar a música e então interrompê-la", disse Brown antes de começar a gravação original. "Muitas palavras aqui (...)." O que era realmente verdade, mas as letras raramente exigem trabalho demais, uma mistura de manias das danças da década de 1960 – o *Twist*, *Boomerang*, *Mashed Potatoes*, o *Jerk*, o *Fly*, o *Monkey* e assim por diante – recitados de maneira urgente e interligados por frases simples – "sem obstáculos", "se entregue ao cenário de loucura", "não é nada demais", "abrace a nova causa". "Já não existo mais, há muito tempo", canta no fim da versão original mais lenta, "Se você acha que não existo mais, siga-me. Adeus, já não estou mais aqui".

E realmente ele não estava mais ali, pois já havia alcançado os topos das paradas de música pop quando a faixa com seis minutos de "Papa's Got A Brand New Bag" mais as partes Um-Dois-E-Três foi editada para apenas pouco mais de dois minutos, considerando algumas repetições de som, cortes e acelerações lançada na K5999, em julho de 1965. Não havia nada remotamente semelhante a essa versão no mercado. Se "Out Of Sight" deu a James Brown uma base para a conquista do mercado dos brancos, "New Bag" plantou seus dois pés com firmeza nesse mercado. Bobby Byrd se lembra da mistura racial de suas plateias que se alteraram por todos os Estados Unidos conforme o disco crescia nos gráficos. Brown em sua autobiografia, de maneira eloquente, descreve seus esforços em geral bem-sucedidos de integrar as plateias, assim que passou a buscar teatros maiores, cinemas e auditórios mais amplos para apresentar os shows, até mesmo no Sul do país, e não há muito que questionar aqui. Se os donos ou os promotores dos teatros não aceitavam suas condições, não voltava ao local nem trabalhava com aquele promotor novamente. Ele se tornara uma atração grandiosa demais e agora ditava as regras, e não tinha medo de usar a força para integrar as plateias, mesmo que apenas pelas poucas horas de duração dos seus shows.

Com "New Bag" – um sucesso Nº 1 de R&B e Nº 8 de música pop – a briga entre Brown e Syd Nathan chegou ao fim. O dono da King Records estava doente há algum tempo e convalescia na Flórida, o que representava parte da frustração de Brown antes da briga. Embora Nathan quisesse algo novo para a gravadora, ele não contava mais com as reservas de energia necessárias para manter o negócio progredindo. Talvez pela falta de novos lançamentos – ou talvez por conta disso – o trabalho de Brown na estrada aumentara o seu valor. Nesse período seu cachê por uma noite de trabalho aumentara de $3.500 para $5.000, um preço e tanto para 1965.

Após conseguir um disco de ouro por "New Bag", em dezembro de 1965, ele ganhou o único prêmio *Grammy* aberto para os discos de *soul* na Academia Nacional de Artes e Ciências de Gravação (NARAS – National Academy of Recording Arts & Sciences) em janeiro de 1965. Talvez o prêmio mais "comovente" de uma organização sem nenhuma sensibilidade para o pop contemporâneo e que concedera poder demais a Nashville no intuito de fazer com que os partidários da música *country* se juntassem a eles. Os artistas e os compositores desse estilo tinham seis categorias de premiações, o R&B tinha apenas uma. Roger Miller teve 10 nomeações; Bob Dylan, uma figura bastante influente da época, não recebeu nenhuma; assim também como o The Beach Boys ou o The Rolling Stones, que já haviam dominado as paradas de sucessos americanas. E o The Beatles, cuja nomeação incluía o álbum *Help!* e a canção "Yesterday". Eles não ganharam nada. No contexto dessas decisões surpreendentes, a vitória de "New Bag", de Brown, em relação a "In The Midnight Hour", de Wilson Pickett; "Shake", de Sam Cooke; "My Girl", do The Tempetations; e "Shotgun", de Junior Walker & The All Stars parecia ser o resultado de uma verdadeira competição. (No fim de 1966, a NARAS dominada por Nashville já tinha até mesmo se infiltrado e vencido na categoria de *soul*. Embora Brown estivesse de novo concorrendo ao prêmio com uma incrível balada *soul*, Ray Charles venceu com "Crying Time", sua interpretação de uma música *country*. Brown só ganharia outro Grammy em 1986.)

"New Bag" não foi nenhuma realização acidental – o lançamento seguinte de Brown, que saiu em novembro de 1965, foi ainda melhor, chegando ao topo das paradas de R&B mais uma vez e alcançou a 3ª posição nas listagens de música pop, sua posição mais elevada dentre as 100 Mais. "I Got You (I Feel Good)" era uma renovação do sucesso de 1962, "I Found You", com o líder da banda assumindo os vocais de Yvonne Fair. Ele repaginara a canção durante uma das sessões de gravação para a Smash em 1964. Agora, com o período improdutivo de 11 meses interrompido por "New Bag", voltou para o estúdio em maio de 1965, em Criteria, na cidade de Miami, e editou a versão definitiva com o grupo agora maior, com o novo nome que lhe fora imposto, The James Brown Orchestra. Mais uma vez, o trabalho dos músicos da seção de metais aparecem em cada verso para compartilhar a responsabilidade de impulsionar o ritmo – com o baixista Bernard Odum, eles tocam praticamente as mesmas cifras – e em todos os outros lugares, Odum, o baterista Melvin Parker, o guitarrista Jimmy Nolen e os nove músicos do naipe de metais (três trompetes, quatro saxofones tenores, saxofones alto e trombone) tocam como se fossem um instrumento só.

Entre esse momento e o verão de 1966, a Orquestra continuou a evoluir rapidamente enquanto ele contratava músicos experientes de *blues* e *jazz* como, por exemplo, o trompetista Waymond Reed, o saxofonista Alfred "Pee Wee" Ellis e os bateristas Clyde Stubblefield e John "Jabo" Starks, que tinham tocado na banda de Bobby "Blue" Bland de 1959 a 1966. Sua música exigia habilidade e disciplina e ele sabia que novos músicos de qualidade sempre traziam boas e novas ideias. Quando um músico visionário passa por uma explosão de produtividade, ele pode contratar músicos jovens, como Coleman Hawkins uma vez aconselhou

Miles Davis, porque eles acatarão todas as ordens e desafios. O trompetista de *jazz*, entretanto, contratou músicos que, além de cumprir as ordens, também agregaram ideias de suas próprias criações. Foi assim que a música de Brown se desenvolveu na segunda metade da década de 1960. E o que pensavam esses músicos temporários da banda e da música de Brown quando consideravam a possibilidade de trabalhar com ele? Bem, o dinheiro era bom, apesar de não ser de todo generoso, e o trabalho era regular e abundante. As multas talvez fossem um pouco mais altas do que você encontraria em outras companhias? "Pee Wee" Ellis, um músico do *jazz* que não sabia ao certo quem era James Brown naquela época, aprendeu a tocar com eles depois de vê-los tocando durante uma semana enquanto ficava parado ao lado do palco assistindo aos músicos do naipe de metais trabalharem em seu melhor estilo. Era como assistir a um tambor dançando ao som de uma corneta, disse ele de modo memorável. E é claro que ele poderia usar sua habilidade e profissionalismo para colocar suas ideias em prática. Quando o assunto era colaborar para novas composições, os membros da seção de percussão disseram que as instruções de Brown eram pouco mais do que grunhidos que eles "traduziam" na forma de sons que um ouvinte era capaz de reconhecer em forma de música. Era um estilo que dava aos músicos uma enorme amplitude de como eles interpretavam suas ideias.

Além de contratar novos músicos, Brown expandiu o show, em janeiro de 1966, com um novo grupo de dançarinos de Lou Parks Parkettes completando então uma trupe de 40 pessoas. Além dos 16 integrantes da banda e dos dançarinos, os artistas especiais incluíam Elsie "TV Mama" Mae, Bobby Byrd, James Crawford, um cantor de Atlanta que James produzira na Mercury, e Vicki Anderson, uma jovem cantora de Houston, Texas, que permaneceria como parte integral do show por muitos anos. Embora ainda estivesse no auge de seus poderes atléticos sobre os palcos, ele usava o formato de seu grupo para manter a energia pronta para o exaustivo *Grand Finale* dos espetáculos de todas as noites.

Entre os dois grandes discos de sucesso, a Smash lançara uma versão instrumental de "Try Me" acompanhada de uma levada semelhante à de "New Bag", que alcançou a 34ª posição nas paradas de R&B, 63º lugar de música pop e, no início de 1966, a King lançou um *single* que trazia duas versões ao vivo de "Lost Someone" e "I'll Go Crazy". Os dois lados conseguiram alcançar as últimas posições dentre as 100 Mais Pedidas, mas em fevereiro a banda voltou a faturar alto com o lançamento de "Ain't That A Groove", uma ousadia muito maior do que os dois *singles* muito bem preparados em estúdio antes do lançamento. A música *Groove* foi gravada em Nova York com o diretor musical Nat Jones e uma banda de estúdio que incluía Bernard "Pretty" Purdie e um grupo vocal extremamente afinado, The Jewels. Quando ele canta "*Hit me band!*" [Banda, acompanhe-me!], é isso o que eles fazem, mas não da forma alucinante como seus próprios músicos teriam feito. Eles passam a impressão de lerem as partituras de forma que sua própria Orquestra jamais faria. Mas dão conta do recado.

Apesar de "Groove" começar a disparar nas paradas, Brown cruzou o Atlântico em sua primeira viagem pela Europa até a Inglaterra e a França, uma pequena turnê de shows ao vivo e aparições na televisão que será discutida com mais detalhes no capítulo seguinte. A viagem fez surgir um boato extraordinário, lançado pela própria organização de Brown, supostamente uma ideia de Ben Bart. Dizem os rumores que Brown estava, na verdade, viajando para a Europa para realizar uma cirurgia de troca de sexo e, quando voltasse, juraria fidelidade eterna a Bobby Byrd! Apesar de toda aquela enorme quantidade de maquiagem que Brown usava em cima dos palcos naquela época, o boato era tão absurdo que só poderia ser (a) obviamente uma piada, ou (b) uma informação plantada que garantiria publicidade suficiente enquanto estivesse fora do país. A verdadeira razão do início do boato, disse Brown em sua autobiografia, era fazer com que Bobby Byrd se tornasse mais conhecido. Será que lançar um disco de sucesso com o The Famous Flames não teria sido uma tática mais simples e algo muito menos forçado do que lhe proporcionar uma montanha de publicidade adversa indesejada? Até mesmo nos tempos de total mudança da década de 1960, havia alguns aspectos da revolução sexual que eram menos facilmente aceitos do que outros. Na realidade, Byrd disse que aquilo foi feito com a intenção de atrair mais clientes para as bilheterias. No entanto, mais uma vez, (a) o público lotava todas as casas de show onde eles se apresentavam e (b) que tipo de plateia boquiaberta tentavam atrair?

Quando voltou para a América, com a hombridade ainda intacta e Byrd tão pouco conhecido quanto antes, Brown fez sua primeira apresentação na Madison Square Garden em Nova York. Anteriormente, seus compromissos nos cinco grandes distritos de Nova York limitavam-se ao Apollo no Harlem ou no Breevort, localizado na esquina da Avenida Bedford com a Rua Fulton no Brooklyn. A primeira aparição fora dessas duas casas de show aconteceu no show de Páscoa da WMCA no Teatro Paramount. Entretanto, o show da MSG foi um grande passo em termos de prestígio entre as pessoas que costumavam ver os espetáculos e os colegas de profissão e, sem dúvida, foi também uma ação determinante para seu ingresso no mercado dos brancos.

Para ungir a data – 20 de março – o caderno do *Sunday Herald Tribune* de Nova York, desse dia, publicou o que provavelmente foi a primeira grande notícia a seu respeito fora da impressa negra. Muitas das experiências descritas tornaram-se familiares aos jornalistas no decorrer dos anos. A escritora Doon Arbus foi vista esperando do lado de fora e também dentro de sua casa – "parte castelo e parte fazenda" – na Alameda Linden, em St. Albans, Queens, a mesma casa em que o reverendo Al Sharpton passou grande parte de seus dias quando tinha entre 15 e 16 anos de idade. Count Basie também morou em St. Albans, mas você jamais confundiria sua casa com a de Brown. (Alguns anos depois, uma matéria escrita pelo entusiasta da música *soul,* James Hamilton, também mostrou o esboço anexo de uma pequena foto da casa da Alameda Linden no terreno de esquina, onde as iniciais JB desenhadas no gramado, agora invisíveis para quem olha da estrada por um muro de cerca viva com mais de dois metros de altura. Hamilton descreveu a casa como pequena, mas exibicionista na aparência, construída em estilo que misturava as casas coloniais dos grandes barões com a arquitetura de um castelo escocês com telhado e pequenas torres cônicas. Naqueles dias, um pequeno canal com um barco a remo podia ser visto no local. Um enorme toldo preto que se estendia na parte da frente da casa servia de alerta aos curiosos.)

O escritório improvisado com poucos móveis fez Arbus lembrar-se de um ginásio, onde a maior parte dos objetos de decoração eram pretos. Muitas das janelas tinham vidro escuro para que assim ele pudesse ver o mundo lá fora, que, por sua vez, não tinha como vê-lo. Além disso, a maior parte dos móveis e dos tapetes era coberta por plásticos "como se toda a casa fosse preservada contra os perigos impostos por aqueles que a habitavam, como se preparada para um futuro de esplendor quando se transformasse em um museu". Ela calçou chinelos macios para entrar no quarto de James para a primeira parte da entrevista. Ele estava com os cabelos presos com bobes preparando-se para o show daquela noite em Virginia Beach, Virginia, e pediu a ela que o chamasse de James, o que pode parecer uma grande surpresa para todos os que já fizeram algum tipo de negócio com o sr. Brown.

Havia dois Cadillacs e um Stingray em sua garagem, e a escritora o convenceu a levá-la ao show daquela noite, apesar de suas fortes recomendações a respeito do que poderia acontecer quando vissem uma mulher branca andando em um carro com dois homens negros no Sul do país. Ofereceram a ela um quarto de hotel a uma pequena distância das suítes de James Brown e dos membros de sua trupe. Na entrevista, ele já aparece como uma grande esperança para toda a população negra dos Estados Unidos, um líder inspirador por suas ações, mas alguém que já sentiu as pressões do preconceito e que disse ter vivido certo grau de solidão.

Mas isso com certeza não era o que acontecia no concerto da Madison Square Garden. Podemos imaginar como Brown estava ansioso com aquele show. O sr. Dinamite, o Irmão Número Um do *Soul*, dominou um público de 15 mil pessoas e os levou a um estado de *frenesi* naquela noite e, por essa razão, as manchetes da *Time*, *Newsweek* e do *New York Times* anunciaram toda a explosão de excitação. Na noite do concerto, ele voltou dirigindo para a ilha de Manhattan até o Teatro Apollo para buscar o seu segundo WWRI. A premiação do Irmão do *Soul*. Recebeu um prêmio NAACP das mãos de seu anfitrião, Roy Wilkins, em Washington. Sua turnê continuou com apresentações únicas em Houston, Texas; Augusta, Geórgia; Florence, Alabama; Milwaukee, Wisconsin; Pittsburgh e Filadéfia na Pensilvânia e Cleveland, Ohio, antes de retornar à cidade de Nova York para mais uma temporada de shows no Apollo até o fim do mês de maio. Em sua autobiografia, Brown diz que, quando sofreu um colapso no término de um desses shows, o médico do teatro recomendou uma aplicação intravenosa de um medicamento para reidratar o corpo, após as apresentações, porque estava eliminando uma alta carga de fluídos e sais durante o enérgico espetáculo em cima dos palcos. As marcas de agulha, disse Brown, fizeram com que algumas pessoas acreditassem, por engano, que fazia uso de drogas. Ele não usava, ainda. Para reduzir as probabilidades de novas doenças em decorrência da exaustão, Brown comprou um jato Lear de nove lugares para ser transportado até os locais dos shows. A maior parte restante do grupo continuou usando o ônibus para as turnês.

Entre as apresentações nos palcos, ele fizera a primeira de duas aparições, em 1966, no *Ed Sullivan Show*, na época um dos principais programas de televisão na América. Sua apresentação breve e explosiva – completa inclusive com o uso de sua capa – ofuscou totalmente o The Supremes, os prediletos de Sullivan desde o início de seu estrelato em 1964. O anfitrião apresentou seu convidado como a banda graduada em meio a um processo difícil de criação "mas que sempre surge com uma nova canção". Se a sinopse da vida de Brown o reduzia a um humilde estereótipo, o desempenho enérgico mostrou todo o seu valor. Depois de pequenas demonstrações de "Papa's Got A Brand New Bag" e "I Feel Good", ele deu início a uma incrível apresentação completa de "Ain't That A Groove" com sua nova invenção de danças, o "New Breed Boogaloo" (na realidade, essa foi uma prévia subconsciente de "New Breed", sua mais recente versão instrumental na Smash), antes de acalmar os ânimos com a balada, "It's A Man's World" e finalizar com "Please, Please, Please". Nas breves brincadeiras das trocas de câmera após a apresentação, sem dúvida Sullivan não sabe exatamente o que dizer do show de Brown, embora esteja ciente do seu impacto óbvio na plateia. Para Brown, a exposição que ele conseguiu em função dessas duas apresentações no programa de Sullivan foi inestimável e uma entusiasmada divulgação da primeira delas na revista *Variety* mostrou que o seu estabelecimento comercial também sentira os bons resultados.

Enquanto esteve em Chicago, em junho de 1964, antes da disputa com a King chegar no auge, Brown gravara uma primeira versão de uma música que compôs em parceria com Betty Newsome, sua namorada na época. "Betty Newsome era minha namorada", contou James a Cliff White, "e nós estávamos passeando um dia na Carolina do Norte quando ela disse: 'Sabe, quando olho ao meu redor, vejo um homem que já realizou muitas coisas, um homem que já fez isso e já fez aquilo'. E eu disse: 'Quer saber, você está certa'. E enquanto ela ria e falava, comecei a pensar. E enquanto passeávamos em meu carro, escrevi a canção 'It's A Man's World', mas eu deixei que ela ficasse com parte do crédito porque foi naquele momento que toda a ideia nasceu." Quando a disputa de Brown com a King fora decidida, "New Bag" manteve os negócios da gravadora e "I Got You (I Feel Good)" fez com que os estoques continuassem lotados. Ele regravou "Man's World" em Nova York com uma banda que misturava integrantes de sua orquestra de turnês, com músicos como o baterista Bernard Purdie que trabalhou em um arranjo criado em pouco tempo com Sammy Lowe em cima do projeto original. Ao acentuar o sentido de drama da canção e usar a dinâmica da orquestra em sua potência máxima, o arranjo de Lowe transformou uma balada agradável em uma plataforma para um vocal de grande crença passional. Adicionou um título de "Man's, Man's" em "Man's World" [o filme *It's A Mad, Mad, Mad, Mad World* estava nos cinemas] e também afirmaria mais tarde que suas ruminações a respeito dos problemas no Oriente Médio foram uma inspiração para a canção. Na metade da década de 1960, apesar do movimento islâmico crescente do *Black Muslim* nos Estados Unidos, parece improvável que os afro-americanos estivessem muito preocupados com os problemas no Oriente Médio – já havia coisas demais acontecendo nas soleiras de suas próprias portas.

A *Clamike Music* também questionou a procedência de "It's A Man's, Man's, Man's World" quando contestaram os direitos autorais. O disco, lançado em abril de 1966, alcançou a 1ª posição dos sucessos de R&B e chegou à posição de Nº 8 nas paradas de sucessos pop.

A King continuou a inundar o mercado com a música de Brown – em 1966, lançaram 13 *singles*, incluindo três *singles* de Natal e quatro álbuns enquanto a Smash aumentava o estoque com dois *singles* instrumentais e outros dois álbuns. Mesmo concordando que ninguém mais criava novas músicas nesse ritmo – ao comparar-se, por exemplo, com as inumeráveis personificações dos sons das gravadoras Motown, Atlantic e Stax disponíveis em nomes menores – o volume de vinil parece excessivo. Seu próximo sucesso depois de "Man's World" indicou uma disposição para corrigir questões políticas mais severas. Gravada nos Estúdios Arthur Smith em Charlotte, Carolina do Norte, em agosto de 1966, "Don't Be A Dropout" era algo semelhante a uma regressão musical no intuito de fazer com que a mensagem se tornasse mais amplamente difundida. Uma batida bem arquitetada de quatro tempos mais diretos do período posterior às gravações da Motown apresenta uma melodia mais popular com os instrumentos de sopro em uma seção marcial de máxima precisão, uma indicação do estilo de separação musical de Otis Redding e a ideia dos arranjos de Curtis Mayfield. A importância do disco está nas letras das músicas. Não deixem a escola, crianças, canta Brown, porque "sem uma boa educação, não há razão para viver". Começou a promover a campanha Não Deixe a Escola durante a turnê na costa oeste do país, em 1966, nos meses de julho e agosto. Realizou discursos em escolas e no Watts Center em Los Angeles e, depois do lançamento do *single* em setembro, recebeu uma citação do vice-presidente Hubert H. Humphrey por seu trabalho em estimular as crianças a concluírem seus estudos. Sua obra até hoje contribui para o tema.

Brown fez diversas aparições em eventos e programas americanos com outros artistas consagrados, como Sammy Davis Jr. e Frank Sinatra que sempre apareciam nos compromissos anotados em sua agenda, além de participar do comício de James Meredith, em Tougaloo, Mississipi, ao lado de 20 mil protestantes dos direitos civis. Meredith foi o herói um tanto relutante que se candidatara a uma vaga na Universidade do Mississipi, em 1962, com a ajuda da Guarda Nacional, rompendo a segregação educacional no Estado. No dia 5 de junho de 1966, iniciou a "Marcha Contra o Medo" de Memphis até Jackson, Mississipi, para convencer as pessoas a se registrarem na justiça eleitoral para que passassem a votar. No dia 6 de junho, Meredith foi baleado nas costas. O ato de covardia surtiu o efeito imediato de unir, por tempo limitado, as principais organizações dos negros como, por exemplo, o Comitê de Coordenação Contra a Violência Estudantil (do inglês, SNCC – *Student Nonviolent Co-ordinating Committee*), a Conferência de Liderança Cristã do Sul (do inglês, SCLC – *Southern Christian Leadership Conference*) e o Congresso de Igualdade Racial (do inglês, CORE – *Congress of Racial Equality*), com o propósito brutal de terminar a marcha iniciada por Meredith. Stokeley Carmichael do SNCC queria que os direitos dos brancos fossem ignorados pelos protestantes da marcha. Roy Wilkins da NAACP e o líder da Liga Urbana Nacional (do inglês, NUL – *National Urban League*), Whitney Young, desejava que todos se envolvessem e, quando Martin Luther King disse que não os apoiaria, eles deixaram a reunião. A marcha continuou. Carmichael foi preso pelas Tropas Estaduais, em Greenwood, no dia 17 de junho, pela tentativa de armar uma barraca no terreno de uma escola de negros. Naquela noite, no parque da cidade, três mil pessoas compareceram para protestar, e Carmichael, liberado do confinamento, momentos antes se dirigiu a eles. Seu discurso nervoso incluía as palavras "Poder negro", um *slogan* forte e significativo que nunca mais deixou de ser usado. A marcha e sua conclusão foram consideradas por muitos participantes e observadores como uma importante transformação por um movimento que abordara tantos estágios críticos.

Brown, enquanto isso, voou até Cincinnati logo depois do término da "Marcha Contra o Medo de Meredith" para apresentar uma dança. Apresentou-se no Waldorf Astoria, de Nova York, para receber O Prêmio Golden Mike da Associação Nacional de Anunciantes de Rádio (do inglês, NARA – *National Association of Radio Announcers*) de melhor cantor de R&B e, no mês de outubro, foi até a Casa Branca para se encontrar com Humphrey e iniciar um programa de discursos e campanhas com o político, com base em sua iniciativa de Não Deixe a Escola. Mais tarde, anunciou a criação de um fundo de bolsas de estudos a partir dos lucros das vendas de um milhão de cópias do *single Drop Out*.

No mesmo mês, voltou ao *Ed Sullivan Show* e, apesar de Brown não ter tocado a música "Don't Be a Drop Out" – segundo ele, os organizadores do programa não permitiram que ele a tocasse – houve uma menção a respeito da campanha Não Deixe a Escola, com a apresentação de uma imagem de Humphrey. Brown, vestindo um paletó enfeitado de lantejoulas bem cuidado com sua gravata borboleta, comparado à gravata e ao paletó preto mais formal de sua primeira aparição daquele ano, conduziu uma sequência que incluía "I Feel Good" e uma versão bem mais acelerada de "Papa's Got a New Bag", até chegar a uma apresentação encantadora de "Prisioner Of Love", seguida de "Please, Please, Please" e "Night Train" com alguns dos passos que o jovem Michael Jackson teria assistido para imitar futuramente. A campanha Não Deixe a Escola deu a Brown um perfil político muito maior, sendo que as pessoas mais famosas e importantes, ansiosas para dar continuidade à representação de seus eleitores no Senado e na Câmara do Poder Legislativo, descobriram uma maneira mais útil de conquistar o voto dos negros – para isso bastava conseguir a bênção do Irmão Nº Um do *Soul*. De volta ao Apollo, em novembro de 1966, ele conseguiu a parceria nos palcos de Nelson Rockefeller, o governador republicano de Nova York, e também do senador estadual, Jacob Javitz, embora tivesse afirmado em sua autobiografia que a participação de Rockefeller fora uma total surpresa. Ele teria tempo de sobra para se acostumar a ser usado pelos partidos políticos.

Uma surpresa de natureza muito mais desagradável ainda estava por vir. Um concerto no Auditório Municipal da cidade do Kansas foi suspenso depois de confusões iniciadas pelos fãs. A polícia interrompeu o show, segundo o tenente Maynard Brazeal, porque danças obscenas estariam supostamente sendo realizadas em cima do palco. A banda culpou a polícia pelas brigas que se seguiram. Antes do show, Brown seguira sua antiga prática de convencer as autoridades a participar do concerto infiltrando-se em meio à multidão. O concerto estava indo bem e, ao se aproximar do clímax, um adolescente negro saltou para cima do palco e começou a dançar. Segundo Bobby Byrd, quando um garoto branco fez a mesma coisa, a polícia o tomou pelos braços e o jogou para fora do palco. A namorada do garoto subiu no palco e começou a bater nos policiais e a desordem aumentou. O artigo publicado no *New York Times* – "Concerto de *Soul* Termina Em Tumulto Com Adolescentes" – justifica as 20 prisões, uma mulher esfaqueada, outra ferida por cacos de vidro, diversos policiais com ferimentos menores e muita confusão dentro do Auditório que não durou mais de 20 minutos enquanto a maior parte dos oito mil espectadores fugiam assustados. Do lado de fora, os tumultos prosseguiram conforme "grupos de adolescentes continuaram a perambular em direção ao centro da cidade" quebrando vitrines de lojas, espalhando os dejetos das lixeiras e lançando pedras nos carros que passavam por eles. Descrentes de que a polícia pudesse ter iniciado a baderna por causa de comportamentos provocativos, o *New York Times* disse que o "sr. Brown, como uma das partes do show, diz com uma voz chorosa: 'Você me ama, querida?' e, invariavelmente, todas as adolescentes gritam de volta: 'Sim, querido, sim'. Em determinado momento da apresentação, as garotas são convidadas a subir ao palco e arrancar o paletó de James, e todas elas, sem exceção, aceitam o convite". Uma outra versão dos acontecimentos da época sugeriam que o tumulto fora provocado por uma competição de dança, organizada e julgada por pessoas da cidade, que aconteceu durante o intervalo do espetáculo. Embora Brown ainda não tivesse aparecido no palco quando a confusão começou, foi culpado e proibido de realizar novos shows na região da Cidade do Kansas. Em sua autobiografia, dá o "crédito" da desordem aos giros de suas dançarinas cujos corpos expostos inflamaram os desejos de jovens impressionáveis no meio da plateia.

Nada poderia tirar o brilho das conquistas de Brown entre os anos de 1964 e 1966 na posição de líder de grupo e cantor da banda, além de homem de negócios e porta-voz de uma geração com o potencial de realizar algo positivo em relação às questões sociais da época para todos os afro-americanos.

Capítulo 9

Esse é o momento de fazermos uma pausa no entusiasmo inexorável de James Brown em busca do mega-estrelato nos Estados Unidos e examinarmos sua emergência como artista internacional. "A Inglaterra era um mercado difícil de conquistar", disse James. "Cheguei aqui e fizemos um show chamado *Ready Steady Go!*" Anteriormente, falamos do impacto mínimo que ele causou fora dos Estados Unidos até o ano de 1965. Conforme mencionado em um capítulo anterior, a canção "Out Of Sight" recebera comentários favoráveis de apenas alguns jornalistas musicais em outubro de 1964. Antes disso, a *New Record Mirror* publicara um perfil do cantor no dia 26 de outubro de 1963 em sua série intitulada Os Grandes Desconhecidos. Brown foi o Desconhecido Nº 16. Não tão inigualável quanto Bo Diddley, começou o escritor Jes Pender, nem tão teimoso quanto Jimmy Reed, ou tão notável quanto John Lee Hooker, nem tão estridente quanto Ray Charles, "mas ele é, sem dúvida, o mais espantoso de nossa época". É feita uma menção a respeito do preâmbulo do Grande Desconhecido Nº 16 para ilustrar os critérios contra os quais era medido pelos escritores musicais na região leste do Atlântico. Naquele momento, Brown já possuía alguns lançamentos no Reino Unido – "Please, Please, Please" foi o primeiro, passando em seguida por um período de quatro anos vazios até que a Parlophone descobriu "Think". "This Old Heart" foi emprestada pela Fontana para o Reino Unido, um período sem novidades até *Shout & Shimmy*. A London Records se interessou pelo catálogo da King e lançou "Try Me" e "These Foolish Things" e já pensava em uma data para o lançamento do álbum *Live At The Apollo*. Pender achava uma pena que o artista mais emocionante dos Estados Unidos na época "fosse ignorado até mesmo pelos maiores entusiastas do R&B na Grã-Bretanha". Seu apelo não se limitou aos especialistas, como aconteceu no caso de Reed ou Howlin' Wolf. "Talvez, como no caso de Ray Charles, nos atualizaremos quando sua maneira de cantar e sussurrar transcender os gritos e choros." Hum!

O ataque internacional de Brown só passou a ser levado a sério, de fato, quando a famosa invasão britânica nos Estados Unidos atingiu níveis bastante elevados. O influxo transatlântico de grupos de música britânica, na metade da década de 1960, igualou-se no Reino Unido e na Europa, pela invasão ainda maior de artistas americanos desde a Segunda Guerra Mundial. Em vez dos sistemas de informações geográficas, o carregamento dessa vez era de cantores e músicos. Depois de anos de abstinência dos sons de verdade, a Grã-Bretanha, Londres, em especial, foi inundada por estrelas e artistas americanos do *rock'n'roll*, *blues* e *soul*.

A reviravolta foi resultado direto da política olho por olho do Sindicado dos Músicos Britânicos, que estipulou que os músicos estrangeiros só poderiam tocar na Grã-Bretanha se o seu país de origem oferecesse trabalho para um músico britânico por quase o mesmo período de tempo. A intenção era proteger os empregos dos músicos em orquestras e bandas com dançarinos. Em termos de música popular, isso significava que, se você enviasse a eles um filé mignon, recebia de volta as vísceras restantes do boi. Durante muitos anos do pós-guerra – o fim da década de 1940, toda a década de 1950 e início da década de 1960, para citarmos apenas esse período – a América conseguiu perceber que podia viver perfeitamente bem sem o tipo de música popular produzida pelas ilhas britânicas. Mesmo a essa distância é possível imaginarmos que um pedido de "Traga até nós Elvis Presley, Little Richard, Jerry Lee Lewis, Fats Domino, Buddy Holly e Ray Charles e lhes daremos Tommy Steele, Adam Faith, Cliff Richard e, quem sabe, Russ Conway e Eden Kane" só pudesse provocar uma de duas respostas: "Não" ou "Quem?" E assim, quando a indústria americana percebeu com clareza que seu povo era capaz de viver feliz sem a maioria dos imitadores baratos, músicos obstinados e trapalhões que compunham a maior parte da indústria pop britânica por volta de 1954 a 1962, isso também significava que a Grã-Bretanha raramente tinha acesso aos verdadeiros criadores americanos. Alguns números de *blues* e *jazz* até que ajudavam, mas esses eram casos isolados de chuvas rápidas em meio a todo aquele deserto cultural tão árido.

Contudo, o sucesso do The Beatles e do The Rolling Stones ao invadir as paradas americanas e abrir o mercado para os mais recentes grupos britânicos fez com que tudo isso tomasse um novo rumo. E a Grã-Bretanha ainda conseguia bons resultados de suas apresentações.

Nós tínhamos os pacotes da Stax/Volt com Otis Redding e todo o clã de Memphis, e tínhamos as turnês da Motown apresentando o orgulho de Detroit que incluía o The Temptations, The Miracles com Smokey Robinson, The Four Tops, Martha & The Vandellas, The Supremes. Eles tinham Herman's Hermits, Freddie & The Dreamers, Billy J. Kramer & The Dakotas e o The Dave Clark Five! O mais estranho era que os britânicos pareciam gostar dos americanos. De qualquer modo, o cenário musical na Grã-Bretanha da década de 1960 foi agraciado com os verdadeiros sons da época. Quando tiveram acesso à imprensa musical, a maior parte dos novos grupos do Reino Unido – em especial, The Beatles e The Rolling Stones – teve o prazer de creditar os cantores e grupos de americanos negros que lhes proporcionaram a inspiração e grande parte do material que puderam usar para aprender tudo de que precisavam. Em termos de como ouvir os discos, a política musical bem estabelecida da BBC favorecia o produto inglês em grande escala, mas as rádios Luxembourg e a American Forces Radio tinham programas especializados que tocavam *blues* e também o explosivo som da música *soul*. O cenário dos clubes de *jazz,* em Londres, descobriu o quanto era lucrativo trabalhar com shows noturnos de *blues*, o que gerou a inauguração de diversos clubes especializados nesses estilos de música na capital e por todo o país. Na Europa continental, restrições a músicos visitantes eram menos rigorosas e Paris há muito tempo já era conhecida como um refúgio de músicos de *jazz* afro-americanos insatisfeitos e, assim, a abertura de novos desenvolvimentos na música negra era algo assegurado ao mundo.

Quando o The Rolling Stones voltou dos Estados Unidos com o show *T.A.M.I.* gravado, eles embarcaram em uma breve cruzada para tornar o nome de James Brown mais difundido. Mick Jagger, quem a imprensa inglesa mais queria ter em suas notícias, foi o responsável pela maior parte do trabalho promocional gratuito. Ele disse ao *Record Mirror* que "quando descobrimos que havíamos nos tornado a sensação do momento, atrás somente de James, não conseguíamos acreditar. Tentamos por dois dias inverter aquele quadro, mas não tivemos sucesso. Descobrimos que simplesmente não havia como acompanhar um desempenho como o deles". Jagger e Keith Richards haviam visitado o Apollo antes e tiveram de subir ao palco para receber os aplausos da plateia, contou Richards. Bill Wyman descreveu a cena com riqueza de detalhes: "Depois da metade do show, ele imita um desmaio e cai de joelhos. Os três rapazes que cantam atrás colocam uma capa sobre ele e o conduzem lentamente até a beira do palco. De repente, ele sai debaixo do manto e vai ao delírio no microfone, fazendo com que o público chegue a um completo estado de loucura. Às vezes, faz isso quatro ou cinco vezes em um show". Wyman disse que era possível colocar Jerry Lee Lewis, Little Richard, Chuck Berry e Bo Diddley de um lado do palco e Brown do outro e você só teria olhos para o JB. Eles o viram mais uma vez em Louisville, Kentucky, afirmou Wyman, e o americano sugerira a possibilidade de fazerem uma turnê juntos. "Dissemos que poderíamos pensar no assunto." Aquilo tudo era pressão demais.

Havia também cada vez mais interesse na imprensa inglesa pelo grupo de trabalho de Brown – o cabeleireiro, o camareiro, um alfaiate, um diretor de turnês, um motorista para o ônibus de luxo no valor de £14 mil, um motorista pessoal, um guarda de segurança, um agente de relações públicas, um secretário – e seu guarda-roupa, sendo que todas essas informações foram fornecidas por seu agente de relações públicas. Em qualquer período de 30 dias, Brown chega a usar um total de 120 camisas. "Brown, o Apanhador de Algodão, Agora Dirige Um Cadillac", publicou com prazer a *Melody Maker* em outubro de 1965.

A maioria dos escritores ingleses comparou a popularidade maciça de Brown nos Estados Unidos com todos os mercados conquistados alguns anos antes por Ray Charles. Guy Stevens, que mais tarde reativou a gravadora Sue no Reino Unido e relançou "Night Train" na ocasião da visita de Brown em 1966 (ele também produziria Mott The Hoople e outras bandas inglesas pela Island Records), foi especialmente ofensivo nas páginas do *Record Mirror* (9 de dezembro de 1964) ao predizer que "Night Train" faria por JB o que "Hit The Road Jack" fizera por Charles. Ele não ganhara tanto dinheiro e, sendo assim, quase todas as bandas importantes no cenário musical do *blues* e do *soul* na metade da década de 1960, e que tivessem músicos de instrumentos de sopro, seriam capazes de tocar "Night Train". Por essa razão, era comum ver a música sendo reproduzida em todos os cantos, se não sempre, em versões que Brown aprovaria ou, no mínimo, teria reconhecido.

Bem, a máquina de publicidade gratuita até que funcionou, mas não em sua totalidade. O promotor Arthur Howes queria que Brown fizesse uma turnê e mostrou um filme de suas apresentações a um grupo de empresários de alguns dos teatros mais importantes ao redor do país. Eles recusaram a presença de um artista tão ardente e potencialmente incitante em suas casas. No fim, agendaram uma data para Brown participar do *Ready, Steady, Go!*, o programa popular das noites de sextas-feiras da televisão independente. O programa inteiro do dia 11 de março de 1966 foi dedicado ao seu show, sendo que logo depois ele faria suas primeiras apresentações no Reino Unido sob a direção de Howes na região nordeste de Londres, no Walthamstow Granada, no dia 12 de março, e no dia seguinte na mesma região no Newcastle City Hall antes de voar a Paris para tocar no Olympia, no dia 15 de março. (O show no Newcastle foi cancelado e substituído por uma apresentação em Brixton, na região sul de Londres.) Ele estava acompanhado de uma banda bem menor que a de costume – oito músicos e dois cantores – mas as passagens aéreas ainda totalizavam o valor de £2.500.

Na correria entre os shows, os jornalistas que ainda não tinham visto o sr. Dinamite se apresentar, mostraram-se bastante relutantes com relação ao fenômeno Brown, de forma muito semelhante à luta que travaram para tornar o show conhecido. A *New Musical Express* publicou reportagens nos dois lados do Atlântico – no Reino Unido, John Wells assistiu ao filme promocional de quatro canções do "gritalhão do *blues*, James Brown", e previu "uma das maiores sensações do ano" quando por fim apareceu. Dos Estados Unidos, a correspondente do jornal, Ann Moses, que apesar de um costume desconfortável de chamar a todos de "garotos", acabou sendo hipnotizada por "James Brown. Um nome tão simples – eles o chamam de sr. Dinamite". Assim como todos os outros escritores, ela ficou extasiada por seus movimentos e dança – girando como se fosse movido por descargas elétricas, como se seus pés deslizassem sobre o gelo. Ao entrevistá-lo em Hollywood, ela conseguiu o mínimo possível de cores biográficas e comparou a pobreza inicial com os 500 ternos e centenas de pares de botas que ele possuía agora, todos desenhados por ele mesmo, como contaram os escritores da época diversas vezes. Ela perguntou a ele como se sentia quando se apresentava: "É o único momento em que me sinto completamente livre e muito agradecido". Quase 20 anos mais tarde, Michael Jackson, usando outras palavras, diria coisas parecidas a respeito do controle, conforto e segurança de estar em cima dos palcos. No entanto, Brown também afirmou: "Eu gostaria de mostrar que qualquer homem, independente de raça, cor ou credo, poderia ser o que quisesse se tentasse". Foi preciso muita coragem, alegou: "Dez anos atrás, eu criei um monstro e ele acabou se tornando um monstro do bem". O que foi responsável pela criação desse monstro, Moses perguntou? Sua resposta foi inesperada em suas prioridades. Em primeiro lugar, um cabelo diferente. Depois disso, sapatos e roupas distintos. Em seguida, o jeito de cantar, isso também é diferente. Trabalha duro, ele disse, e também é um homem de negócios. Excelente música, mas com prioridades incomuns. Essa seria sem dúvida uma jornada de descobertas.

Na primavera de 1966, Brown já contava com dois sucessos nas paradas das 30 Músicas Inglesas Mais Pedidas – "Papa's Got A Brand" "New Bag" e "I Got You (I Feel Good)", com a gravadora Pye International – e era uma verdadeira sensação entre os *Mods*, o movimento dos adolescentes da década de 1960 que escolheram o R&B e o *soul*, o *blues* e o *ska*, o ritmo musical jamaicano da década de 1950, para compor sua trilha sonora. Entretanto, também possuía um grande número de seguidores na fraternidade mais velha do *rock'n'roll*. Os shows ao vivo impressionaram a todos, exceto Cathy McGowan, o jovem apresentador auxiliar de *Ready Steady Go! (RSG)*, e a "plateia interna" um tanto narcisista e autossuficiente atraída a participar do programa nos estúdios onde aconteceram os ensaios da exibição. "O show foi horrível", ela disse ao *The Story of Pop* da BBC quase uma década após o evento, com indignação e descrença ainda ressonantes em suas palavras: "Ele simplesmente não conseguiu reproduzir o som. Foi terrível", continuou falando daquele momento, tomada pelo mesmo sentimento, dizendo ainda que a única razão que explicava sua participação no programa estava na histeria passional dos *Mods*. Os responsáveis receberam cartas de inúmeras pessoas com pedidos para que ele participasse, todas as pessoas com que os produtores conversavam queriam sua presença. "Quando ele de fato fez as apresentações, os *Mods* não gostaram tanto assim (...) quando de fato foram até o estúdio para fazer o show ao vivo (...) algo não deu certo."

Outros relatos contemporâneos discordam desse veredicto, embora todos admitam que o show ao vivo foi muito melhor do que a versão apresentada na televisão – sempre foi assim – e há dúvidas de que os engenheiros do programa *RSG* já tivessem enfrentado o desafio de trabalhar com um som semelhante ao apresentado pela banda de Brown, mesmo que ele estivesse se apresentando ali com uma orquestra menor. Em segundo lugar, a maioria dos adolescentes ingleses, na realidade, estava muito mais antenada com o tipo de som muito menos agressivo da Motown, que teve o seu programa especial do *RSG* um ano antes, do que o som insolente mais agressivo e a apresentação bem característica de James Brown. "Aquele foi um show e tanto", recorda Brown, "e eles não me filmaram, mas ouviam a minha música". O The Beatles, The Animals e The Kinks estavam na plateia, o que possivelmente pode ter contribuído para desviar a atenção dos jovens presentes. "Eles estavam assistindo à minha apresentação e não conseguiam acreditar no que viam porque deixamos todos enlouquecidos. No dia seguinte recebemos uma crítica negativa. Disseram que o show havia sido ruim porque nunca tinham visto as pessoas agirem daquela maneira."

Essa era uma referência às notícias típicas dos tabloides do dia seguinte no *Daily Mirror*, "'Ataques' de Gozação de Cantor Popular Surpreendem a Plateia" que relatou "grande quantidade de espectadores" telefonando para reclamar de seu "comportamento condenável" ao dissimular uma série de ataques cardíacos e se recuperar em um estado de *frenesi* a cada nova retomada do show. "Eu entendo que os ingleses sejam um povo reservado e talvez fiquem espantados com o número de James", confessou Ben Bart ao *Mirror*, "esse é um show totalmente novo e imagino que não seja possível agradar a todos. No entanto, James já gravou 32 discos com sucessos consecutivos, e alcançar a venda de um milhão de cópias não é incomum para ele".

George Melly, um cantor de *blues* e *jazz*, colecionador e especialista em artes que realiza um excelente trabalho ao cantar Bessie Smith, também assistiu à gravação do *RSG* e escreveu a respeito do evento no *Observer* e, sem o benefício da visão retrospectiva com exceção de algumas informações de alguns dias antes, foi tão maldoso quanto McGowan, embora tenha utilizado frases bem mais lúcidas. Em sua essência, suas objeções diziam respeito ao uso das frases evangélicas em um formato adaptado para o *blues*. "Todo o espírito evangélico é contra o realismo poético irônico do *blues*." Contudo, ele é bastante receptivo em relação à energia de Brown e à aplicação nos shows sobre os palcos, e estava acostumado a jogar a culpa em sua recepção tépida no estúdio em uma porta que não a de Brown. Ou seja, as tentativas grosseiras de incitar a multidão ao fazer um discurso para todos os presentes antes da transmissão, o que naqueles dias de relativa inocência na televisão teria mais chances de conseguir o apoio coletivo de uma plateia jovem em vez de encorajar uma participação sincera. As respostas negativas diante da apresentação dos cartazes com as deixas dos organizadores ainda não era algo comum. Por último, Melly lamenta a influência de Brown no The Rolling Stones, antigos entusiastas do *blues* agora seduzidos pela magia do *soul*.

O escritor popular Peter Jones estava presente na recepção organizada para apresentar Brown à Imprensa Britânica. Como o evento estava marcado para começar às 18 horas e terminar às 19:30, Brown chegou às 19:20 e seu atraso foi explicado pela dificuldade que seu cabeleireiro teve para encontrar um adaptador para o secador de cabelos. Jones entrevistou Ben Bart no lugar dele: "Ele possui uma personalidade verdadeiramente magnética", disse Bart, "não há ninguém como ele em todos os Estados Unidos. A mais pura verdade é que ele gosta do que faz, sente-se perdido quando não está em contato com uma plateia".

Eles demoraram a visitar a Grã-Bretanha porque o cantor precisava de mais alguns sucessos no Reino Unido, mas a pressão dos fãs ingleses era grande demais. Nos Estados Unidos, ganhava algo entre 15 mil e 20 mil dólares por dia, alegou Bart, ou até 125 mil dólares. "Então, se pensarmos nisso, vocês podem estar certos de que ele deixou de ganhar muito dinheiro nos dias em que viajou, mas sabíamos que devíamos isso aos fãs britânicos. As pessoas que compram os discos merecem a chance de ver James em atuação."

Eu, que na época era baterista nas horas vagas, sempre tive vontade de ver Brown, mas tive de trabalhar naquela noite – no Carousel Club em Farnborough, se não me falha memória – mas Bill Millar, respeitado autor de excelentes livros sobre o The Coasters e o The Drifters, e um inveterado escritor de diários e cartas, assistiu ao show a partir da perspectiva de um fã bastante consciente.

Walthamstow Granada, 12 de março de 1966. Duas casas, 18:30 e 21h. A fila entre as casas não tinha fim. A The James Brown Band abriu ambas as metades – ternos de seda azul, penteados incríveis, o The Famous Flames e o líder da banda Nat Jones vestidos de preto. Apresentado no estilo do Apollo, Brown entrou, de baixa estatura com um enorme penteado – talvez estivesse certo a respeito de suas prioridades! – elegante em um terno marrom brilhante com um forro cor-de-rosa e azul. As cores vibrantes do show ofereceram um espetáculo inesperado.

O som era um temporal constante, mas os sucessos eram reconhecíveis e a versão de "Prisioner Of Love" deixou a todos extasiados. A Europa, em especial Londres e toda a Grã-Bretanha, jamais vira algo igual. Depois de versos apaixonados e refrões confusos, muitos deles apresentados depois que caía sobre os joelhos em uma atitude de angústia emocional, Brown levantou-se mais uma vez e deixou o microfone, caminhando a passos lentos de um lado a outro do palco, repetindo gritos suplicantes de "Prisioner Of Love" e suas diversas variações. Ele recebia as respostas não amplificadas no estilo de alguém que chama e é correspondido sem necessidade de sinais pelo The Famous Flames, "Prisionerrrrr of love!". A música *gospel soul* chegara à região central de Walthamstow. A plateia ficou completamente paralisada diante daquilo. Todos fascinados. O jeito de dançar de Brown também os mantinha irrequietos conforme exibia seus giros e mergulhos, planando por todo o palco sobre uma perna só como se estivesse usando um *skate*. Uma demonstração dos ataques cardíacos simulados e a Grande Capa

& a Rotina dos Colapsos haviam sido adquiridos por programas de televisão e tabloides (a desaprovação declarada do *Daily Mirror* garantiu que os dois shows tiveram todos os ingressos vendidos). Como outra tradição, desta vez para encerrar o show, arremessou um conjunto de abotoaduras e uma gravata para o público e trocou apertos de mãos com algumas pessoas à frente da plateia. Àquela altura, as pessoas eram esmagadas contra o palco, pois atrás delas estava toda aquela multidão completamente molhada de suor em total comoção. O restante do público presente, dançando pelos corredores, saltando sobre as cadeiras para tentar chegar mais perto, todos muito loucos. Aconteciam brigas esporádicas entre os seguranças dos teatros, a polícia e a plateia, até que Brown voltava para continuar sua apresentação, com o horário muito além do toque de recolher gravado no alvará do teatro.

O tecladista Pete Wingfield, mais tarde integrante do The Olympic Runners, um artista de sucesso em seus solos em "Eighteen With A Bullet" e aclamado músico e produtor no Reino Unido, também estava presente no show e escreveu a respeito com um amigo em um fanzine chamado *Soul*, então na terceira edição. Ele e seu companheiro foram bastante poéticos, como quase sempre era o caso daquelas revistas. Esse era o efeito causado por James Brown nas pessoas que se esforçavam para conseguir uma melhor maneira de explicar o seu impacto. "Parecia quase impossível que aquela figura minúscula, vestida com um terno vermelho escuro de estilo sem igual e 'sapatos de dança', fosse capaz de conter uma alma tão ampla; talvez não fosse realmente possível, pois sua alma explodia para fora dele na forma de grandes nuvens que reagiam de maneira ardente com a plateia; o resultado: 'dinamite pura'. Todo o público saltando, delirando, berrando e batendo palmas. As pessoas pareciam não raciocinar direito e não se continham quando pulavam sobre diversas fileiras de cadeiras até chegar aos corredores." Os jornalistas "ficavam somente com aquela sensação triste" de que eles "não podiam esperar ver nada melhor" em suas vidas. O show de Brown chegou a Paris, onde os comentaristas mais inteligentes compararam sua orquestra às de Count Basie, Jimmie Lunceford e Cab Calloway, mas sem os solistas do calibre de Lester Young.

De volta aos Estados Unidos, Brown teve a chance de contar ao *R'N'B World* sua própria versão dos acontecimentos na Europa. Na Inglaterra, confessou: "Ninguém me conhecia. Eu queria ir embora". Como conta a história, não foi isso o que fez. "Durante o show, fizemos tudo sem parar. Eles podem não ter me aprovado logo de início, mas tiveram de me aceitar depois de um tempo (...) quando subimos ao palco, começamos a provocar. Quando terminamos, os jovens corriam em direção ao palco. Os tiras não conseguiam segurá-los." [É interessante observar como ele aparentemente incorporou essa conhecida terminologia usada para designar a polícia local.]

Em Paris, o público ficou impressionado com o fato de Brown apresentar um show inteiro com tanta energia. "Disseram que eu era como o Super-homem (...). Tentei falar algumas palavras em francês e eles perceberam que eu estava tentando e, quando desci para apertar as mãos dos presentes, não conseguia mais sair de lá."

Capítulo 10

No fim de 1966, Brown, coroado astro internacional embalado pela energia de uma turnê europeia com alto grau de sucesso, emergia como porta-voz e modelo a ser seguido em seu próprio país. O interesse político em seu sucesso "Don't Be A Dropout" começou a levantar sua imagem e perfil como um homem ferozmente determinado e trabalhador que conseguira sucesso contra as improbabilidades mais absurdas, tornando-se um exemplo do Sonho Americano. E ainda tinha planos de expandir seus interesses comerciais. Sua música também continuou a se desenvolver com uma velocidade inacreditável, apesar da noção musical instintiva e única responsável pelo nascimento de um novo estilo que não parecia tão facilmente reconhecido como algo diferente dos sons mais comuns do *soul*. Embora sua música jamais pudesse ser tão visceralmente empolgante nos discos como acontecia em cima dos palcos, a energia criada pelo impulso provocante de "Ain't That A Groove" ou pela força poderosa de "Money Won't Change You" ou o embalo sincopado da música dos cubanos de Nova York de "Bring It Up", um compêndio de JB e outros sucessos do *soul* da época, estavam em um novo pacote, para citarmos uma expressão comum daquela época, ou seja, em busca de algo bastante diferente de outros estilos da música popular. Sua energia integral, seu fogo, urgência e paixão formavam o reflexo direto da música representante do estado dos corações e das mentes de grande parte da comunidade negra, conforme o movimento dos direitos civis continuava a luta contra a vida nos guetos, que diminuía cada vez mais.

As quatro canções mencionadas anteriormente foram todas compostas em parceria entre Brown e o líder mais exibicionista da banda, Nat Jones. No Capítulo Sete, Bobby Byrd achou que o erro de Jones era pensar que poderia brigar de igual para igual com o seu empregador. Um camafeu revelador no artigo de Doon Arbus a respeito de James

Brown no *New York Herald Tribune*, fez com que ele fosse chamado para ir até o camarim do chefe, após o show em Virginia Beach, para receber instruções acerca de uma nova introdução de "I Got You". Faça do jeito dele, disse James, e teremos o verdadeiro *Soul*. Mas, o que é o *Soul*, perguntou Jones. [O termo era sempre escrito com um "S" maiúsculo naqueles dias.] Você sabe, gritou James, é o sentimento. "Sim, sim, eu sei", respondeu Jones, "Mas você se lembra de quando estávamos conversando? Você e eu? A respeito do *Soul*. Tentando explicar o verdadeiro sentido?" Jones não queria mais conversar na presença de Arbus. Brown disse que por mais que gostasse de Arbus, ele tinha de concordar com o líder de sua banda. O Significado do *Soul* era profundo demais para ser discutido na frente de alguém de fora. Ele queria ficar a sós com o chefe. (É claro que 30 anos mais tarde a troca parece mais uma paródia, mas em 1966 a palavra *Soul* significava algo além da gravadora, pois parecia indicar um homem capaz de divulgar um novo estilo de música. Assim como um determinado jeito de cantar comprometido com a emoção, aquele era o coração espiritual de um povo, algo como "a essência da negritude".)

Após descer a montanha-russa de "Out Of Sight" até "Bring It Up", Nat Jones deixou a banda no início de 1967, na primeira noite de uma temporada no Latin Casino em Cherry Hill, Nova Jersey. Os compromissos agendados apresentaram Brown – com sucesso, ele quebrou os recordes de plateia – à parte mais moderna do cenário de boates da América. Os shows foram gravados nos locais durante alguns finais de semana e depois editados, recheados com sons de ressonância e percussão, lançados pela King, em maio de 1967, na forma do álbum *Live At The Garden*. O borrão na capa do disco servia para representar Brown no Madison Square Garden, o que fez com que o álbum ao vivo se tornasse uma ideia ilusória e um tanto comportada demais quando comparado aos álbuns do Apollo. Jones voltou por um breve período no fim de 1970 para gravar o álbum *Hey, America*, mas sua verdadeira intenção era realizar a saída imediata antes da gravação no Latin Casino que marcou o término da relação entre Brown e o seu mais expansivo diretor musical. O cantor tomava todas as decisões e deixou poucas opções para o líder da banda, mas Jones ajudara a compor uma unidade temivelmente justa e bem alinhada, capaz de fazê-los superar até mesmo uma grande tempestade e passar para uma nova fase ao menor sinal ou convocação do sr. Dinamite.

Havia tantos músicos bons na banda, que escolher um substituto não era uma tarefa árdua. O mais importante era conseguir uma igualdade de temperamento, algo que os três líderes de banda seguintes tinham de sobra. Alfred "Pee Wee" Ellis, um habilidoso e sério saxofonista tenor de *jazz,* de Rochester, Nova York, tinha – na verdade, ainda tem – um comportamento calmo e moderado. No contexto da música de Brown, Ellis era muito mais capaz de interpretar seus desejos com cuidado e transmiti-los de um modo que os músicos conseguiam entender de forma rápida e clara. Ele se juntara à banda em fevereiro de 1966 e já fazia os arranjos para Jones. Pouco antes de gravar outra tomada de uma melodia chamada "Let Yourself Go" depois de horas no Latin Casino, Brown disse ao baterista John "Jabo" Starks que assumira a posição de Clyde Stubblefield depois de alguns ensaios, para começar a tocar sempre que o cantor rosnasse com um som de "hã-hã". As inflexões de voz mudam a ênfase física da música que vai dos pés até o quadril e a influência dos acordes vigoros da guitarra de Jimmy Nolen, e as interjeições da percussão conforme o trompete e os saxofones desenvolviam ainda mais o estilo iniciado em "Papa's Got A Brand New" *Bag*. Esse é o último tijolo da casa construída por Brown, denominado por ele de funk. Sem demora, todos os cantores de *soul* e o baterista passaram a sincronizar o seu "hã-hã" e depois de um ano, talvez dois, o mecanismo foi reduzido ao nível do *Genuine Soul Cliché*, seguido de perto das personificações rudes de *gotta-gotta*, de Otis Redding, e do berro de Wilson Pickett. Brown ainda vivenciaria esse tipo de imitação em um grau muito mais exigente profissionalmente na década de 1970.

A canção "Let Yourself Go" e, antes dela, "Bring It Up" mantiveram Brown e a King Records entre as 10 Mais de R&B e entre as 50 Mais de música popular na primeira parte do ano, mas, apesar da estranha reedição, o acordo com a Smash terminou naquele ano, após o lançamento de outros dois *singles* e álbuns. Embora, de fato, quisesse deixar a King e se as suas esperanças de ver bem-sucedidas algumas diversas tentativas das grandes gravadoras de comprar a empresa de Nathan tivessem sido realizadas, a ligação com a Smash lhe oferecia um acordo melhor, além de mais autonomia com a King. A produção de outros artistas continuava a crescer, embora poucos deles alcançassem uma posição de destaque nas paradas das Mais Pedidas. No entanto, no início de 1967, lançou um brilhante dueto com Vicki Anderson, uma reprodução de "Think", que gerou muitos comentários.

As exigências na época de Brown agora eram inúmeras e sua agenda o mantinha ocupado demais. Um breve resumo pode nos dar uma ideia do seu ritmo, lembrando sempre que continuava a manter um itinerário voraz de shows ao vivo, além de gravar os próprios materiais e produzir outros em todas as oportunidades que tinha. Em janeiro de 1967, foi nomeado codiretor, ao lado do famoso campeão peso-pesado Muhammad Ali, do Programa de Oportunidade aos Jovens de Hubert Humphrey, e passou a responder diretamente ao vice-presidente. Como parte do programa com a Associação Nacional de Anunciadores de Rádio, divulgou a iniciativa de distribuir distintivos e materiais de leitura da campanha *Don't Be a Dropout* [Não Deixe a Escola] para *dee-jays* e jovens ao redor do país. Em março, negociava um acordo multimilionário com Ali. O plano era de que Brown estivesse presente na próxima luta preliminar de Ali. O cantor não estava se preparando para voltar a lutar, estava em boa forma, mas não tanto assim e, na verdade, a intenção era a de que seu show substituísse outras competições como prelúdio da luta principal em disputas futuras do campeão mundial da categoria de peso-pesado. (Esse acordo, com o Programa de Oportunidade aos Jovens, foi cancelado quando Muhammad Ali se recusou a ser recrutado para as Forças Armadas dos Estados Unidos, foi preso e perdeu o título de peso-pesado.)

Desde as confusões na Cidade do Kansas, seus shows ao vivo ficaram marcados pelas autoridades estaduais e municipais em toda a América como possíveis pontos críticos. Além de todas as inquietações raciais pendentes, que tinham chances de explodir a qualquer instante, os protestos contra a guerra no Vietnã aumentavam cada vez mais. Oficiais de todos os níveis estavam ficando agitados, e possuíam boas razões para tal. Um show no Centro Cívico de Baltimore foi cancelado sob as ordens dos responsáveis pela cidade que temiam uma repetição dos problemas na Cidade do Kansas, além de um tumulto que aconteceu depois de um show anterior de James Brown na cidade. Ben Bart alugou uma enorme tenda onde apresentaria o espetáculo em um parque de diversões fora da cidade, mas as autoridades do condado seguiram os conselhos da câmara e enviaram uma proibição para Brown. Ainda assim, em um local bem mais ao sul, ele se apresentou em um show de danças em Shreveport, Louisiana, e não teve problema algum. Em maio, 11.500 pessoas apareceram na Madison Square Garden para ver Brown com a nova cantora Marva Whitney em sua estreia, o sexteto de Joe Cuba e o grupo de música *gospel* The Mighty Clouds of Joy. Quando começou a chamar mais a atenção do lugar, 14 meses antes, conselheiros irritados insistiram para que ele convidasse artistas brancos como Len Barry, Lou Christie e The Shangri-Las para participar do programa. Seu cachê agora era de 55 mil dólares. E seu show estava totalmente diferente. Parecia, na verdade, algo completamente novo.

Brown estava agora com 34 anos – organizaram uma festa de aniversário especial para ele no Apollo no dia 3 de maio – e enfrentava dificuldades para admitir seu processo de envelhecimento. Ele havia dito que queria fazer uma pausa no início do ano. Os fãs de James Brown receberam a notícia como um anúncio de aposentadoria, um dos vários daqueles anos. Os escritórios da James Brown Productions na King em Cincinnati receberam milhares de cartas de protestos e apelos para que ele reconsiderasse a decisão. Sua agenda para o mês de abril ficou bastante vazia. As férias ocasionais não diminuíram as exigências dos shows ao vivo tão desgastantes para Brown, pois sugavam-lhe a energia e fluidos do seu corpo, tanto que ele ainda precisava receber aquela intervenção intravenosa. A enxurrada constante de movimentos de dança de fazer saltar os olhos e aquele seu jeito de forçar os pulmões para cantar continuavam a fazer parte de suas apresentações. Mas ele tinha de parar. Ele já vinha fazendo mais de 300 shows por ano em sua melhor fase naquela última década e meia. Aquele não era o momento de diminuir o ritmo, mas de dividir o trabalho. Reestruturou o show para adaptar três mudanças vocais distintas para que tivesse pausas mais longas e mais definidas em sua atividade (anteriormente, participava da banda como instrumentalista na primeira metade do espetáculo e então cantava toda a segunda metade). Além disso, ao adicionar uma seção regular de músicos com instrumentos de corda de três integrantes, desconhecidos no mundo da música popular, e menos ainda no cenário do *soul* e do *blues*, além de um segmento em que ele cantava interpretações de "padrões" menos exigentes fisicamente, conseguiu diminuir a intensidade das apresentações. (Nos shows "antigos", não podia nem pensar na possibilidade de perder tempo demais com as baladas mais intensas como "Prisioner Of Love" ou "Lost Someone" ou "I Don't Mind".)

Brown ofereceu uma prévia do novo estilo no programa *Johnny Carson Show* da NBC TV, no dia 8 de junho, quando cantou "That's Life" e "Kansas City". (Uma versão de "Kansas City", com o padrão do *blues* de Jerry Leiber e Mike Stoller, transformara-se em um grande sucesso de Brown naquela primavera.) Ele ensinou a Carson alguns de seus passos e encerrou o programa porque precisava se preparar para uma apresentação no Apollo na noite seguinte. Durante a permanência naquele teatro lendário, foi presenteado com uma placa em comemoração ao seu milionésimo ingresso vendido ali. O show ao vivo foi elaborado para uma rápida adaptação para o Apollo ou um local como o Flamingo Hotel, em Las Vegas, onde tocou durante uma temporada de três semanas no mês de julho, superando Woody Allen, Jimmy Durante e Johnny Carson. Em seguida, levou o seu grupo para uma grande jornada pela costa oeste do país. Bastante ciente de que nem todos seus fãs tinham condições de pagar os preços exorbitantes dos ingressos que agora podiam cobrar, estipulou o preço de 99 centavos para as entradas dos concertos ao ar livre naquele verão para que os "jovens pobres e semianalfabetos, que na maioria das vezes não têm condições de pagar, possam assistir aos shows e levar para casa a nossa mensagem".

A decisão de abraçar Las Vegas correspondia às aspirações de Berry Gordy para as principais atrações da Motown. Aquela era a maneira pela qual os artistas afro-americanos que se comparavam a Brown – Sam Cooke, Ray Charles – haviam usado para progredir, mas, em retrospecto, o método era imprudente e limitado. O público mais velho em Las Vegas não parecia disposto a lhe oferecer um grupo de fãs mais duradouro. Os artistas da música *soul* da Atlantic e da Stax, ao contrário, estavam sendo muito bem recebidos pelas plateias roqueiras de pessoas brancas mais jovens. A recepção calorosa de Otis Redding no Festival Monterey de Música Popular, em 1967, fez com que ele fosse prontamente aceito por todos os fãs do rock dos brancos nos Estados Unidos, e as aparições feitas na Europa como elenco da Stax/Volt em seguida contribuíram para que o artista se igualasse a Brown como o cantor de *soul* mais popular do Reino Unido, o que parecia totalmente improvável, já que seu estilo soava bem diferente da música de Brown, que agora dava o seu último grande passo no que todos chamavam de funk com a música "Cold Sweat".

Era possível deixar-se levar pelos arranjos de "I Don't Care", mais agitada do que a versão em forma de balada gravada em 1962 e tirada dos cofres da King, em 1964, durante a disputa com Brown e a Mercury, e a diversão não parava por aí. Ainda era preciso experimentar "Pee Wee" Ellis compondo a parte dos instrumentos de sopro – que disse ter criado um dia quando estava em uma loja de discos em Cincinnati, – e havia muito mais. A parte do ritmo dá grande ênfase na primeira batida de barras alternadas. Naquele momento específico, a cada oito batidas, os guitarristas Jimmy Nolen e Alphonso "Country" Kellum, o baixista Bernard Odum e o baterista Clyde Stubblefield se unem e então decolam para cuidar cada um de sua própria parte naquele *boogaloo* de ritmos sincopados. Tudo foi concluído em duas tomadas nos estúdios da King em Cincinnati. Não pela primeira vez, Brown mudara as regras básicas. Um sentimento novo, mais semelhante ao *jazz*, mas as partes dos instrumentos de sopro são minimalistas. O jeito de cantar de Brown também estava muito mais livre, construindo aos poucos o caminho para um clímax ruidoso depois dos solos. Isso tudo dá uma ideia geral de como sua música estava sendo preparada no estúdio e nos ensaios que tinham naqueles dias. Eles deixavam a coisa acontecer para ver até onde podiam chegar. "Maceo, vamos lá, irmão, chegue aqui onde estamos agora", ele falava cantando ao apresentar o solo do saxofone de Parker e alternava sons de "hã" e exortações durante todo o intervalo. "Vamos dar algo ao baterista", ele gritava de maneira memorável, antes das batidas esparsas, apesar de ritmadas de Stubblefield.

Maceo acabara de voltar do serviço militar. "Ironicamente, eu estava morando agora na cidade natal de James, Augusta, Geórgia. 'Papa' estava no auge naquela época, e eu era uma espécie de astro no serviço militar porque todos sabiam que eu era um dos saxofonistas do disco. Servi o exército por dois anos e, logo em seguida, voltei para o grupo em 1967", contou Maceo. Ele ainda deixaria o grupo e voltaria a tocar com eles algumas outras vezes depois disso. "Ele nos deixa livres para irmos embora e tentarmos coisas novas, mas está o tempo todo nos esperando de braços abertos se acontecer de você não se dar bem em outro lugar. É como se você sempre tivesse um lar. Vá e experimente coisas novas e tudo o que quiser, mas se não der certo, volte para casa. Nada é mais importante do que ouvir isso."

"Cold Sweat" ocupou a 1ª posição nas paradas de R&B por três semanas no verão de 1967 e figurou nas listagens de R&B por 16 semanas, seu maior sucesso desde "Papa's Got A Brand New Bag". O disco alcançou a 7ª posição nas paradas de música pop americana. Trata-se de um som sólido e marcante com uma batida agitada, com total controle e ciente do que oferece. "Acho que a primeira coisa que ele tenta mostrar é um tipo de sentimento de felicidade", explicou Maceo. "Esqueça os problemas, vamos lá, alegre-se e experimente essa sensação, que eu acredito que a maioria das músicas é capaz de oferecer. A maior parte de suas gravações é rápida, o que é capaz de criar um tipo de vontade de 'vamos levantar e dançar'. Quando faz isso, você acaba se esquecendo dos problemas de alguma forma. E o amor – tenho certeza de que a intenção era a de projetar uma boa quantidade de amor por intermédio de suas músicas. Aquela sensação de estar junto de alguém e coisas assim."

Seus *singles* seguintes acompanharam os avanços de "Cold Sweat". De volta a Atlanta, Geórgia, editou "Get It Together", quase dez minutos de um funk de ritmo alucinado com uma mistura diferente. Aconselhando todos a unir forças, como no caso dele com sua banda, Brown chama uma linha instrumental de cada um dos músicos principais, conduzindo-os por meio de batidas acentuadas, exortando-os a não brincar demais, a pensar *"Cold Sweat"* [a sangue frio] (ou seja, reduzir a música ao mínimo possível). "Se você ouvir algum ruído", diz na metade do tempo, "somos apenas eu e os rapazes", uma frase com base na qual George Clinton alguns anos mais tarde comporia a canção "Mothership Connection". No término, Brown pergunta ao engenheiro do estúdio se ele já tem material suficiente, ajusta a fita e vai embora. De volta a Cincinnati, no fim de outubro, ele gravou "I Can't Stand Myself (When You Touch Me)" com o The Dapps, uma banda de integrantes brancos que incluía o baixista Tim Drummond, que mais tarde participaria de uma turnê como o primeiro músico branco usado por Brown nos palcos, e o guitarrista "Fat" Eddie Setser. E, sim, é possível notar a diferença. O ritmo é mais irregular e não possui o fluxo da banda anterior. E você nem deveria esperar que isso acontecesse. Esses rapazes não praticaram as batidas de JB por meses consecutivos junto de seu líder. Ainda assim, o disco, com um ritmo bem menos acelerado em comparação à primeira gravação, alcançou a 4ª posição como sucesso de R&B em um lançamento com duas canções importantes, uma delas "There Was A Time", que subiu uma posição a mais. As vendas do disco receberam o apoio de uma série de pequenas aparições na televisão nacional nos primeiros meses de 1968, no *Hollywood Palace*, *Happening '68* e no *American Bandstand*, além dos shows sindicalizados, como o *Woody Woodbury* e o *Merv Griffin*.

Pouco antes de partir para a segunda, e muito mais longa turnê europeia, em setembro de 1967, Brown foi agraciado com uma citação do programa de Oportunidades para o Conselho Jovem do presidente pela participação na conquista de mais de 20 mil empregos para jovens do gueto naquele verão. Ele levou todo seu grupo de 42 pessoas para uma viagem transatlântica no fim do mês de setembro e durante todo o mês de outubro, passando por Berlim e Frankfurt, na Alemanha, até Copenhague, Dinamarca, e finalmente chegando ao Paris Olympia, na França. Independentemente do idioma, os comentários publicados eram sempre positivos. Quando retornaram aos Estados Unidos, ele voltou para casa – ou para o Apollo, como o lugar também é conhecido – e superou os recordes do lugar. Mais uma vez, em novembro, usou as páginas da revista *Jet* para declarar sua inconformidade por não conseguir permissão para voar até o Vietnã e tocar para as tropas das forças armadas. Três semanas depois, anunciou que havia sido concedida a permissão para uma viagem no "início da primavera". Entretanto, em função de uma escala de atividades militares na primavera de 1968, a viagem teve de ser adiada até o verão.

O ano de 1967 terminou com uma terrível tragédia, um prenúncio de muitas outras perdas gravíssimas no ano seguinte. Otis Redding, aparentemente um concorrente, morreu em um acidente de avião no dia 10 de dezembro. Em termos estritamente comerciais, Redding era considerado um rival, mas um homem gentil e a respeito do qual ninguém poderia dizer nada de ruim, e os cantores haviam compartilhado de uma criação em comum bastante difícil na Geórgia. James, um dos escolhidos para ajudar a carregar o caixão de Redding em seu funeral em Macon, foi cercado por fãs que arrancaram e rasgaram o seu paletó. Policiais brandindo cassetetes tiveram de intervir para resgatá-lo. A caminho dos serviços rituais do enterro que aconteceram no rancho de Redding, Brown foi barrado no portão de entrada. Um guarda, sob ordens de não deixar passar ninguém que não apresentasse um convite, ouviu a explicação do cantor que tentou dizer por que havia perdido ou esquecido o seu. "Quem é James Brown?", perguntou o lacaio. "Não pode entrar!" Brown virou o carro e dirigiu de volta até Macon.

O ano seguinte foi uma balbúrdia de sucesso espantoso com a venda de discos, expansão sólida e profunda nos negócios, perdas trágicas e exibições triunfantes do grande poder que ele era capaz de exercer em relação a uma grande parte da população afro-americana. O tipo de mensagens sociais e políticas misturadas que caracterizava tanto o seu desconforto como porta-voz de seu povo e o oportunismo dos políticos brancos que tinham a audácia de surgir por trás dele em função de sua capacidade óbvia e poderosa de conquistar mais votos.

Na venda de discos, o ano de 1968 não poderia ter começado de maneira mais próspera. Depois do triunfo duplo com "I Can't Stand Myself" e "There Was A Time", lançou duetos com Bobby Byrd ("You've Got To Change Your Mind") e Vicki Anderson ("You've Got The Power"), e dera a Byrd e Anderson o lado B de seus discos. Logo em seguida figurou no topo das paradas de R&B com "I Got The Feelin'", e uma versão em forma de balada da melodia de seus shows "If I Ruled The World" no lado B. Editado em Los Angeles, "Feelin'" também vendeu um número extraordinário de cópias no mercado pop, alcançando a 6ª posição, sua melhor marca desde "I Got You" de 1965. Com um arranjo da banda de tremenda sofisticação, a música "Feelin'" era levada por ondas de energia e ritmo criados pela bateria de Clyde Stubblefield, sincopada de forma furiosa no estilo bem controlado pelo qual Joseph "Zigaboo" Modeliste, do The Meters, ficaria conhecido, e pelo estilo do baixista Bernard Odum. A seção de metais surge com frases acentuadas e breves no intuito de unir forças com os percussionistas em uma estrutura polirítmica, a interpretação auricular de uma equação matemática perfeita. A função de Brown como o foco principal da faixa é total, apesar de completamente usurpada pela banda. Sua voz tem de lutar para ganhar espaço e atenção. A faixa foi uma das últimas gravadas por Odum com Brown antes de Tim Drummond do The Dapps tornar-se o primeiro integrante branco da banda na Orquestra de James Brown.

Os ritmos do funk ofereciam tanto o drama quanto o impulso de liberdade das letras bem escritas das músicas que agora se baseavam exclusivamente em frases de rua, padrões de discurso e interjeições dos negros. As mensagens possuíam aplicações universais, mas a linguagem era muito específica e tão natural quanto viria a ser o seu novo penteado.

Nos negócios, a ascendência do astro do *soul* era ininterrupta, embora as sementes dos obstáculos já estivessem plantadas. Mudou-se para novos escritórios em Nova York, na Sétima Avenida, nº 850, e começava a expandir o seu império mercantil. Em agosto de 1967, comprou as ações majoritárias da advogada Gloria Toote, da TNT Records, uma gravadora que fazia parte da Tru-Glowtown Records. A música "Let's Party", de Don Gardner, lançada antes da compra das ações, foi o primeiro lançamento da gravadora sob a direção do novo proprietário, mas Brown logo foi para os estúdios da TNT para gravar um novo material do cantor. Essas primeiras investidas comerciais fora do ramo específico de gravação e manufatura de discos começaram com a compra de estações de rádio, pagando 75 mil dólares pela falência de uma estação de música *country* e *western* em Knoxville, Tennessee e relançando a rádio como WJBE (mais conhecida como James Brown Empreendimentos) em janeiro de 1968.

Um mês depois, ofereceu entre 377 mil e 500 mil dólares pela WRDW em Augusta. A maior estação da cidade, prédio na frente do qual engraxava sapatos quando criança, só começaria a funcionar na primavera de 1969, após muitos protestos de outros proprietários de estações de rádio da cidade. Tornou-se o primeiro artista afro-americano a ser dono de sua própria estação de rádio. Gregory Moses, um dos gerentes administrativos de Brown, eleito vice-presidente de operações da rádio, disse que aquilo era "um negócio do qual [Brown] entende". O cantor anunciou que as duas estações seriam dedicadas às operações formatadas de R&B com um quadro de funcionários integrado comandado por administradores negros. Dois homens com vasta experiência em rádios de uma estação de Houston foram trazidos para trabalhar na estação diurna de Knoxville – Al Gardner como gerente geral e Al Jefferson como diretor de programação. Como Moses disse à *Billboard* na época: "Foi um bom investimento. Nós contratamos os melhores *dee-jays* que conseguimos encontrar e gastamos muito dinheiro com a compra de novos equipamentos". Aquele era o início de uma tentativa de construir uma cadeia de sete estações JB. Ele comprou uma terceira, a WEBB em Baltimore, mas depois disso nenhum outro investimento seria feito nessa cadeia específica, embora em 1973 tivesse afirmado que possuía cinco estações de rádio.

Mais tarde naquele mesmo ano, ao aparecer no programa *Tonight* da NBC-TV, Brown deu uma explicação completa do raciocínio por trás de seus investimentos nas estações de rádio. Os polacos controlavam os jornais poloneses nos Estados Unidos, os alemães gerenciavam os jornais de língua alemã e os italianos publicavam seus próprios periódicos. Os negros, disse ao apresentador Johnny Carson, compunham o único grupo étnico e racial que não controlava a própria mídia (embora tivessem alguns jornais e revistas famosos), então decidiu obter a transferência imediata das estações de R&B das mãos dos brancos para os negros. (Ele estimou que das 500 estações de negros que operavam naquela época, somente duas delas, com exceção da dele, eram de propriedade de cidadãos negros.)

Na primavera de 1969, abriu uma das primeiras franquias de restaurantes das 150 planejadas com o nome de "James Brown Gold Platter", que se espalhariam por todos os Estados Unidos e pelo Caribe. Aquela não era uma ideia nova, já que artistas que incluíam o cantor de música *country* e *cowboy* do cinema Roy Rogers e a cantora de música *gospel* Mahalia Jackson tinham lançado cadeias de *fast food*. Seus sócios eram E. Raymond Smith, o vendedor de carros de Macon que o protegera no passado, Leroy R. Johnson, um advogado e senador do Estado de Atlanta e Herbert L. Parks, ex-diretor de uma empresa de seguros em Augusta. Um milhão de dólares foi angariado com a venda de 200 mil cotas de ação para o público, Brown possuía 55 mil, ou 8,2%. A base da empresa ficaria em Macon, Geórgia, e o cardápio incluía frango frito, salada de couve, broa de milho, peixe frito, batata-doce, feijão-fradinho, biscoitos de leite e pudim de batata. Lançou-se o desafio: "Se a nossa comida não faz você se sentir bem, é porque você não tem alma". Sua declaração pública, estampada na *R'N'B World,* na época, dá uma ideia da linha tênue que tentava desenhar ao exigir direitos iguais sem inflamar o sentimento da intolerância. "Sou um advogado do poder negro, mas não do separatismo negro. Em minhas operações comerciais defendo a oportunidade para os negros de progredir e se envolver com operações mercantis." A nova empresa era "uma organização inter-racial. Temos em nossos escritórios tanto executivos brancos quanto negros. Acredito que nada que exclui os brancos seja uma perpetuação daquilo que sempre defendemos e com relação a qual sou tão fortemente contra". A empresa *Gold Platter* também se transformaria em uma firma de embalagens de alimentos e ofereceria treinamento para as minorias.

Até setembro de 1969, onze franquias já tinham sido vendidas com outras 25 sendo preparadas, mas a *Gold Platter Inc.* perdeu 480 mil dólares em seu primeiro ano fiscal e, no mês de julho de 1970, deixou o mercado de alimentos para trabalhar com lojas de conveniência. Doze lojas, algumas ainda com o nome *Gold Platter*, outras operando com o nome *Penny Pantry* e *They Do Well* [que em inglês significa algo como "Eles Se Dão Bem"], mas não foi o que aconteceu.

Um mês antes, a srta. Mary Brown, então com 20 anos de idade e ex-presidente da filial do fã clube de James Brown, em Sacramento, convenceu um tribunal californiano de que o cantor era o pai de seu filho, Michael Deon Brown, que, segundo ela, fora concebido no quarto de um motel, na cidade de São Francisco, em 1968. Apesar de Brown não negar ter passado a noite em um hotel, negou ser o pai da criança. No entanto, concordou em pagar 500 dólares por mês durante 20 anos para ajudar com a educação do garoto e mais 2.700 dólares referente aos honorários legais gastos pela sra. Brown.

Mais tarde, naquele mesmo ano, revelou planos para o Comércio de Selos *Black and Brown*, de James Brown, com os lançamentos dos selos *Green Shield*, que seriam comercializados por meio das lojas que empregariam funcionários brancos e negros. Seu rosto seria estampado nos selos. Começou a usar outros produtos para vender discos – imagens em embalagens de *Cold Power* e detergentes *Axion* podiam ser trocados por discos grátis de James Brown. Na verdade, quase todas essas excursões no mundo mais amplo dos negócios seriam encerradas com prejuízos. "No início da década de 1960, eu defendia os afro-americanos", disse Brown. "Eu sabia que eles simplesmente não eram treinados para fazer absolutamente nada. Ou seja, eles não entendem nada de gerenciamento. Naquela época, ser negro estava na moda. Ao menos aquilo lhe garantia uma identidade, pois um dia lhe chamavam de 'homem de cor' e no, dia seguinte, crioulo. Assim, quando comprei as estações de rádio, cometi um erro ao contratar gerentes negros em vez de gerentes que por acaso eram negros, inconsciente de que eles teriam de saber como administrar os negócios e, por essa razão, acabaram fazendo tudo errado."

No dia 5 de março, Syd Nathan, o fundador e proprietário da King Records e o homem que, apesar de relutante, deu a Brown sua primeira chance de gravar um disco, faleceu em Miami após um ataque cardíaco. Já aposentado, estava bastante doente há algum tempo, o fígado já estava bastante degenerado e, aos poucos, estava ficando paralisado da cintura para baixo. O enterro, do qual Brown participou, aconteceu três dias depois. Logo em seguida ele tentou comprar a empresa de Nathan, mas a família nomeou Johnnie Miller como novo chefe. Uma semana depois, a revista *Jet* publicou uma matéria a respeito da separação de Brown e Deidre, sua segunda esposa. (Uma jovem mulher chamada Florence Farmer mudara-se para sua casa em St. Albans, em Nova York, e ele compôs um *single* em sua homenagem, "Living Legend Part 1 & 2" para a filial de Bethlehem da King. Durante a turnê, a cantora do grupo da Cidade do Kansas, Marva Whitney, a Maravilhosa Marva como também era conhecida, foi a sua companheira.) Na metade do mês de março, ele voltou a tocar no Apollo, dessa vez com apenas dois shows por dia, e levou a banda e seus dançarinos para o programa de televisão *Tonight*, apresentado por Sammy Davis Jr. No dia 29 de março, preencheu o vazio deixado em sua agenda em função da viagem adiada ao Vietnã com uma rápida visita à Costa do Marfim para tocar e gravar um comercial de TV na capital estadual no oeste africano de Abidjan. O governo do país pagou 70 mil dólares por uma noite de show, com diárias de hotel incluídas para os 35 membros de sua trupe. "Esse é o coração. O centro é ali", disse depois de seu retorno. "Quando cheguei à África, experimentei algo bastante particular. Descobri, por meio da música, que tínhamos algo que eles nem imaginavam o que era. Talvez eu não tenha ido longe o suficiente naquele país para descobrir muito mais. As pessoas sequer tinham me visto, mas já sabiam quem eu era."

Quase um mês depois da morte de Nathan, em 4 de abril, o dr. Martin Luther King foi assassinado em um hotel na cidade de Memphis. Depois das batalhas por integração no Sul, King continuara lutando em termos mais gerais por uma reavaliação dos valores americanos. Ele culpava a falta de progresso nas questões domésticas de racismo, pobreza, privação de direitos civis dos cidadãos e do militarismo à obsessão da Casa Branca pela Guerra do Vietnã, que era vista como algo cada vez mais desnecessário, imoral e invencível. Um ano antes e até aquele momento, King fizera o seu discurso lancinante contrário às guerras na igreja Riverside em Nova York. Organizava a Campanha dos Pobres, um esforço multi-racial para unir os pobres das regiões rurais e urbanas a fim de exigir melhor educação, saúde, habitação e mais empregos que os ajudaria a serem menos dependentes das pensões pagas na época. A exigência básica era que o governo usasse as verbas da Guerra do Vietnã para esse fim. Na primavera de 1968, a estratégia da campanha tomara forma, mas o recrutamento era lento demais. King quebrou o protocolo para se unir a um protesto, em Memphis, relativo aos salários e reconhecimento dos sindicatos para 1.300 funcionários das áreas da saúde e da higiene. Militantes negros, mal-intencionados com relação a King e às organizações contrárias à violência que ele representava, se rebelaram, deixando um morto. Preocupado com a possibilidade de que seus esforços pudessem ser facilmente abalados, ele voltou à cidade, no dia 3 de abril, para liderar uma marcha pacífica no dia seguinte, apesar das ameaças de morte de extremistas brancos. Ele estava acostumado com aquilo. Realizou seu último grande discurso no Templo Mason, em Memphis, em que praticamente predisse seu assassinato e concluiu a oração com a comovente e ressonante passagem "Já estive no topo da montanha". Olhou ao redor e vislumbrou a terra prometida. "Posso não chegar lá com vocês", mas "como povo" eles chegariam lá.

Conforme a notícia do assassinato de King se espalhou naquele dia, a comoção, e então a ira se espalhou feito rastilho de pólvora. Não havia dúvidas, cidades seriam incendiadas. Brown, em Nova York, foi até a estação de televisão WNEW TV como convidado para aparecer por duas horas em apelo a todos para que "esfriassem as cabeças". Ele tinha um show marcado no Boston Garden no dia seguinte. O prefeito daquela cidade, Kevin White, um fã de Bing Crosby e Frank Sinatra, assistia ao filme *E O Vento Levou* quando soube do assassinato. Ele quis que o show de Brown fosse cancelado. Aquele seria um possível alvo de confusões, pensou ele. Bobagem, disse o conselheiro negro da cidade, Tom Atkins, mas o lugar seria sim alvo de tumultos caso o show fosse cancelado. Atkins e Brown negociaram um acordo com a WGBH TV para uma transmissão ao vivo. Quando Brown foi às rádios para aconselhar os jovens a não praticarem atos de violência pelas ruas e que ficassem em suas casas para assistir ao show, houve uma enxurrada de ingressos devolvidos – por que pagar quando podemos ver o show de graça? A cidade concordou em reembolsar Brown pelo prejuízo.

A filmagem do show revela um desempenho intenso com uma energia frenética e uma tensão visível. Em determinado momento, um jovem negro saltou para o palco para dançar. Policiais lançaram-no para fora, James teve de interromper a apresentação para acalmar os nervos dos presentes. No entanto, enquanto 110 cidades sofriam consequências, Boston e sua área de negros de Roxbury permaneceram misteriosamente em silêncio. Todos estavam em casa assistindo James Brown. O prefeito White apareceu no palco, apresentado pelo cantor como "um gato que sabe dançar". (De acordo com um documentário do noticiário da TV local de Boston, *Our Times*, televisionado para celebrar o 20º aniversário da intervenção de Brown, White planejava voltar atrás em sua promessa de compensar o Homem Que Mais Trabalhava e contou com as autoridades do Garden para abrir mão de sua parte dos lucros sob a ameaça de impostos mais elevados. Barney Frank, um oficial da cidade, lembrou-se que 100 mil dólares foram tirados de um fundo comunitário de comércios locais para custear o concerto de Brown. À frente das câmeras, Brown diz que a cidade "só me deu 10 mil dólares". Tom Atkins tornou-se um advogado especializado em direitos civis. Quando lhe pediram sua opinião a respeito do prefeito White, Brown disse que ele "ainda era um gato que sabe dançar". White, quando também foi interrogado a respeito de Brown, chamou-o de "um vendedor de óleo de cobras".)

"Os governos, municipal e estadual, sabiam que, de alguma forma, James Brown era uma força marcante no que dizia respeito à apresentação de shows e à atividade de reunir pessoas", recorda-se Maceo Parker. "E tudo se transformou em caos, uma baderna generalizada por todos os lados, logo após o assassinato do dr. Martin Luther King." No entanto, o show de Brown "fez com que diminuíssem os tumultos, os ataques de violência e os saques em estabelecimentos". Aquele foi um toque de recolher bastante eficiente. "Deu certo. Fizemos o nosso show normal no auditório, e foi gravado e exibido à noite na TV. Ele era tão popular naquela época que as pessoas simplesmente diziam: 'Nossa! James Brown vai se apresentar na TV e, por isso, temos de sair das ruas e ficar em casa para assisti-lo'."

As notícias do sucesso de Brown em reprimir os tumultos se espalharam. No dia 6 de abril, ele voou para Washington DC, a cidade mais prejudicada pelas badernas, para conversar com os jovens da capital e aconselhá-los também a ficarem em suas casas. Depois disso, foi para Memphis para o enterro de Martin Luther King. Seu conselho foi transmitido em TV nacional por emissoras de noticiários e nos jornais mais sofisticados como o *Washington Post*, em artigos e editoriais a respeito dos esforços de Brown, e sua importância ao transmitir a mensagem de não violência aos jovens negros foi reconhecida e elogiada. No dia 10 de abril, Brown foi citado nas atas do Congresso. Em maio, o prefeito de Washington lhe entregou a chave da cidade e ele foi convidado a participar de um jantar na Casa Branca oferecido para o príncipe da Tailândia pelo presidente Lyndon Baines Johnson, e encontrou-se mais uma vez com Hubert Humphrey. "Nossos sinceros agradecimentos por tudo o que você tem feito por nosso país", dizia o cartão de boas-vindas colocado em sua mesa no jantar. Ele continuou a angariar fundos para instituições de caridade dedicadas aos negros com excelentes resultados no *Soldier's Field*, em Chicago, em auxílio ao SCLC e outras organizações de negros, mas nem todos estavam tão impressionados.

Reúna sua já sabida afiliação com Humphrey, o quanto se sentia confortável com LBJ e a elite governante, e conseguirá traçar o perfil do homem que, de alguma forma, despencaria das listas de canções mais tocadas do Black Panther. Dois meses depois, despencou de posição ainda mais quando voou do Aeroporto Kennedy, no dia 5 de junho, para se apresentar diante das tropas americanas no Vietnã (por três dias), e também em bases militares, em Okinawa, Coreia e Japão. Depois de cancelar reservas já feitas no valor correspondente a 100 mil dólares, levou toda sua orquestra para a turnê de duas semanas, mas na última parada, que seria no Vietnã, conseguiu permissão para levar apenas uma banda com sete integrantes. No dia anterior ao da chegada em Saigon, os vietnamitas lançaram seu ataque mais pesado de foguetes sobre a cidade com 35 investidas de foguetes de 122mm. Ele tocou na Base Aérea de Tan Son Nhut – atingida por dez foguetes na parte da manhã e agraciada com dois shows de James Brown na parte da tarde – indo logo em seguida se apresentar nas Bases Aéreas de Phon Rang e Long Binh, a 24 quilômetros de distância a nordeste da capital do Sul. Depois de um show de encerramento no Bear Cat, voou até Okinawa para juntar-se novamente ao restante da banda. Durante a viagem, irritara-se com o tratamento nada cortês recebido. Sentiu-se desprezado desde o primeiro dia e que o motivo era por ser negro. "Estamos mais uma vez vivendo em um mundo preconceituoso e teremos de enfrentar mais problemas, confusões, pelo restante de nossas vidas." No entanto, assim como Maceo, Brown achou a viagem válida. "Antes de partir [a banda de Brown em 1969], acredito que uma das prioridades era se apresentar no Vietnã", disse o saxofonista. "Tive o prazer de ir até lá ao lado de James Brown para fazer o que podíamos, no intuito de diminuir o confronto e dar aos soldados um desejo de realizar o que estava a seu alcance para terminar aquilo tudo e voltar para casa. Fizemos shows normais e tudo foi muito, muito comovente. O transporte não era exatamente o que esperávamos, mas sabíamos que, sob aquelas condições, conseguiríamos enfrentar as dificuldades."

Brown voltou para o Aeroporto Kennedy vindo de Tóquio no fim de junho, expressou às autoridades no Vietnã todo seu pesar pelo tratamento que lhe foi dado e voltou para casa no intuito de se preparar para o *Soul Festival*, em fase de organização, para acontecer no Estádio dos Yankees, três dias depois. Foi uma apresentação bastante confusa. Não pelo fato de ele abrir a primeira metade com canções padronizadas como "If I Ruled The World e That's Life" – sim, ele cantava essas músicas há muuuuito tempo, no início da década de 1960; sua aparição no estúdio de gravação não se trata de um fenômeno Viva Las Vegas, da década de 1990, como alguns fãs mais jovens poderiam imaginar e jovens escritores certamente imaginam – mas porque a segunda metade explosiva acontece de maneira marcante conforme a multidão se aglomera sobre o campo de *baseball* no final. Ele os convence a voltarem às suas cadeiras uma, duas vezes e, quando parece que tudo vai ficar bem, um travesti lidera uma última invasão. Ele perdera o controle. Brown, inicialmente sem palavras, por fim se recupera. "Eu lutei minha vida toda e ainda é preciso lutar. Fomos até o Vietnã para mostrar que um homem negro pode se orgulhar da sua cor, mas vou lhe dizer uma coisa (...) esta noite é minha última noite. Não quero mais saber dos palcos e ponto final. Estou há um tempo buscando uma desculpa para fazer isso, mas o momento é esse (...). Não aguento mais." A multidão deixou o estádio em silêncio.

No fim de julho, ele apareceu em um comício da Watts para Humphrey e apoiou a campanha do vice-presidente pela indicação para disputar a presidência pelos Democratas. Após outro evento mal organizado e manipulador noticiado pelos jornais e TV com menos escrúpulo ainda, Brown teve de explicar a decisão de apoiar Humphrey, ou até se desculpando por eles, pelas reportagens imprecisas da reunião pública. "Acho que [Humphrey] foi um dos melhores humanitários que já existiu", disse Brown muito tempo depois. "'O Guerrilheiro Feliz', era como o chamávamos, e foi por esse motivo que ele nunca conseguiu se eleger presidente, por ele ser bom e verdadeiro demais para as pessoas. Depois que gravei *Don't Be A Dropout*, nós trabalhamos juntos e fiz campanha para ele com muito orgulho porque ele era um grande homem."

Em um show no Auditório de Oakland, na noite anterior ao encontro no Watts, ele ainda encontrou tempo para falar com a plateia. "Não sei o que vai ser desse país (...) mas há somente uma pessoa capaz de dar fim a essa guerra – aquele que está lá em Washington." Uma razão para se aproximar, para ser ouvido. "Parece que parte de nosso povo acredita que James Brown é um aventureiro – mas o aventureiro já não existe há muito tempo. Depois de amanhã, você nunca mais ouvirá James Brown falar assim porque não quero que nenhum homem negro sinta que estou contra ele. Depois de amanhã, volto a cantar, dançar e pedir que os garotos voltem a estudar."

Se seu humor parecia oscilar do estado egocêntrico mais forte e típico para outro geralmente confuso e desanimado, os shows ao vivo em 1968 eram extraordinários. A fita de um show, gravado em Augusta, em 1968, no Auditório Memorial, em Dallas, durante essa fase turbulenta, deve ser considerada um dos principais álbuns ao vivo não lançados de todos os tempos. A banda estava em uma forma impressionante, como mostra uma faixa, uma versão absolutamente frenética de "There Was A Time", lançada na caixa de CDs *Star Time*. Contudo, o show inteiro é um clássico, e inclui a apresentação do mestre de cerimônias dirigindo-se a todos os presentes do palco. Ele tenta inclusive fazer com que a plateia lhe ofereça uma salva de palmas.

Entre seus shows tão cheios de energia, Brown ainda testou a ira dos militantes com o lançamento simultâneo de dois *singles* – "Licking Stick-Licking Stick", gravado pouco mais de uma semana após o assassinato do dr. King e lançado como o primeiro estéreo de 45 da King, e "America Is My Home". Sem nos esquecermos de toda insatisfação da época, essa afirmativa de uma declaração patriótica tão orgulhosa pode ser interpretada como espantosamente corajosa ou inoportuna e muito imprudente. O grande sucesso "Licking Stick" foi composto em parceria com Byrd e "Pee Wee" Ellis como um vigoroso e inflexível balanço funk posterior a "Brand New Bag" com uma letra que fala sobre partes da vida dos afro-americanos. (A música dizia que a vara era a vergasta que as mães iradas usavam para mandar os filhos malcomportados para o quintal quando uma surra estava por vir; a aparição de uma vara como essa em qualquer romance do sul da América é algo obrigatório; equivalente à conhecida punição urbana do cinto do papai.). "America Is My Home", ao contrário, era uma reflexão pessoal sobre as coisas boas da vida que o Tio Sam tinha a oferecer. Pela situação da época, o disco parecia a caminho de alcançar o sucesso, mas, por causa da posição proeminente dele nas ruas, a oposição contra ele dos jovens e de movimentos militantes de negros cada vez mais ativos foi imensa.

Os problemas de Brown com as organizações intransigentes do poder negro surgiram de seu aparente conforto com as instituições formais do governo eleito para a Casa Branca, O Homem e sua própria falta de estratégia, filosofia ou compromissos claros em relação ao melhoramento da James Brown Inc., e o exemplo de avanço particular por meio do trabalho sério e utilização do talento que o seu sucesso proporcionava às outras pessoas. Conforme emergia como um exemplo para milhões de afro-americanos pobres, seu perfil em toda a nação tornava-se cada vez mais popular. Os discursos e lançamentos de discos passaram a ser analisados de perto por exames políticos minuciosos. Seu perfil importante passou a exigir uma acuidade política que ele teve dificuldades de expressar. A maior parte de suas declarações, na melhor das hipóteses, só podia ser interpretada como reações automáticas dos acontecimentos. Sua filosofia de vida nos Estados Unidos tornou-se um passeio de montanha-russa.

Ao contrário de suas reflexões anos mais tarde, o registro daquilo que ele pensava na época é algo instrutivo. (Tabloides ingleses no fim da década de 1960 não estavam tão dispostos a inventar citações do que podemos imaginar, então preferiram uma visão mais solidária e menos cínica.) "Poder negro?", disse em 1969. "Não gosto da palavra 'poder'. Respeito é o que desejo, a oportunidade dos negros de se tornarem uma raça. A raça Negra não é uma raça, pois ela não possui identidade. Não quero ser um afro-americano. Sou um homem negro e, por ser negro, quero me tornar 100% homem. E digo mais uma vez: Faço o que tenho de fazer porque sou negro e quero que todos os negros tenham oportunidades. Não quero chegar à origem da raça para descobrir que ela acabou de começar. Quero que todos nós deixemos as armadilhas que nos são impostas ao mesmo tempo."

Ele ofereceu à imprensa afro-americana da época uma reviravolta que não mudava tanta coisa: "Tento espalhar o poder dos negros por meio da propriedade", ele disse a respeito de sua organização. "Quero mostrar aos negros que eles são capazes disso. Eles podem ser úteis se tiverem a oportunidade de mostrar que são." E ainda acrescentou: "É uma pena que os brancos não tenham essa noção, porque estão fazendo com que muitas coisas desastrosas aconteçam (...). Temos de deixar de livrar as nossas caras para libertarmos o nosso país. Por quanto tempo um homem é capaz de suportar tudo isso e continuar a gostar do que está acontecendo? Essa não é uma questão de diferença entre os negros e os brancos, é uma questão em que se deve pensar no que é o certo a se fazer!" Perguntaram a ele o que considerava ser um negro. "Sou negro enquanto homem. Essa é a minha cor. Há muita depressão, descrença e desgaste que acompanham essa cor. Mas sei que vou conseguir superar tudo isso." E, como disse ao jornal *Afro American*, "Sou negro, mas também sou homem. Ninguém me diz o que devo fazer. Sei que sou mais negro em meu coração do que qualquer homem." Seus fãs pareciam concordar. Um deles, ao esperar no Aeroporto Kennedy para cumprimentá-lo em seu retorno do Vietnã, disse a um repórter do *Village Voice*: "James é para os negros mais do que Stokeley [Carmichael] – ele nunca foi preso – pois Stokeley não passa de uma grande farsa. [Adam Clayton] Powell? Ele é um vigarista! Tudo o que tentou fazer foi impressionar os brancos com seu grande iate e tudo o mais".

Os tumultos e a viagem ao Vietnã fizeram com que toda a atenção se voltasse para Brown como nunca antes. Durante os meses de junho e julho, seu rosto estampou as capas das revistas – *Jet, Tan, R'N'B World, Jazz & Pop* e *Soul Illustrated* – e também teve destaque na *Newsweek*, no *New York Times, New York, Look* e na revista de *jazz, Downbeat*. Talvez, as reportagens foram editadas por seu prestígio, mas os fatos também chamavam a atenção: durante o ano de 1968, a revista *Rock'N'Roll Songs* publicou que tinha 31 anos de idade, a *Afro American* declarou que estava com 34 anos e o *Village Voice* lhe deu 38 anos. Sem dúvida, um caso comum entre as celebridades. Seu bolo de aniversário naquele mês de maio tinha 35 velas. Brown era um convidado assíduo de programas de TV como o *Tonight*, de Johnny Carson, o programa matutino da NBC-TV, o *Today Show*, além de duas aparições no *Merv Griffin Show*. O segundo programa de Griffin foi gravado ao ar livre na rua 115, no Harlem, com uma estimativa de 10 mil jovens nas janelas de seus apartamentos, no topo dos prédios e nas ruas. A ABC chegou inclusive a reprisar o *Ski Party* por causa da baixa audiência que recebeu em função do show.

Para divulgar a exibição de 9 de junho de *James Brown Man-To-Man*, um especial de uma hora produzido por David Wolper para a *Metromedia*, o *New York Times* publicou um artigo de Albert Goldman, que ficou posteriormente mais conhecido por criticar com veemência Elvis Presley e John Lennon. O especial mostrou Brown apresentando-se no Apollo no mês de março e também caminhando nas ruas do Harlem e Watts a discutir as questões da época. O programa foi elogiado pela *Variety* e posteriormente emprestado para outras 20 afiliadas da TV depois da transmissão das cinco filiais da *Metromedia*. "Vamos falar de seu Poder negro", começou Goldman. "Vejam esse tal de James Brown, senhores". Para os brancos, insistiu, Brown ainda era "um gemido excêntrico, um grito sem sintonia". Para os negros, "ele é o cara". Em uma linguagem atual, Goldman lembrou-se da ação de Brown ao acalmar os tumultos quase da mesma forma que a Bíblia mostra Cristo acalmando as tempestades sobre o Mar da Galileia. Esse era um "felino com um semblante altivo, uma voz rouca, uma variedade de melodias com sons diferentes e um estilo que não é nada novo para os shows de vaudeville dos negros", declarou Goldman. "Entretanto, é aí que vemos a genialidade de James Brown. Ele é o maior demagogo na história do mundo artístico dos negros." Próximo do fim, o artigo colorido e afirmativo insistiu dizendo que "ele nos ensina o significado da frase 'o preto é belo'". Depois de um mês, Brown estava ensinando outra frase ao mundo.

A canção "Say It Loud – I'm Black And I'm Proud" [Diga em Voz Alta – Sou Negro E Tenho Orgulho Disso] foi gravada em Los Angeles no dia 7 de agosto de 1968 e lançada menos de duas semanas depois. Algo muito rápido para os padrões de velocidade do fim da década de 1960. "Brown dá seu recado com uma batida firme e sólida", disse a *Billboard*, "e deverá obter vendas incríveis nos mercados de música popular e R&B". O disco vendeu 750 mil cópias nas duas primeiras semanas e conquistou a primeira posição de R&B e a décima de música pop. Mas o impacto foi mais profundo do que as boas colocações nas paradas. Brown não se metamorfoseou da noite para o dia de pária dos militantes negros para porta-voz oficial do entretenimento, mas o *slogan* simples e eficaz, recitado por jovens por todos os cantos, deu voz e direção às exigências dos negros por educação e igualdade de oportunidades. Combinou bem com os punhos cerrados. "No que diz respeito ao homem negro, ele ainda sequer nasceu, porque um homem só passa a existir depois que adquire seus direitos (...). Não me torne igual a você, não posso viver da mera igualdade. Mesmo que ainda não esteja preparado, permita-me ingressar em uma faculdade", ele aconselhou à *Newsweek* antes do lançamento do disco. "Nós precisamos de liderança, precisamos de educação, precisamos de esperança." "Esse é mais que um disco," explicou à *R'N'B World*. "É difícil para um homem sentir-se inteiro se não puder se orgulhar de si mesmo."

É claro que alguns comentaristas consideraram "Say It Aloud" um toque de clarineta para as defesas e sugeriram que Brown, o Pacificador, estivesse incitando a desordem. "Não entendo como eles podem se mostrar tão desconhecedores da língua inglesa. Basta prestar atenção no que eu dizia", ele comentou muito tempo depois. "Eu nunca disse nada sobre destruir qualquer coisa. Minha ideia era estimular a construção do caráter e dos princípios, mas acho que os ignorantes pensaram que eu dizia 'Olhe para o seu lado ruim'. Eu digo: 'Olhe para o seu lado astuto'. O que quero dizer é que vocês estão juntos, é fato que vocês podem superar tudo sem a ajuda de ninguém. E eles preferiram outro caminho e deixaram-se levar pelo orgulho e pela ira. Deixaram-se tomar pela raiva." No entanto, decidiu por um corte de cabelo em um estilo mais natural. "Bem, cortei meu cabelo durante a década de 1960 por causa de um movimento que tentava impedir algumas das implicações raciais. Eu tinha cabelos longos e decidi cortar, e muitos de meus amigos ficaram zangados durante todo o tempo que o cabelo demorou para voltar a crescer."

Nessa época, Bob Patton juntou-se à organização de James Brown na função de promotor de discos. Nascido na Geórgia, mas criado em Ohio, Patton fora *disc jockey*, função que o levava a encontrar com Brown de vez em quando. Certo dia, em sua estação de rádio, a WDAO, em Dayton, Ohio, Bob recebeu uma ligação do cantor. "Trabalhe para mim", disse Brown. Entre 1965 e 1968, Patton trabalhou para ambos, até que a estação avisou-o para que escolhesse um ou outro. Ele ganhava 30 mil dólares por ano com Brown e 18 mil dólares com a estação, uma escolha fácil de ser feita. "Quando viajei pela primeira vez em uma turnê para promover os discos de James, saí uma semana com 'America Is My Home' e voltei duas semanas depois com 'Say It Loud', 'I'm Black And I'm Proud', e conseguimos promover as duas canções na maioria das estações de rádio dos negros e em algumas dos brancos também. Algumas pessoas não aprovaram 'Say It Loud' logo de início. E aquele foi o momento certo para tornarmos Brown um artista 'negro'. Antes disso, ele era considerado apenas um cantor de R&B."

"O que Brown na verdade dizia era que 'Se você é negro, tenha orgulho disso, exatamente da mesma forma que se você é branco, orgulhe-se disso também'. O disco diz para levantar a cabeça e se orgulhar de quem você é, porque assim você pode sorrir e conversar com qualquer pessoa. Essa era a sua lógica e, sem dúvida, uma filosofia muito boa, eu pensava. Infelizmente, Rap Brown e todos aqueles militantes a escolheram como sua marcha, e as pessoas começaram a achar que era apenas uma música de militantes."

Patton confirmou a história das ameaças de morte feitas ao cantor, supostamente por militantes, na autobiografia de Brown – uma granada de mão deixada em frente à porta do quarto de seu hotel. Na noite seguinte,

Patton aconselhou: "Brown, deixe de cantar 'Say It Loud'". Em outro momento, "estávamos tocando em New Haven e os muçulmanos vieram para o show. Foi nessa época que os muçulmanos começaram a exigir sua participação. Na realidade, Charles Bobbit [um gerente de James Brown] era muçulmano naquela época. Ele e eu estávamos começando a nos entender porque ele ficou sabendo que, embora tivesse sido criado de determinada maneira, eu era o cara que daria um jeito de conseguir o que precisávamos, ou seja, as datas para os shows e a quantia certa de dinheiro pelo trabalho. Os *disc jockeys* ficavam contentes quando eu estava na cidade. Na verdade, eu cuido dos negócios e faço tudo dar certo. A mesma coisa acontecia com Allan [Leeds]".

"Aqueles muçulmanos voltaram ao palco e quiseram saber por que não puderam promover o show. Então, James examinou-os e disse: 'Eu adoraria deixar vocês promoverem, mas meu gerente não me deixaria fazer isso'. O sr. Bobbit e eu estávamos ali por perto conversando e James apontou na nossa direção. Assim, fui eu quem levou a culpa por aquilo. James saiu da sala." Patton e os muçulmanos se sentaram e fizeram um acordo para o próximo compromisso em New Haven para depois de quatro meses. "Nós voltamos e ganhamos ainda mais dinheiro, tivemos mais lucro, mas eu resolvi as coisas com eles como uma negociação e todos ficaram satisfeitos com o resultado. No entanto, eu disse: 'Não vamos lhe oferecer nenhuma caridade. Não há razão para que um homem negro sofra por causa de organizações de negros. Ele começou na pobreza, e não tem que voltar para a pobreza para trabalhar com grupos que não ajudarão ninguém. Eu quero ver as campanhas que vocês começaram, com as quais vão ajudar as pessoas.'"

"Fizemos o mesmo tipo de acordo com os Panthers em Los Angeles. A KGFJ não tocava nossos discos porque eles queriam 50% do show. Então, James me mandou ir até a matriz da Panther em Watts, e eu conversei com Rap Brown e Huey Lewis. Eu sou de Ohio e não era esperto o suficiente para saber que isso não era algo bom. Entretanto, cheguei lá com meu terno de três peças e eles sabiam que eu só podia ser um cafetão, um gângster ou algo assim. Foi pouco depois dos tumultos e eles sabiam que eu chegaria. James telefonara para avisar. Quando entrei pela porta, disseram: 'Sr. Patton, como vai o senhor?' Eu me sentei e falei sobre o problema da estação não tocar os discos. Eu disse: 'Faremos um show para vocês. Podemos lhes oferecer 20% da renda do show, 5% em dinheiro e 15% em campanhas de alimentos para qualquer pessoa que vocês indiquem, desde que a comida chegue até essas pessoas'. Olharam para mim e disseram: 'Bem, por que você simplesmente não nos dá os 20%?'Eu respondi: 'Porque quero mostrar a todos que vocês fazem coisas boas'. Firmamos o acordo e, depois de uma hora, os Panthers já tinham uma fila ao redor da KGFJ. Quinze ou 20 minutos depois, aquela já parecia mais uma das estações de rádio de James Brown. Vendemos todos os ingressos, algo entre 10 e 12 mil, e ainda conseguimos realizar a campanha dos alimentos."

Um ano antes, o The Beatles tinha começado a dizer para o mundo "All You Need Is Love", mas não foi muito grande o número de negros que acreditaram na letra dessa música. Eles continuavam ouvindo Brown, e mais pessoas logo aderiram ao refrão. Canções de conscientização negra não eram nenhuma novidade, já que a música vibrante de Curtis Mayfield, "We're A Winner", foi lançada em janeiro de 1968 e, depois de "Say It Loud", conseguiu mais um sucesso com "This Is My Country". No fim de 1968, até mesmo a Motown reagira ao se referir a uma questão das famílias de negros na música "Love Child", do The Supremes. As músicas "Wake Up" "(Nothing Comes To A Sleeper But A Dream)", de Larry Williams com a Venture, na King, e "How You Gonna Get Respect (When You Haven't Cut Your Process Yet)", de Hank Ballard, deram sua própria contribuição para firmar a mensagem.

"Say It Loud" foi marcante por causa de uma outra mudança. Tim Drummond, o baixista branco da banda, contraíra hepatite no Vietnã e teve de ser substituído. "Quando me juntei ao grupo", disse "Sweet" Charles Sherrell, "fui, na verdade, contratado como baterista. Então, James descobriu que eu sabia tocar outros instrumentos". Quando Drummond ficou doente, Sherrell assumiu o lugar. "A primeira gravação da qual realmente participei foi "Say It Loud" – "I'm Black And I'm Proud". Editamos a música na Califórnia, por volta das cinco horas da manhã." Outro recrutamento bastante importante naquele momento foi o do trombonista definitivo de James Brown, Fred Wesley, da cidade de Mobile, Alabama, lar do baterista John Starks. Wesley, um homem alegre, era outro músico frustrado de *jazz* que cedeu à sensação do funk. Um bom cozinheiro, apesar de tudo, e a medida, cada vez maior, de sua barriga ao longo dos anos sugere que desfrutava à larga de seus dotes culinários.

No período entre a gravação e o lançamento de "Say It Loud", no dia 12 de agosto, Ben Bart faleceu em decorrência de um ataque cardíaco enquanto jogava golfe com Jack, seu filho, em um campo de Long Island. Brown e seu empresário tiveram desentendimentos e, uma vez, por um curto período, cortaram relações comerciais, mas o cantor nunca deixou de reconhecer a dívida que tinha com Bart. "Eu passava por um período de transição, pois era o líder e o sr. Bart e eu não estávamos com problemas", comentou sobre um período pouco antes da morte de seu empresário. "Ele disse: 'Você vai viver mais que todos eles, James'. Respondi: 'Por que você diz isso, Ben?', mas ele continuou: 'Porque você é inteligente.' Não entendi o que ele quiz dizer, mas sei que estava dizendo que eu sabia fazer as coisas, sabia como planejar os meus passos. Eu sabia quando não devia discutir, divergir de alguém, ou quando algo já havia sido decidido, esquecer e partir para a próxima."

Jack Bart assumiu o reinado. No início, a relação não fora tão amigável entre eles como havia sido entre o seu pai e Brown. "Nos primeiros três ou quatro anos, James e eu brigamos muito, o tempo todo, tínhamos inúmeras diferenças e vivíamos batendo boca. Fiquei sem falar com ele por um tempo porque eu era jovem e me achava o dono do mundo, e que poderia fazer tudo o que eu quisesse. Mas James, de certo modo, parece que era como eu. E ele era o artista, e até acho que ele tinha mais direito de agir daquele modo do que eu."

"No entanto, com o passar dos anos, começamos a nos entender e passamos a demonstrar um respeito mútuo. Percebi também que nossas discussões tornaram-se cada vez menos frequentes e acabei aprendendo algumas coisas com aquele homem – não que eu fosse admitir aquilo e correr até ele e dizer: 'Sim, você está certo, eu estou errado'. Mas, no fundo, eu sabia que o homem tinha boas qualidades e que realmente entendia dos negócios, não somente como artista, mas também como empresário. Ele era muito inteligente. E, com o passar dos anos, acabamos nos aproximando mais. Disse que, quase tudo o que sabia, meu pai é quem tinha ensinado. Então, como que por destino, o que aprendi com James Brown na realidade era meu pai me ensinando por intermédio dele."

Após a morte de Syd Nathan e de uma aposta malsucedida na compra da gravadora, que sobrevivera por meia década somente em função de seus sucessos, Brown foi forçado a ceder e assistir a King Records passar de mão em mão pelo resto do ano. Hal Neely já trabalhava com a King desde 1958 e, na posição de vice-presidente, sempre fora um excelente apaziguador entre o trem expresso impetuoso que era James Brown e a estação terminal implacável chamada Nathan. Ele escreveu as observações na capa do *Live At The Apollo*, tentou comprar a parte de Nathan na empresa no início da década de 1960, pouco antes de Brown assinar com a Smash, e em outubro de 1964, tornou-se vice-presidente e diretor geral da Starday. Com a morte de Nathan, teve a opção de comprar a King e, no dia 1º de outubro de 1968, a Starday realizou a compra da King e de suas empresas de divulgação. Neely tornou-se presidente da Starday-King. Pouco mais de um mês depois, no dia 10 de novembro, a emissora LIN, proprietária de uma série de estações de rádio, comprou a Starday-King e, em 1969, mudou a matriz da empresa de Nashville para a Cidade de Nova York. Neely continuou morando em Nashville, mas não ficou satisfeito com o acordo e comprou de volta o patrimônio musical que vendera para a LIN, cujo contrato permitia que assim o fizesse, sendo que agora ele passava a deter as obras passadas e presentes de Brown e o seu próprio contrato de gravações e serviços (isto é, suas futuras gravações), programadas para acontecer na década seguinte. Os conselheiros de Brown começaram a lhe vender a ideia de mudar-se para uma nova empresa, a Polydor, uma gravadora alemã forte na Europa (ela já distribuía os discos da King na Inglaterra e na Alemanha) e propensa a entrar nos Estados Unidos. Ele não era um comprador muito disposto.

Uma terceira morte, entre a de Nathan e a de Bart, fez com que Brown se sentisse tão triste quanto às outras. Little Willie John, o cantor em evidência quando Brown estreou no Apollo em abril de 1959, faleceu na Penitenciária Estadual de Washington no dia 26 de maio de 1968. Dois anos antes, ele fora condenado por homicídio culposo após esfaquear um agente ferroviário em uma briga numa lanchonete em Seattle. Um talento precoce com uma voz aguda e cheia de sentimento, Little Willie John já se apresentava nos palcos desde os 11 anos de idade e, aos 14, cantou com Count Basie. Ele assinara contrato com a King um ano antes de Brown, e os dois, com Hank Ballard, foram os responsáveis pelo ganha-pão da gravadora durante o fim da década de 1950 e início da década de 1960. Os sucessos se esgotaram depois de 1961 e o restante de sua família refletiu a tristeza insuportável das suas canções. Passou a beber com frequência, sempre ostentando facas e um revólver. Sua carreira saiu totalmente dos trilhos até o dia em que esfaqueou sua vítima. Brown gravou o comovente álbum de tributo *Thinking About Little Willie John And A Few Nice Things*, lançado nos dias anteriores ao Natal de 1968, com o LP *A Soulful Christmas* (seu oitavo álbum do ano) e três *singles* de Natal incluindo *Santa Claus Goes Straight To The Ghetto* e *Let's Unite The Whole World At Christmas*. Foram muitos lançamentos, mas depois de *Say It Loud*, seus discos de 1968, sem dúvida alguma, não causaram nenhuma controvérsia importante. A sequência imediata, "Goodbye My Love", foi o primeiro *single* na versão de balada *soul* em dois anos e já estava engavetado desde setembro de 1967.

Capítulo 10

Contudo, em pouco tempo ele voltou a trabalhar de novo com as batidas de *funk* mais pesadas como em "Give It Up Or Turnit A Loose", creditada a Charles Bobbit, que se juntou ao grupo na função de assistente pessoal em 1966 quando "Don't Be A Dropout" estava no auge, e gravada em Miami em outubro de 1968. A música foi um sucesso no mês de janeiro. A própria exigência rude de Brown "I Don't Want Nobody To Give Me Nothing (Open Up The Door I'll Get It Myself)" [Eu Não Quero Que Ninguém Me dê Nada (Abra a Porta que Eu Mesmo Pego)], gravada em Atlanta com um arranjo memoravelmente insistente do baixista Sweet Charles. Os locais onde os materiais foram editados dão indicações dos horários e do trabalho sempre extenuante que ele impunha a si mesmo e aos integrantes da banda. Duas vezes ao ano ao longo da costa oeste, uma passagem pela região sul, duas ou três temporadas no Apollo e grandes eventos em estádios – quase 40 mil pessoas em um concerto no Estádio dos Yankees em Nova York no mês de junho, 17 mil no Madison Square Garden com a Orquestra de Count Basie e o Trio de Ramsey Lewis para auxiliar. Com o título de *Black & Everybody's Proud*, essa incrível obra artística incluía Vivian Whitted, a atual Miss Harlem, que leu um poema e que, segundo as palavras da revista *Soul*, fora "um espetáculo de modelos representando os diversos tipos de belezas negras". "Eu sei de onde vim e sei quem me fez chegar aqui", disse Brown. "Sou um homem identificado comigo mesmo. Isso não é um protesto." Mais tarde, fez algumas apresentações avulsas com Basie, um furacão.

Parecia que todas as cidades que ele visitava agora tinham um prêmio de honra ao mérito ou uma citação a apresentar, com a maioria dos shows doando parte da renda para um fundo ou instituição de caridade local ou nacional. Todos os dias eram dias de James Brown. Ele aparecia em programas de jogos e brincadeiras na TV e filmou um piloto para uma minissérie. Em janeiro de 1969, ao passar por Hollywood em uma turnê pela costa oeste do país, fundou uma empresa de produção de filmes para gravar a história de sua vida. A data de início estava prevista para abril ou maio. No dia 1º de março, foram contratados cineastas das Produções Dick Clark para a realização do projeto, com o início das filmagens marcado para maio ou junho. Depois de um mês, as negociações foram interrompidas e adiadas, sem data para serem retomadas. No entanto, suas produções de outros números – em especial, um dueto com Marva Whitney em "You've Got To Have A Job" e alguns trabalhos instrumentais de "Pee Wee" Ellis – foram tão bem-sucedidas quanto as outras façanhas de Brown, além de igualmente vendáveis.

Depois de um ano tão movimentado como 1968 – desviando-se totalmente do triunfo dos grandes shows e dos incríveis sucessos diante dos falecimentos de King, Bart, Nathan e John, ameaças, insultos e disputas de militantes negros, homenagens e buquês de instituições de caridade de negros, citações de cidades que ele ajudou a livrar dos ataques de violência, agradecimentos e comendas de políticos de todos os naipes – Brown atendeu ao chamado da tranquilidade rural e decidiu que Nova York não era mais, de fato, um lar para ele e voltou a morar em Augusta, Geórgia. Decidiu fazer as pazes com Deidre. Alcançar a casa dos 40 anos mexe com o íntimo de muita gente. Mas havia outros motivos. Contou à *R'N'B World* que as pessoas no Norte do país pareciam ser boas, mas você nunca conseguia saber com certeza em que pensavam. Já no sul, você sabia em que as pessoas estavam pensando, mesmo que seus pensamentos só incluíssem coisas ruins.

Entretanto, você raramente sabia no que James Brown estava pensando. Depois de apoiar Humphrey para a corrida presidencial, ele deixou o barco quase no mesmo momento em que recebeu o convite para encabeçar o baile inaugural de Richard Nixon em janeiro de 1969. O Irmão Nº Um do *Soul* enfrentava agora sérios problemas com as organizações de militância dos negros. "Fui pedir [a Nixon] para criar um feriado nacional em homenagem a Martin Luther King e eu disse a ele que havia muito desconforto no ar e que aquilo se devia à falta de reconhecimento. E eu acreditava que, se oferecessem um feriado em honra a Martin Luther King, o gesto ajudaria a dissipar grande parte da tensão. Então ele contou que planejava algo ainda maior, que estava pensando em erguer um monumento." Brown confessou gostar de Nixon e que havia ganhado o respeito e a independência de Tricky Dicky. Bobby Byrd disse que o poder de atração da banda fora prejudicado de maneira tão violenta em função das afiliações de seu líder com as causas de Nixon, que eles foram, por fim, forçados a diminuir o número de ingressos dos shows, que antes aconteciam em amplos auditórios, e apresentarem-se em teatros e clubes menores. O apelo de Brown certamente não era mais o mesmo, entretanto, isso não aconteceu somente em função de suas afiliações políticas oscilantes. Assim como muitos outros artistas afro-americanos, ele começou a sofrer com a inconstância inerente do mercado da música pop. Para encurtar a história com uma interpretação mais simplista, os grandes festivais ao ar livre alcançaram seu apogeu com o grande show de Woodstock de 1969, quando o rock substituiu o *soul* e os gritos de "Manda ver JB" foram substituídos por "Sintonize, ligue e se desligue" ou "Diga em voz alta – Estou doido e eu (...) esqueci o que mais ia dizer. Ou quem eu sou". Os compradores de discos, estações de rádio, o mercado, todos seguiram a mesma onda.

Em julho de 1969, seu show encerrou o Festival de *Jazz* de Newport daquele ano e contou com a participação de devotos fervorosos do *swing*, *be-bop* e do *jazz* de qualidade como Jethro Tull, Led Zeppelin e Ten Years After. Qualquer pessoa que ouvisse uma nota de *jazz* desse time supostamente tinha conquistado um Grande Prêmio ou era direcionado até a barraca de atendimento da Cruz Vermelha. Na verdade, Brown estava gravando alguns trabalhos de *jazz* na época em parceria com o Dee Felice Trio na sucursal de Bethlehem da King, e o seu naipe de metais, que sabia muito bem tanto tocar *swing* quanto *funk*, também estava antenado para as exigências do *hard bop*. Certa vez, um homem sábio disse: "Quando estiver em dúvida, convide um homem para entrar por sua porta com uma melodia dançante na cabeça". Nesse caso, o homem atravessou uma porta rolante. Em 1969, James Brown lançou uma obra instrumental, "The Popcorn", seguida rapidamente de "Mother Popcorn", "Lowdown Popcorn" (outra música instrumental), "Let A Man Come In And Do The Popcorn" – "Part 1" e, pouco tempo depois, "Let A Man Come In And Do The Popcorn" – "Part 2". A onda da *popcorn* [pipoca] acabou logo em seguida, portanto, infelizmente, não houve uma gravação de "Christmas Popcorn", uma das grandes oportunidades perdidas da música pop, isso para não dizermos da "pipoca" pop. Todos são discos com excelentes músicas dançantes, com batidas extremamente ardentes, sincopadas e "cheias de energia", acentuando o lado positivo sem as exigências políticas óbvias de "Say It Loud, I Don't Want Nobody To Give Me Nothing" e outras. Ele tinha, assim disse, dispensado sua seção cordas na época "para chegar à essência da música *soul*." Na realidade, afirmou que o estilo tornara-se tão primitivo que esse era um dos motivos pelo qual decidira dispensar o diretor musical Nat Jones. "Eu faço 95% dos arranjos sem a ajuda de ninguém e tudo se encaixa perfeitamente. Cheguei a um ponto em que percebi que era capaz de fazer tudo sozinho."

Em comum com esses artefatos da Grande Explosão da "Pipoca" de 1969, seus outros sucessos naquele ano – "Soul Pride", "World" e a obra instrumental "Ain't It Funky Now" – eram provas de uma máquina voadora magnífica de uma banda com o próprio impulso íntegro e cada componente sintonizado por completo com o trabalho do outro e com a mente do propulsor. Ou talvez não. O simples fato de uma banda estar totalmente afinada em seus trabalhos não significa que ela seja uma banda feliz. Em março de 1970, enquanto celebrava outro sucesso, talvez não tão grande, com "Funky Drummer", e preparava-se para uma apresentação em um dos palcos na cidade de Columbus, Geórgia, a banda exigiu um aumento de salário e, segundo sua autobiografia, ameaçou Brown naquela noite. Se não lhes pagassem mais, não tocariam naquele show. Maceo disse: "Nós queríamos algumas mudanças e Brown não aceitou. Ele não quis mudar o conceito [de que] ele dominava tudo, de que aquilo resumia apenas seu estilo musical, seus compositores, tudo o que ele queria. E nós queríamos que as coisas mudassem. Ele não aceitou mudar e por isso partimos". Dinheiro ou controle, quaisquer que fossem as circunstâncias exatas da divisão do grupo, não havia como apostar qual seria o seu futuro.

Capítulo 11

James Brown, totalmente desamparado em Columbus, Geórgia, tinha um show para fazer e nenhuma banda para tocar. Felizmente, bandas, músicos, arranjadores e compositores ativos bastante familiarizados com os seus trabalhos mais recentes e sua última direção é o que não faltavam. Na parte mais íntima do sul, em Nova Orleans, as síncopes do The Meters surgiram a partir da base musical do estilo indígena da *Crescent City* [Cidade Crescente, como ainda é conhecido o lugar], mas esse jeito polirrítmico de tocar poderia se encaixar perfeitamente com a batida funk de Brown. De São Francisco, o primeiro sucesso de Sly & The Family Stone, as estrelas de Woodstock, deu ao funk uma infusão antecipada do populismo do rock e da melodia pop, sendo que o metal de base usado foi minado pelos sucessos de Brown. Os grandes sucessos de Sly – "Dance To The Music", "Everyday People", "Hot Fun In The Summertime" – espalharam-se pelas rádios exatamente ao mesmo tempo em que as letras de Brown começaram a usar sua própria experiência de vida na luta por controle e respeito, para falar de forma muito mais específica da experiência afro-americana de um modo geral. Até mesmo a Motown, o Som da América Jovem, ao se preparar para transferir as operações de Detroit para Los Angeles, levou o funk em sua bagagem graças às incríveis produções de Norman Whitfield. Já a caminho do fim da década de 1960, o trompetista definitivo do *jazz*, Miles Davis, estava em busca de uma nova chance, uma maneira de retornar ao mercado dos negros. De acordo com sua autobiografia, ele ouvia pouca coisa além de James Brown, Jimi Hendrix e Sly Stone. Ele gostava da maneira como Brown usava a guitarra, confessou. No início da década de 1970, sua preferência musical dividira-se mais entre Brown e Karlheinz Stockhausen. *On The Corner*, um álbum de 1972 universalmente vilipendiado por críticos de *jazz*, usou algumas das técnicas de Brown, em especial a dominância agressiva da batida e da improvisação longa e marcada de um acorde. Há poucas indicações de que o uso de Davis das técnicas do funk de Brown o tenha feito se restabelecer diante das plateias de negros, mas Herbie Hancock certamente ouviu o que Davis tentava fazer e, com grande ênfase na melodia, deu uma definição mais clara ao novo estilo *jazz-funk* do disco "Headhunters", de 1973.

Enquanto isso, de volta a Columbus, em março de 1970, Brown telefonara a Bobby Byrd nos estúdios da King e lhe dissera para colocar o The Pacesetters no primeiro voo. Uma banda local de Cincinnati, The Pacesetters, foi convidada pela King e pelo homem da A&R, Charles Spurling, que também era cantor e estava em busca de uma banda. O grupo foi até lá, ensaiou, editou algumas demos e um engenheiro de gravações os recomendou a outros artistas da King. "Logo depois disso", disse o baixista William "Bootsy" Collins, "estávamos gravando para todo mundo." Ao lado do jovem Bootsy – que mal havia completado 16 anos de idade quando o The Pacesetters começou a produzir alguns ruídos na King em 1968 – estava o guitarrista Phelps "Catfish" Collins, o irmão sete anos mais velho de Bootsy, e o baterista Frank "Kash" Waddy. Eles trabalharam pela primeira vez nos discos de Hank Ballard e Arthur Prysock, e então em uma sessão de Bill Doggett. Viajaram em companhia de cantores como Ballard, Erma Franklin e Chuck Jackson. Brown voltara a atenção para eles quando teve dificuldades com sua segunda equipe, o The Dapps, que ele dispensou e substituiu pelo The Pacesetters, que passou a ser chamado de The New Dapps. Segundo Bootsy, a primeira demo que o grupo editou foi "More Mess On My Thing" em setembro de 1969. Logo depois, os integrantes do The Pacesetters tornaram-se a mais nova banda de frente de James Brown, The New Breed. O nome não durou muito tempo; e viraram o The JBs.

Nem toda a orquestra deixara a trupe. Bobby Byrd voltou a se juntar ao grupo quando deixou seu emprego no estúdio e passou a cuidar dos teclados, o baterista John "Jabo" Starks tomou a sua posição. No entanto, os instrumentos de sopro – Maceo, Pee Wee, Fred Wesley, Richard "Kush" Griffith, Joe Davis e Eldee Williams – tinham se juntado com os guitarristas Jimmy Nolen e Alphonso "Country" Kellum e o baixista Sweet Charles. Os novos integrantes incluíam Bootsy e Catfish, além de um naipe de metais que contava com Clayton "Chicken" Gunnells e Darryl "Hasaan" Jamison (trompetes), e o saxofonista tenor Robert McCullough. De modo extraordinário, eles pegaram o jeito da coisa com facilidade e passaram a desenvolver coisas novas de maneira rápida e em um curto espaço de tempo. A primeira formação do The JBs permaneceu com o Homem Irmão Nº Um do *Soul* Que Mais Trabalhava No

Mundo Artístico por quase um ano, mas a infusão repentina de juventude e energia galvanizou o líder naquela época. Como consequência, ele oferecia aos músicos mais jovens reservas inesperadas de paciência que os integrantes de sua antiga orquestra teriam tido grande dificuldade de reconhecer. Conseguiu deixar para trás as politicagens da década de 1960 e "voltou a cantar e dançar e divertir as pessoas".

"Havia um cara com James, chamado Dave Matthews, que realmente me ajudou muito. Compôs muitos dos arranjos. Ele compunha estritamente para mim e para o meu irmão", explicou Bootsy, "além de eu sempre me apresentar com a atitude positiva de 'quero aprender a fazer isso'. Não conheço nada dos estúdios. Ele, sem dúvida, me ensinou muita coisa". Com Brown, a relação era "como a de pai e filho, principalmente comigo, pois eu nunca tivera a figura de um pai presente e porque ele sabia que eu era jovem e gostava daquilo". (O pai de William desapareceu logo depois de seu nascimento e deixou Nettie Collins sozinha para criar os dois filhos e uma filha, Brenda.) "Mas eu estava decidido a ouvir, aprender e absorver tudo o que ele pudesse me oferecer porque, afinal, ele era o número um."

Sem dúvida ele era, assim como o The JBs, que praticamente tinha acabado de começar. No espaço de tempo de um ano, a nova linhagem conseguiu revigorar a música de Brown – acelerando o processo de deixar um som baseado nos instrumentos de sopro para um *funk* mais dominado pelas guitarras, de volta à predominância fundamental do ritmo. Naquele ano, ele gravou uma sequência extraordinária de melodias de sucesso que incluíam "Get Up (I Feel Like Being A)" "Sex Machine", "Super Bad, Talkin' Loud & Sayin' Nothin, Soul Power" e "Get Up, Get Into It And Get Involved".

Sex Machine não era de forma alguma um sucesso inteiramente novo, mas uma versão dramaticamente repaginada de "Give It Up or Turnit A Loose" depois que os integrantes do The New Breed começaram a brincar com a música, cujos créditos acabaram ficando em nome de Charles Bobbit. (Uma das maneiras por meio das quais Brown superou as dificuldades com a Receita Federal foi com a prática de creditar totalmente suas canções aos integrantes de sua equipe ou de sua família, que dificilmente o ajudaria a compor uma música, reduzindo assim a renda que poderia ser declarada à Receita.) "Sex Machine" dá à batida de "Give It Up" um vigor, energia e imediação extra para acompanhar a urgência da linguagem de rua. Apesar dos novos arranjos mais voltados para a parte rítmica, Brown tocava um solo mais abafado no piano em "Give It Up" e sua voz recebe um contraponto coloquial da parte vocal de Bobby Byrd. "Estávamos em uma apresentação em Nashville, Tennessee", explicou Brown, "e eu compus "Sex Machine" porque estávamos dizendo 'Levante-se, venha, levante-se'. Estávamos trabalhando em um improviso e vi pessoas reagindo ao comando e, então, voltamos e eu escrevi a letra da música na parte de trás de um de nossos pôsteres. Terminamos os shows em Nashville, fizemos as malas rápido, fomos para o estúdio e gravamos "Sex Machine" naquela mesma noite, pois essa era a melhor hora para se gravar. Quando terminávamos de tocar em um espetáculo local, era fácil irmos direto para casa e então fazermos uma sessão e repassar a música milhares de vezes com mais qualidade do que se tivéssemos de ir para o estúdio e nos aquecermos para gravar algo." (Em sua autobiografia, Brown contou que gravou a maior parte do álbum *Sex Machine* no Auditório Bell, em Augusta, mas que a canção em si foi gravada nos estúdios Starday-King em Nashville.)

"Eu [em *Sex Machine*] não tinha como fazer com que meus companheiros tocassem os acordes que eu queria usar porque eram rápidos demais. Não era possível fazer um baixista tocar aquele tipo de coisa por muito tempo porque eles simplesmente não tinham aquele conceito instrumental. Um guitarrista tinha de saber tocar aqueles acordes e o baixista podia apenas fazer o acompanhamento básico. Então, Bootsy surgiu e conseguia acompanhar aqueles acordes, então consegui colocar todas aquelas ideias mais rápidas em prática."

Por causa dos anos mais tranquilos, Brown agiu de modo menos ditatorial no início. Havia um número menor de multas, se é que alguma delas era aplicada, para os integrantes mais novos da banda, embora o trabalho fosse tão minuciosamente detalhado quanto disciplinado e exaustivo. A orquestra conquistara o direito de tocar com certa liberdade musical – era assim que os materiais mais colaborativos das composições eram realizados nos ensaios e nas sessões de gravação – mas ele passou a agir de modo mais generoso com elogios no estúdio para os esforços da nova banda. As fitas das sessões estão repletas de suas palavras de estímulo.

Na estrada, porém, ele logo descobriu que o novo naipe de metais era menos hábil do que o baixista e o guitarrista. A princípio, ele usava músicos de trompete, saxofone e trombone nas turnês e, mais tarde, convenceu alguns dos veteranos de guerra mais inflexíveis a colaborar com outras campanhas. Fred Wesley foi trazido de volta como diretor musical para reorganizar a seção dos metais, o saxofonista St. Clair Pinckney, que estivera presente no *Live At The Apollo* uma década antes, e o baterista Clyde Stubblefield também voltou ao grupo.

Eles estavam mais acostumados com as severidades impostas pelas intermináveis viagens de ônibus em que cada um deles ocupava um assento individual.

Nos shows de 1971 e 1972, o baixista Bootsy manteve-se apaticamente calmo, apresentando aquelas bases sólidas de funk, impulsionando o ritmo e concentrado nos sinais de Brown. A guitarra de Phelps Collins se aproveitava de um pouco mais de espaço em um longo solo na passagem de "Brother Rapp – Ain't It Funky Now" – Fred, Bootsy e o próprio Brown, no órgão, também detonavam – durante a primeira metade do show. Seu desempenho na balada "Georgia" mesclava os ricos e os pobres. Próximo do fim, em seu esforço para alcançar uma nota mais alta, ele dançava para trás deixando o microfone e encerrando a estrofe com um grito aplaudido por uma salva de palmas da plateia. Jogava um beijo antes da estrofe seguinte e quando, no final da canção, ele perguntava: "Quero saber, estão todos se sentindo bem?", o "Siiim!" era enorme.

Depois que Vicki Anderson cantava em uma participação breve com aquela voz forte e expressiva, seu marido Bobby Byrd corria até o microfone: "Vocês estão prontos?!", ele gritava três vezes. E três vezes a resposta ressoava em um barulho ensurdecedor inteligível que se aproximava: "Siiiiiim!". "Senhoras e senhores, é a Hora da Estrela!". Na década de 1960, muitos números tentaram imitar essa introdução, mas ninguém teve sucesso em sua reprodução de forma parecida, com aquela intensidade crescente conforme cada nova estrofe intercalavase com o alarde da banda, ecoado pelos gritos da plateia. "O homem que cantava 'Try Me'... 'Black And Proud'!... 'Let A Man Come In'! ... 'Ain't It Funky Now'! ... 'It's A New Day'! ... Então deixemos o *Brother Rapp!* ... Enquanto fazemos a "Sex Machine"!... Eu disse, enquanto nós fazemos a "Sex Machine"!... porque temos o *Soul Power!*... Nós conseguimos *Get Up, Get Into It and Get Involved!*... Senhoras e senhores, ele está aqui. O maior artista do mundo. O sr. Please, Please em pessoa. O Homem Que Mais Trabalha, Jaaaames Brown!"

Com uma explosão ruidosa de funk, Brown saltava para trás e deslizava diretamente do ritmo de "It's A New Day" para o ardor de "Bewildered", o desempenho de uma balada impiedosa que construía uma tensão insuportável e fazia a temperatura voltar ao normal logo em seguida como se baixassem a chama de uma lamparina. Quase sem perceber, lançavam-se para "There Was A Time" conforme Brown realizava alguns passos incrivelmente ligeiros e então, sobre uma perna só, parecia deslizar e planar sobre o palco como se estivesse usando meias em um piso muito bem polido. O The JBs parte para "Sex Machine", com um vigor renovado. Eles se aproximam da parte instrumental da música – com uma frase que Brown praticamente registrou como a marca para fazer com que a banda iniciasse as batidas de oito barras, ou qualquer passagem de ligação entre as estrofes da canção – na qual Byrd fazia uma pausa de seu recital incansável de *git on up!* [sacuda-se] e fazia um passo do *boogaloo* de sua própria criação. Nada mal, mas nada extraordinário o suficiente para fazer sombra ao líder. De volta aos versos, Phelps Collins fazia um longo solo de guitarra e ele, Brown e Bootsy dançavam como em um número de funk frenético até chegar ao fim da canção. Depois disso, uma miscelânea de sucessos das década de 1950 e 1960.

As apresentações de James Brown nos palcos, de 1969 a 1971, mostravam em si a maior parte dos movimentos individuais e do grupo que acabaram sendo copiados pela maioria dos grupos de *soul* e funk da próxima década e meia. Decerto, esse movimento realizado com os pés influenciou os principais artistas afro-americanos masculinos na maneira de se apresentarem sobre os palcos – o estilo de dança *Moonwalk* de Michael Jackson encaixa-se aqui, assim como o modo de Prince organizar suas bandas, ritmos e coreografias. No esquema de seus shows cada vez melhores, o número agora tinha mais dinâmica entre Brown e a multidão em seus estágios finais, onde anteriormente a plateia era simplesmente envolvida pela sequência e ritmo das músicas e na criação de uma energia pura e incansável.

O The JBs Mk1 aprendeu rápido e quando, na primavera de 1971, duas semanas após sua única turnê pela Europa, Brown anunciou que estava dispensando seus serviços, não houve qualquer forma de animosidade. Tudo acontecera de maneira peculiar – simbiose do mundo artístico. Bootsy: "Eu tinha 17 anos e era como se ele estivesse me dizendo para fazer uma determinada coisa e, quando você pega o embalo, é natural resistir de início. O funk, na verdade, envolve certa resistência. É como se disséssemos: 'Ei! Calma aí!' Além do mais, isso tudo aconteceu durante os dias de uma viagem difícil e a banda queria tomar a frente, e sempre havia alguém ali nos mandando 'esperar'. E nós já tínhamos a nossa banda montada e foi difícil para nós, a princípio [ficar em segundo plano], mas eu disse: 'Não, porque eu quero sair daqui, quero viajar com James Brown'. E assim, era pegar ou largar. Entenda, passávamos muito tempo no estúdio apenas tocando, e ele sabia que ficaríamos viajando e, por isso, muitas vezes sequer aparecia. Ele ficava lá na sala da engenharia de som nos assistindo e gravando enquanto brincávamos ali, entende? E quando menos esperávamos, lá estava nosso material tocando nas rádios! Era tudo muito natural."

"O que ele mais gostava de fazer conosco era chegar e iniciar algum ritmo e então esperava e via o que conseguíamos fazer a partir daquilo. Antes de irmos para a sala, ele dizia a cada um de nós qual seria a nossa parte, mas quando chegávamos lá, ele iniciava um ritmo e então ficava ouvindo e assistindo o que eu era capaz de criar com aquilo e, então, ouvia meu irmão e via o que ele conseguia criar e, de repente, ouvíamos a todos dizendo: 'Isso! É isso aí! Luzes! Câmeras! Ação!'." No entanto, apesar desse estilo de composições conjuntas, o que raramente era creditado ou recompensado com novas publicações, não houve ressentimentos com a separação, embora ainda haja discussões quanto ao fato de Brown ter dispensado os rapazes ou se foram eles que desistiram. "Como eu disse, nos dias mais difíceis, as bandas queriam ficar mais à frente e não mais dando apoio aos cantores", lembrou-se Bootsy. "Nós só queríamos ter uma chance justa porque sabíamos o que estávamos fazendo. Sabíamos que a banda era um grande sucesso e estávamos sempre juntos. Tudo o que eu tinha para dizer era: 'Nós temos que ir', e todo mundo sabia que tinha de ser assim."

Durante aquela turnê europeia de 1971, Brown e o The JBs avistaram garotas inglesas usando um item novo da moda – as *hot pants*. Os microshorts indicavam o caminho à frente de ambas as carreiras. Os ex-integrantes do The JBs deixaram os ternos formais da banda e tornaram-se o The House Guests. Uniforme: botas de cano longo, lenços no pescoço, *hot pants*; Música: *funk*. Naturalmente, conseguiram atrair muita atenção, inclusive a de Mallia Franklin, que os recomendou ao seu amigo George Clinton e foi mais tarde recompensada com um lugar no grupo Parlet. A Rubber Band de Bootsy também começava a despontar. Enquanto isso, Brown e Bobby Byrd estavam muito preocupados com os microshorts que ocasionalmente usavam nos palcos e, juntos, criaram uma música que dava uma resposta do início da década de 1970 para a minissaia da década de 1960. Durante a primeira metade da década de 1970, todas as letras risíveis como, por exemplo, "Hot Pants (She Got To Use What She Got To Get What She Wants)", ganhavam seu contraponto em uma sincera invectiva antidrogas ou uma exposição sóbria de determinado problema social. Ele passara a atacar algumas das posições que assumira e nunca de fato entendeu por quê. De maneira superficial, uma canção como "Hot Pants" é um olhar voyeurista malicioso, mas basta analisarmos mais de perto para percebermos a descrição de parte da vida de luta de uma mulher sem dinheiro para sobreviver, não que Brown pudesse de algum modo ser acusado de estar na vanguarda de um movimento político sexual progressivo.

Nem todos os integrantes do The JBs partiram. Quando "Hot Pants" foi gravada, os sobreviventes Fred Wesley, o diretor musical, St. Clair Pinckney (saxofone), o baterista "Jabo" Starks, o segundo guitarrista Hearlon "Cheese" Martin e o percussionista Johnny Griggs contavam agora com a ajuda do baixista Fred Thomas, o guitarrista Robert Coleman, Jimmy Parker (saxofone) e Jerome "Jasaan" Sanford e, mais tarde, Russell Crimes nos trompetes. Essa era a formação principal da banda que gravou os poucos sucessos seguintes. O rap "Escape-ism" deu à gravadora People, a empresa particular de Brown que lançava e distribuía seus produtos por intermédio da Starday-King, o seu primeiro grande sucesso em junho de 1971, e "Hot Pants" o fez voltar ao topo das paradas de R&B e figurar entre as 20 músicas pop Mais Pedidas. Entretanto, a pressão constante de seus conselheiros estimulou Brown a deixar a King e assinar com uma empresa europeia disposta a invadir o mercado americano.

Ele já trabalhava com as empresas formadas por Syd Nathan há 15 anos, quatro anos e meio na Federal e desde a metade de 1960 até a metade de 1971 com a King. Sua relação com Nathan fora quase totalmente antagônica. O dono da gravadora pode ter aprovado com prazer o resultado final dos balanços gerados pelos discos de Brown, mas jamais entendeu ou gostou de sua música. Desde "Please, Please, Please" até o projeto "Live At The Apollo" financiado pelo próprio Brown, Nathan não acreditou. No entanto, a segurança do cantor como conquistador de sucessos, o fato de que na década de 1960 ele era o único grande nome da King, convencera Nathan a deixar Brown ditar as próprias regras e escolher os próprios lançamentos. Isso, aliado à saúde débil de Nathan. Depois da morte do dono da gravadora, Brown continuou seguindo seu caminho. Na ocasião da morte de Nathan e ao menos mais uma vez depois disso, ele tentou comprar a King, mas encontrou uma forte resistência. Quando a gravadora foi vendida para a Starday e então para a Emissora Lin, ela deixou de ser uma pequena gravadora equivalente a todo o seu patrimônio e então ele decidiu esquecer o investimento. Se a relação com Nathan e a King fora espinhosa, o negócio seguinte foi, para Brown, uma descida ao inferno. A nova gravadora também não tinha bala na agulha para tanto.

O último contrato de cinco anos de Brown com a King fora assinado em 1966. Na época da assinatura, o documento garantia 78 mil dólares por ano pagáveis em parcelas de 1.500 dólares semanais por *royalty* de 5% de preço de varejo sugerido sobre 90% do líquido; um bônus igual a 40% do total de *royalties* sobre as vendas dos discos; dez mil discos grátis para a promoção de cada novo *single* e 500 álbuns promocionais, além de qualquer material extra com preços promocionais. Sua divulgação deveria acontecer por meio de diversas outras empresas. A Dynatone, onde possuía 50%, a King era dona da outra metade; a Golo, dividida em terços iguais entre ele, a King e Bud Hobgood; a Cri Ted, dividida ao meio entre a King e uma fiduciária criada para seu filho, Teddy Brown; e a Tan Soul, dividida em 45% para Brown e 45% para a King com os 10% restantes entregues a Nat Jones. Com uma renda extra considerável dos shows ao vivo, o que aumentou ainda mais durante esse período, e também dos contratos de produção com outros artistas realizados pela The James Brown Productions, ele não estava nem um pouco mal amparado.

Sua estrutura empresarial fora alterada ao longo dos anos. Ben Bart, cada vez mais doente, decidira mudar-se para uma casa flutuante em Miami de onde atuava como consultor. Após sua morte, e o retorno de Brown à Geórgia, Greg Moses ficou responsável pelo trabalho de orientação e Charles Bobbit, o ex-auxiliar, tornou-se o gerente geral. Bob Patton e Buddy Nolan continuaram a cuidar das reservas de shows e Alan Leeds passou a desempenhar a função de assistente para cuidar da publicidade, mais tarde vindo a trabalhar como diretor de turnês e gerente de reservas. Bud Hobgood, que recebeu o crédito de parceiro na composição de "Get It Together", "Let Yourself Go" e a sua extensão, "There Was A Time", cuidava das coisas no estúdio, mas ele morreu em setembro de 1970, após uma hemorragia cerebral quando estava com apenas 34 anos de idade.

Em julho de 1971, Brown anunciou que um contrato de cinco anos com a Polydor Records fora assinado. A empresa alemã havia se firmado na América em 1969, mas sem nenhum grande sucesso. Conseguir o contrato com o maior e mais importante artista negro da época lhes garantiria uma presença participativa no mercado. (A Polydor mais tarde compraria a Mercury e, assim, passou a ter acesso aos materiais que Brown tinha em parceria com a Smash.) Seu advogado, Jack Pearl, e Hal Neely, ex-presidente da Starday-King, ambos estimularam Brown a assinar com a Polydor, que já trabalhava com seus discos em muitos territórios fora dos Estados Unidos. Em sua autobiografia, Brown afirma que ele achava que estar assinando com uma empresa de propriedade de Julian e Roy Rifkin, sem perceber que eles tinham apenas um acordo de produção com a Polydor. No término, ele ficou satisfeito com o acordo "bastante favorável" elaborado por Neely, que incluía um grande adiantamento e um bom nível de autonomia – seus próprios escritórios, controle artístico – dentro da estrutura corporativa.

Quando o contrato foi anunciado, ele tinha dois *singles* da People nas paradas americanas – "Hot Pants" e "Escape-ism" – que seriam utilizados futuramente nos álbuns com a Polydor. Brown tinha planos de celebrar naquele mesmo mês o nono aniversário do "Live At The Apollo" com uma nova visita ao teatro do Harlem para gravar "Revolution Of The Mind" – "Live At The Apollo", *Volume III*. De modo geral, o novo contrato era benéfico de todas as formas. A Polydor conseguiu um fluxo consistente de sucessos americanos – os primeiros nove *singles* de Brown com eles despontaram entre as 100 Mais Pedidas, mas a posição mais alta no topo dos gráficos chegou somente à 18ª posição (com "Get On The Good Foot", em julho de 1972), embora seu prestígio nas paradas de R&B não tenha diminuído com "Good Foot", *Make It Funky*, seu primeiro lançamento com a Polydor, e *Talkin' Loud & Sayin' Nothing*, que alcançou a primeira colocação e "I Got A Bag Of My Own" (3ª posição), "There It Is" (4ª posição), "King Heroin" (6ª posição), "I'm A Greedy Man e Honky Tonk" (ambas na 7ª posição) com um número excelente de vendas. No período entre o verão de 1971 até o inverno de 1972, Brown ofereceu à Polydor 10 sucessos consecutivos de R&B que figuraram entre as Dez Mais. Um dueto, "What My Baby Needs Now", com a nova cantora Lyn Collins foi, segundo ele, um sucesso moderado. O Irmão Nº Um do *Soul* logo se tornaria o Padrinho do *Soul* com um apoio muito mais forte de uma grande corporação. Do modo como ele viu, não é o que estava acontecendo. Se esse fosse o caso, ponderou, suas músicas teriam tido uma participação muito maior no mercado pop.

Vale a pena analisar os sucessos de R&B que alcançaram a primeira posição nas paradas americanas de música pop em 1971 e 1972. Todos eles, com exceção de três, eram baladas ou de melodia suave. "Just My Imagination" do The Temptations, "Family Affair" do Sly & The Family Stone, "Let's Stay Together" de Al Green, "The First Time Ever I Saw Your Face" de Roberta Flack, "Oh Girl" do The Chi-Lites, "Lean On Me" de Bill Withers, "Ben" de Michael Jackson, a novidade de Chuck Berry com "My Ding-A-Ling", que fora apenas um pequeno sucesso de R&B, "I Can See Clearly Now" de Johnny Nash e "Me & Mrs. Jones" de Billy Paul. Dentre os sucessos de estilo mais acelerado, a música "Shaft" de Hayes, foi um tema de filme que conseguiu uma exposição extra muito além do orçamento promocional de qualquer outra gravadora. Isso tudo fez com que as músicas "I'll Take You There"

Capítulo 11

do The Staples Singers e "Papa Was A Rolling Stone" do The Temptations, os dois únicos sucessos de R&B com uma base agressivamente rítmica se promovessem com maior intensidade em dois anos. Os álbuns do The Jackson 5 eram os mais procurados pelos compradores de discos mais jovens, e os álbuns mais maduros de Marvin Gaye (*What's Going On*) e de Stevie Wonder (*Music Of My Mind*, *Talking Book*) conferiam à Motown uma imagem moderna e mais prestativa, bandas de R&B experimentavam novidades, com solos de guitarras baseados nos de Hendrix em um contexto funk – em especial, o *Funkadelic* de George Clinton, que em pouco tempo receberia o apoio de Bootsy, Phelps Collins e dos Isley Brothers do período pós-Motown em sua própria gravadora, a T-Neck. A Philadelphia International desenvolvia um *soul* orquestrado, Isaac Hayes e Curtis Mayfield iniciavam a nova prática da música negra nos filmes, Al Green, da igreja do sul, e Barry White, da tribuna do condutor da orquestra, estabeleciam-se como os novos tipos de homens do "amor" do *soul*.

Esses tempos de mudanças não prejudicaram as vendas de Brown. Ele sempre fora uma lei para si próprio e, desde *Out Of Sight* de 1964, um formador de opinião, e não um seguidor de costumes. Havia algumas grandes promessas de sucesso na maleta do papai. No entanto, o ritmo de sua vida, desde 1956, sempre fora de um desempenho incansável e fenomenal com um hábito de apresentações exaustivas sobre os palcos, ensaios incessantes, uma necessidade desumana de compor e gravar discos de sucesso no intuito de manter as rodas do negócio em constante movimento, além de viagens e turnês intermináveis. A incapacidade da Polydor de transformar seus sucessos de R&B em sucessos pop de prestígio semelhante rapidamente causou raiva e indignação, e ficou preocupado com a chance de a empresa não conhecer nada a respeito do mercado dos negros, uma preocupação legítima. Ele manteve a empresa de Syd Nathan em boas condições, praticamente sozinho, desde o início da década de 1960, e reinou como o rei indiscutível da King desde 1965. Agora, esperava ter controle e respeito semelhantes na Polydor, apenas com um retorno financeiro melhor, afinal, aquela era uma operação maior. Eles ganhavam credibilidade imediata nas ruas; ele mais dinheiro, uma presença internacional maior e uma liberdade artística contínua. Pelo fato de eles não conhecerem o mercado dos negros, Brown manteve Bob Patton como seu homem encarregado da promoção dos discos. "Na década de 1960, quando [Brown] ficava zangado, dizia: 'Agora só falta eu ter de dirigir o ônibus! Tenho de fazer tudo sozinho, tenho de fazer tudo!' Na verdade, ele sabia como lidar com a equipe quando queria."

"Quando James me contratou, ele, na verdade, me fez ir até Miami e ficar com Ben Bart por um mês. Ben gostava de falar de negócios. Ele me deu uma lista de números de telefone, explicou com quem eu deveria falar e telefonou para algumas pessoas por mim. Naquela época, James ainda devia lhe pagar 10% de tudo o que ganhava. Ben estava cada vez mais doente naqueles dias e então faleceu não muito tempo depois." O primeiro emprego de Patton foi o de assistente de direção da programação da WRDW em Augusta, mas as queixas de outras estações de rádio locais fizeram com que sua licença fosse cancelada e, assim, Patton começou a viajar para promover os shows de Brown. Então, como a King não tinha uma equipe de promoção de discos, Patton foi até as estações de rádio. Ele também desempenhou a função de gerente de reservas de Brown.

"Nós traçávamos um percurso básico e então eu telefonava e tentava descobrir que locais estavam disponíveis e ia até lá para agendar os shows. Alan [Leeds] ou eu agendávamos 90% das aparições pessoais de James, e nós divulgávamos as datas nas cidades. Comprávamos os materiais promocionais, eu procurava os *disc jockeys* e os contratava para colarem pôsteres e gravar as inserções de rádio. Se fosse uma cidade pequena e não existisse uma estação totalmente dedicada aos negros, nós mesmos gravávamos as inserções. Alan e eu conhecíamos bem o trabalho nas rádios." [Leeds conheceu Brown em Richmond, Virginia, porque gostava de ver seus shows. Seu pai era gerente de uma loja de departamentos na cidade. "Alan era um garoto estranho, embora fosse judeu", disse Patton. "Em vez de ficar com o próprio grupo, gostava da companhia dos negros. Ele só namorava garotas negras e desde então já se casou com duas delas!"]

"Nós fizemos algo diferente no *Soul Bowl,* em Nova Orleans, em 1970. James e eu contratamos Ike & Tina Turner, tínhamos Pacific Gas & Electric, Junior Walker & The All Stars e Isaac Hayes como estrelas coadjuvantes. E Ike [Turner] odiava James. Eles não teriam aceitado o convite se não tivéssemos lhes oferecido pelo menos 12.500 dólares e eu decidi pagar 15 mil dólares. Isaac Hayes geralmente pedia 15 mil dólares e, por isso, paguei a ele 17.500 dólares. Nós ganhamos 500 mil dólares. James me daria 10%. Ganhei 500 dólares"

Não que Patton estivesse se saindo mal. "No final, acabei me tornando o Gerente de Reservas, Diretor Promocional e Gerente Geral ao mesmo tempo. Na verdade, quando ele foi para a Polydor, eu ainda tinha os mesmos títulos, só que também era o Diretor Nacional de Promoções dos produtos James Brown na Polydor, além de ser o Diretor de Promoções da King Records e, por isso, durante um tempo, ganhei quatro salários. E eu recebia de todos eles, menos de James Brown!" O cargo de Patton na Polydor foi um assunto delicado desde o início. "James insistia em ter alguém para promover o produto dele com exclusividade e começar a trabalhar com eles, e então, ao que tudo indica, os funcionários da Polydor é que ficariam responsáveis pela função. Foi um tanto estranha a maneira como fizeram as coisas. James me chamou para ir a Nova York e eu fui ao seu escritório." Jerry Schoenbaum, então presidente da Polydor, e Mike Betchy, seu diretor promocional, também estavam presentes. "James disse a eles: 'Embora vocês não saibam, uma das razões de "Hot Pants" estar sempre entre as 40 Mais Pedidas de todas as estações de rádio é Bob Patton. Ele é o responsável pelas minhas divulgações e o seu nome consta no contrato. Eu quero que ele promova os meus produtos com a sua equipe." Assim, James deixou a sala e Jerry e eu conversamos. Eu não acho que Jerry gostou muito de ter de trabalhar comigo daquela maneira. Então, ele chamou o diretor promocional e disse: "Mike, este é Bob Patton. A única coisa para a qual ele foi treinado é a mesma coisa que você faz, portanto, trabalhe com ele. Assim, vocês podem ter uma ideia de como tudo aconteceu".

De fato. Patton lembrou-se de quando saiu para divulgar o disco seguinte, *Make It Funky*, que também foi o primeiro lançamento da Polydor, e conseguiu apresentar a música na estação de rádio número 1 de Los Angeles, o que convenceu Denver, Detroit e Nova York a fazerem o mesmo. "Em uma semana, consegui fazer com que 40 das principais estações de rádio começassem a tocar o novo disco de James. Telefonei a Betchy que disse: 'Avise-me quando conseguir algo mais'. Eu argumentei: 'Espere um minuto, meu trabalho é dar o pontapé inicial, e em uma semana nós já estamos nas paradas de música negra e prontos para chegar às paradas de música pop'. Ele retrucou: 'Você não entende, James Brown é um artista negro'. Eles não pensavam em mesclar mercados em 1971. Eles jamais conseguiram compreender o potencial de James Brown como um artista para todos os públicos, mas sabiam que ele era uma lenda da música negra na década de 1960."

No intuito de desenharmos um cenário o mais detalhado possível de sua relação espinhosa com a nova gravadora, é essencial analisar as negociações como um todo. Isso significa irmos um pouco além da história de alguma forma, mas isso formará um pano de fundo bastante útil contra o qual seu iminente declínio artístico pode ser visto. Em abril de 1972, Brown enviou um memorando para a Polydor: "Para todos os brancos a quem possa interessar". "Maldição, eu estou cansado", dizia o início do memorando. "Tenho sentido essa coisa racista desde que estou aqui." As frases restantes continuavam a apresentar um ataque injurioso prolongado contra a equipe da empresa por seu racismo e incapacidade de entender ou vender a música negra. Apesar de estar sob as regras do novo contrato há menos de um ano, ele gostaria que alguma outra empresa comprasse seus direitos autorais. Todas as palavras escritas com letras maiúsculas; o tom era de indignação e raiva. A Polydor se queixara do número de pessoas que ele havia trazido para os negócios dele; e ele rebatia sugerindo que contratassem algumas pessoas negras então. "Parem de encher o meu saco", irritou-se. "Eu não sou um menino, sou um homem; para vocês, um homem negro", antes de concluir com alguns insultos racistas de sua própria natureza.

Cinco anos depois – meia década de declínio gradual e inexorável nas vendas, com exceção de um pequeno lampejo brilhante com a banda The Payback em 1974, que mais tarde apareceria novamente em sua história – ainda havia um bom grau de atrito. Nesse momento, a Polydor nada mais era que uma parte da empresa ainda maior PolyGram Record Group, cujo presidente era Irwin H. Steinberg. Em uma turnê nas bases militares americanas, um declínio por si só, ele achou tempo para telefonar ao chefe americano da Polydor, Eckart Schnabel, com reclamações a respeito da promoção e da disponibilidade ruim de seus discos, acusações de discriminação e uma ameaça de abrir um processo. Sua posição na Polydor estava bastante fragilizada. Havia mandados de restrição contra a James Brown Publications relativos às contas não pagas da Metromedia, Billboard Publications, Hertz Corporation e da KVC Inc., no total de quase 25 mil dólares. No fim de dezembro de 1976, a Polydor avaliou que os saldos não recebidos pagos a James Brown como artista, um empréstimo feito a ele e para a James Brown Productions, totalizava 1.514.154 dólares. Nenhuma das partes estava satisfeita com os problemas.

No fim de novembro de 1977, Brown enviou um telegrama para a Polydor de Augusta com a excelente notícia de que acabara de gravar um novo disco de sucesso e gostaria de receber 25 mil dólares para o Natal, assinando: "A guerra acabou, seu amigo". Os chefes da PolyGram insistiram que, sob nenhuma condição, o dinheiro deveria ser enviado. Na verdade, na metade do mês de janeiro de 1978, eles tomaram providências para aprender judicialmente o avião dele, uma ação que, como escreveu seu advogado, levaria seu cliente a fazer "tudo o que estivesse ao seu alcance para dificultar ao máximo a vida de vocês". No verão, a empresa encomendou uma auditoria informal dos negócios de Brown por (a) mudanças de gerenciamento em suas próprias áreas financeiras nos anos anteriores e (b) as questões financeiras deteriorantes do cantor que indicavam que o litígio de uma terceira parte era uma forte possibilidade. A empresa estava apenas tentando se proteger.

Em agosto de 1978, Brown nomeou Larry Myers como seu empresário, que programou uma turnê e, em nome de seu cliente, exigiu um novo contrato de gravação de dez anos e quantias em dinheiro para quitar todas as dívidas de Brown que, ele disse à Polydor, estarem entre 4 e 5 milhões de dólares, mas que poderiam ser negociadas e pagas por algo entre 2 e 3 milhões de dólares. A empresa divulgou uma jogada de mestre: a nova comissão seria paga diretamente ao novo empresário (isto é, não por intermédio de Brown). A Polydor não aprovou a ideia para conseguir novos produtos do cantor – sua qualidade e quantidade já não eram mais as mesmas desde 1976 – como, por exemplo, um pagamento por cada álbum, além de um orçamento pelo LP. Somente parte dos *royalties* seria usada para quitar os adiantamentos consideráveis de Brown e a dívida de empréstimo que tinha com a Polydor, sendo que parte iria direto para o cantor como um incentivo para criar um outro bom disco. Eles discutiram a possibilidade de um empréstimo a Brown para quitar seus credores.

Ano novo, empresário novo. Robert Bray, presidente da Celebrity Management Inc. em Nashville. Ele aproveitou-se do fato de Brown ter sido convencido a utilizar um produtor externo em seu álbum seguinte, as mais recentes produções particulares do cantor haviam sido ruins, na melhor das hipóteses, equivocadas e, na pior delas, sem noção. Ele aceitaria 50 mil dólares em dinheiro, um orçamento de 75 mil dólares, que a Polydor dividiria nos honorários do produtor a no máximo 2% e, depois da venda de 150 mil cópias, sendo 25 centavos por álbum a serem gastos com propaganda e divulgação de Brown e do álbum. Ótimas notícias, pensou a empresa, mas havia alguns problemas. Eles possuíam ainda algumas antigas notificações – intimações apresentadas a Brown para penhorar valores que pertenciam aos credores –, o que impediu a Polydor de dar dinheiro a ele fora dos contratos anteriores; os 50 mil dólares para incluir os honorários do produtor; detalhes de multas referentes a pagamentos de *royalties*; a Polydor para administrar o orçamento de produção.

Pouco tempo depois, Brown, Bootsy e George Clinton começaram a trabalhar em um novo álbum de JB, sendo que uma das faixas foi apresentada à Polydor. Um álbum composto e produzido por Bootsy e George Clinton para Brown foi discutido, mas nunca chegou a ser concretizado. Aquilo poderia ter sido sua salvação. No fim de fevereiro, um acordo muito mais cuidadoso fora obtido com Brad Shapiro, que concordara em produzir dois lados de James Brown, em março, por um investimento de 5 mil dólares, a serem pagos com os *royalties* de Brown. Se todas as três partes concordassem, um álbum seria feito com Shapiro ganhando um bônus extra de 15 mil dólares. No final, Brown produziu dois álbuns com Shapiro – *The Original Disco Man*, que incluía "It's Too Funky In Here", e "People". Este primeiro álbum não foi espetacular e certamente não conseguiu nenhum espaço de destaque, mas "Let The Boogie Do The Rest" tinha o poder vocal e o impulso rítmico do passado e "Women Are Something Else (It's No Longer A Man's World)" foi uma tentativa tola e inepta de revalorizar seu sucesso da década de 1960. O produtor de Miami, que antes gravara álbuns com Millie Jackson e Wilson Pickett, era uma escolha conservadora do sul, mas que tinha novas ideias. "Too Funky" parecia ser a sua aposta para revitalizar a carreira de Brown nos discos. "Quando editamos o material, fiquei impressionado com seu senso frio de ritmo (...) olha, eu simplesmente saí do caminho dele", disse Shapiro a Harry Weigner. A banda The Muscle Shoals – baterista Roger Hawkins, David Hood (baixo), Barry Beckett (teclados), Jimmy Johnson e Larry Byrum (guitarras) – gravara muitos álbuns clássicos de *soul* incluindo as sessões da Atlantic de Aretha Franklin. Eles sabiam como lidar com o funk e lhe ofereceram a base e o impulso de que necessitava. Entretanto, da maneira como "Too Funky" mais tarde evoluiu sobre os palcos tornando-se uma dança laboriosa e mundana, é possível entendermos por que a música era tão básica. *Disco Man* vendeu 175 mil cópias, o que o fazia figurar entre os melhores números da Polydor, mas "Peolpe" sequer chegou ao quadro das 75 Mais de R&B.

A finalização das primeiras faixas com Shapiro levou Robert Bray da CNM a estimular Ekke Schnable a paparicar Brown. Ele estava certo de que possuía agora um grande sucesso nas mãos, Bray sabia como lidar com Brown, e eles deveriam investir no material, gravar o restante do álbum e lançá-lo. Se não fizessem isso logo, outras empresas já estavam oferecendo mais de 300 mil dólares pela assinatura de James. Pouco tempo depois, Brown enviou um telegrama a Schnable comparando sua relação à de um casal tempestuoso. A Polydor podia contar com seu apoio para sempre, assim dizia seu telegrama.

Em outubro de 1979, enquanto Brown gravava faixas do disco "People", Larry Myers contratou a Polydor e disse que Brown queria negociar a liberação de seu contrato, que agora tinha 18 meses de vigência e três álbuns a serem lançados. Ele entregaria o "People" e gravaria um disco duplo ao vivo no Japão (*Hot On The One*, de 1980). A

Polydor estava de mãos atadas diante de seu antigo problema. Ordens judiciais dos muitos credores de Brown que chegavam agora a quase 700 mil dólares os impedia de lhe pagar rendimentos de seus lançamentos e eles não sabiam que não deveriam esperar nenhum produto novo até que ele conseguisse algum dinheiro. Um típico negócio no estilo "se correr o bicho pega, se ficar o bicho come". A Polydor passou a ser alvo de artilharia pesada não somente do próprio James Brown, mas também da comunidade negra, enfurecida com o fato de o Padrinho do *Soul* ser impedido de receber *royalties* por adiantamentos não pagos, agora no total de 1 milhão e meio de dólares. Suspeitavam que a Polydor agisse como os empresários criativos de Hollywood, capazes de manter filmes campeões de bilheterias, como "Forrest Gump", no vermelho. Não havia evidência que comprovasse isso.

Curiosamente, o saldo devedor permanecera estável desde 1975, quando uma nova gerência assumira os negócios. O valor de um milhão e meio de dólares foi gasto e não recuperado entre 1972 e 1975. Nos anos após 1975, seus discos venderam cerca de 120 mil cópias pela metade do preço e os ganhos e a publicidade estrangeira equilibravam seus adiantamentos contra os *royalties* explicavando a situação do período. No entanto, a empresa o considerava um artista lento, exigente e complicado que tirava os recursos de outros artistas que eles acreditavam ter potencial maior e estarem dispostos a se desenvolver. A renda internacional de seus novos discos estava em queda livre. E eles ficariam contentes em dizer adeus. Se o disco duplo ao vivo estava cheio de canções antigas – que outras havia? –, as vendas seriam melhores para este álbum duplo do que para três *singles* com novas canções.

Agora que a Polydor havia garantido o seu catálogo de artistas negros e podia explorá-lo para recuperar os adiantamentos pagos a Brown desde o contrato original de 1972, encerrar aquele acordo e ao mesmo tempo oferecer a ele um novo contrato por intermédio de uma empresa terceirizada que não fosse total nem parcialmente de propriedade de Brown, evitando assim seus quatro ou cinco principais credores, todos ficariam felizes. Eles lhe ofereceram 175 mil dólares por álbum.

E em que, exatamente, Brown pensava durante essa época? No dia 8 de novembro de 1979, acompanhado de seu advogado, William Kunstler, participou de uma conferência de imprensa no Hotel Sheraton, em Nova York, na qual ele pediu um detalhamento completo de seus créditos e dívidas com a Polydor desde o início do primeiro contrato. Ele queria recomeçar, fosse por meio de uma renegociação ou pelo cancelamento do contrato. "Por que eu preciso ter um déficit com a minha gravadora? Eu sou um dos artistas mais famosos do mundo, então, por que devo passar por essa privação financeira?" Ele escolheu alguns executivos da Polydor contra os quais fez diversas acusações, em especial Irwin Steinberg. "Por alguma razão, [ele] não admite que eu tenha sucesso nos negócios. Só pensa em me destruir financeiramente e tem feito isso de modo sistemático há dez anos."

O advogado de Brown comparou o caso de seu cliente com o da Drummond Distribution de Watts, uma filial operada por negros da Seagram Inc., a empresa de bebidas. Eles tiveram uma discussão que envolvia questões financeiras e apoio da matriz. Kunstler fechou um acordo com as empresas no qual teria permissão para verificar os registros e os contratos com todos eles juntos. Ele tinha certeza de que um acordo parecido poderia ser firmado entre Brown e a Polydor. Um representante da gerência da empresa, Rick Stevens, disse que teria prazer em analisar os registros financeiros e Brown deu início a uma invectiva a respeito do orçamento de seu álbum anterior. "Depois de todo esse tempo no ramo, ter de fazer um disco por 25 mil dólares foi um insulto para mim." (Ele concordou que Stevens convencera seus chefes na Polydor a dobrar o orçamento.) "Eles sabem que os meus discos venderão uma determinada quantia independentemente do valor disponibilizado para a propaganda e, por isso, nunca se incomodam em divulgar o meu trabalho o quanto deveriam", acrescentou Brown. Joe Medley, um ex-gerente de marketing da Polydor, defendeu as queixas de Brown de que a empresa oferecia uma prioridade menor para o R&B em termos de orçamento promocional. E a Polydor sabia que, independente de qualquer coisa, ele podia garantir uma determinada cota de vendas que, sem dúvida, seria capaz de fazê-los recuperar um adiantamento que fosse bem definido anteriormente.

A Polydor, Brown e seus conselheiros ainda estavam em meio às negociações no outono de 1980. A gravadora estava prestes a desistir, e Brown, junto de Hal Neely de volta à cena, pedia para que o contrato de cinco álbuns fosse modificado para um acordo de apenas um álbum, no valor de 175 mil dólares, além de mais quatro opções de álbuns simples. Para termos uma ideia de como o conhecimento dos executivos da Polydor era limitado a respeito da história de James Brown, um deles redigira um memorando detalhando a falta de progresso das negociações: "Hal Nealy [sic] não tem absolutamente nada a ver com qualquer um dos sucessos de Brown! FATO!!!" Depois de revelar uma ignorância conclusiva, ainda disse achar que 150 mil dólares por um álbum era aceitável, mas que preferia deixar de trabalhar com Brown.

Como em qualquer grande corporação, a PolyGram, matriz da Polydor, tem uma reciclagem grande de pessoal, e as razões e condições de antigos empréstimos ficam obscuras na medida em que os funcionários são trocados. Na primavera de 1981, a matriz começara a analisar a possibilidade de indenização de um empréstimo de meio milhão de dólares feito a Brown que deveria ter sido reembolsado em 1979. Além do empréstimo, os juros agora já ultrapassavam os 800 dólares. O conselho dos executivos envolvidos na negociação do empréstimo era o de cancelá-lo. Um processo judicial não lhes proporcionaria nada além de sofrimento por parte da comunidade negra. Em vez disso, deviam considerar um grande incentivo no catálogo de artistas negros de cerca de 40 álbuns, porque o empréstimo poderia ser recuperado em troca dos *royalties*, ou seja, todas as vendas iriam diretamente para a Polydor. (O emaranhado de contratos e dívidas estava enrolado e envolveu até mesmo partes inocentes como, por exemplo, Lyn Collins, Maceo Parker e o The JBs, contratados pela gravadora subsidiária de Brown, a People. Os números receberam uma conta separada da Polydor, mas o principal acordo da gravadora de distribuir a People tornara Brown o único beneficiário. Eles lhe deram adiantamentos e *royalties*, que deveriam ser pagos com shows. Foi exatamente o que a Polydor lhes disse quando foram bater na porta errada.)

É claro que Brown de maneira alguma foi o único artista afro-americano a ficar enrolado de modo tão irremediável com grandes gravadoras. É possível citar muitos exemplos semelhantes de colisão de culturas ao longo dos anos, e Mammon, o ídolo pagão citado no Novo Testamento que representa a avareza, só podia emergir como o vencedor neste caso. O declínio da grande gravadora independente do sul, a Stax, pode ser explicado pelo acordo de distribuição que firmou com a CBS, como que por coincidência, quase na mesma época em que Brown mudara-se para a Polydor. George Clinton, o acólito mais temente do Homem Que Mais Trabalhava, travou uma disputa financeira apavorante quando criou a Uncle Jam Records. Somente parte da culpa desses desastres fiscais pode ser colocada nas portas giratórias das corporações. Maus conselhos e subornos descarados também tiveram a sua parcela de culpa. Danos para ambas as partes.

Depois de tratar dos detalhes do caso de James Brown contra a Polydor, o diálogo na conferência de imprensa do Hotel Sheraton, em Nova York, acabou se estendendo para tratar de um tema ainda mais amplo – a discriminação sistemática contra "o negro carismático" por parte da grande máquina de negócios dos americanos brancos. Brown sentia-se o negro americano "alvo" muito tempo antes de ter assinado contrato com a Polydor – pelas leis discriminatórias de sua juventude, pela Receita Federal e pelo FBI, pelas formas mais sutis de discriminação não legislativas – e aquele era um sentimento que tinha uma oportunidade ampla de ser inflamado e crescer ainda mais. Se ele, o artista afro-americano de maior número de vendas da década de 1960, uma atração que garantia enormes plateias nos shows, envolvia-se em problemas financeiros tão complicados, o que esperar dos demais? Contudo, era exatamente pelo fato de ser o maior, que era o principal alvo do abuso e da exploração de pessoas de fora e de dentro de sua própria equipe.

Capítulo 12

O catálogo de atrações de James Brown foi transferido para a Polydor no dia 1º de julho de 1971. Pouco tempo depois, apesar de uma declaração anterior de que ele continuaria cantando, dançando e divertindo o público e permaneceria afastado da política, decidiu apoiar a campanha de reeleição presidencial de Nixon. Naturalmente, enfrentou uma artilharia pesada, principalmente por parte das organizações afro-americanas, por voltar a apoiar Tricky Dicky, mas embora o número de pessoas na plateia de suas apresentações tivesse diminuído a venda de ingressos, logo voltou a crescer e se aproximar dos níveis anteriores. Por isso, ele tinha de agradecer por um novo show muito bem elaborado e seguro, mais sucessos no primeiro fluxo abundante de grandes produções em uma nova gravadora e a quantia de trabalho que estava conseguindo fora dos Estados Unidos. Até hoje, ele conta com uma enorme plateia fiel na Europa, muitos estados africanos e no Japão. Como o The JBs se desenvolveu no início da década de 1970, muitos músicos da antiga James Brown Orchestra voltaram a trabalhar em sua companhia. O saxofonista St. Clair Pinckney, o baixista Charles Sherrell e a cantora Marva Whitney partiram quatro meses antes da rebelião em Columbus. Dos demais, Fred Wesley voltou para Los Angeles, mas fora contratado de novo como diretor musical para trazer certa coesão aos ex-Pacesetters na estrada. Ele também trouxe Pinckney de volta e, quando chegaram ao final de sua turnê europeia, já formavam novamente um excelente grupo nas apresentações ao vivo e também nos estúdios.

Maceo Parker e os demais integrantes do time de instrumentos de sopro, os guitarristas Jimmy Nolen e Alphonso Kellum, o baixista Bernard Odum e o baterista Melvin Parker, assinaram contrato com a House Of Fox e gravaram um álbum, *Doing Their Own Thing*, com o nome de Maceo & All The King's Men. O dono da gravadora, Lelan

Rogers, afirmou que Brown pagou *dee-jays* para não tocar o disco nas rádios, mas é pouco provável que a pequena empresa independente tivesse um esquema de distribuição para conseguir divulgar um sucesso. O grupo gravou um segundo álbum, *Funky Music Machine,* na Excello, e encerrou suas atividades no fim da primavera de 1972.

Como os músicos iam e vinham, o mesmo acontecia com os demais integrantes da equipe. "Quando decidi deixá-lo", lembrou-se Bob Patton, "James, como de costume, analisou a minha rescisão. Ele, na verdade, não lia nada que estava escrito no documento, apenas dizia: 'Bem, esse não pode, como aquele outro também não'. Ele geralmente fazia isso quando estávamos em uma turnê, do outro lado do país. Assim, a pessoa tinha de concordar com ele ou não voltava para casa. Foi por isso que comecei a comprar anéis. Eu sempre usava três anéis de ouro, mas nunca usara ouro antes. Pelo menos dessa maneira, sabia que eu poderia sempre penhorar os anéis para conseguir voltar para casa! James nunca chegou a me pedir desculpas. Ele disse: 'Você é o único que pode resolver esse problema. Eu preciso de você de volta.' Eu deixei o grupo provavelmente umas 16 vezes e fui despedido umas 18 vezes, sendo que fiquei sem receber salário por umas três semanas nos primeiros oito ou dez anos. Ele sempre estava preparado para dizer: 'Bem-vindo de volta', mas jamais se desculpava. Ele necessitava sentir que tinha o controle em relação às pessoas. Tentava colocar Alan [Leeds] e eu um contra o outro, ou Bobbit e eu, ou Alan e Bobbit. Tudo era questão de dividir e controlar. Você nunca tinha como fazer com que ele agisse de modo humano, a não ser quando ficávamos sozinhos com ele. Assim, vez ou outra, ele agia como James, e aquele James era alguém legal."

"Uma coisa a respeito de James", começou Maceo, "é que ele podia não gostar muito, mas ele entende por que você, às vezes, pode ter vontade de experimentar coisas diferentes em outros lugares e com outras pessoas. E, se as coisas não derem certo, ele estará esperando por você de braços abertos quando decidir voltar. É como se sempre tivéssemos um lar. Isso é muito bom." Sem dúvida, não há nada como poder contar com isso e, assim, um a um, todos eles voltaram ao grupo. (Maceo retornou em 1973 e Melvin no fim de 1975 ou início de 1976; Jimmy Nolen ficou até pouco antes de sua morte por ataque cardíaco no dia 16 de dezembro de 1983. St. Clair Pinckney, Charles Sherrell e Fred Wesley, todos saíram e voltaram. No entanto, mesmo fora da companhia de James Brown, sempre há boas chances de estarem tocando juntos. Fred e Maceo, naturalmente, fizeram parte dos Horny Horns de George Clinton e, já na década de 1990, participaram de turnês e gravações com um grupo temporário formado por ex-cantores e músicos secundários de Brown. A chance de ter feito parte da grande roda propulsora conhecida como The James Brown Orchestra, o The JBs ou da mais recente encarnação da banda, o Soul Generals, com a enorme quantidade de atribuições que lhes era imposta, sempre fora um item demasiado convincente para constar no currículo de qualquer músico.)

Os músicos que retornaram acabaram unindo-se na formação de sua última grande banda. Depois de "Hot Pants", o último *single* distribuído pela King na People, cuja letra fora composta para Joe Tex ou Rufus Thomas, Brown usou a estrutura de *funk* mais lento de "Make It Funky", que seria dividida em quatro partes em dois *singles*, para lançar sua carreira na Polydor, e gravou "Revolution Of The Mind" – "Live At The Apollo Volume III", tudo isso no mês de julho. Bom trabalho para um homem já bem no fim de seus 30 anos. O ritmo do baixo de um acorde só em "I'm A Greedy Man" foi o seu último lançamento em 1971 e "Talkin' Loud & Sayin' Nothing", resultado das sessões de Bootsy de outubro de 1970, foi um sucesso N° 1 de R&B durante 16 semanas a partir do fim do mês de fevereiro de 1972. Então, um *single* fez parceria com "Don't Be A Dropout" na tentativa de usar sua posição para instigar uma mudança social. *King Heroin* foi um poema escrito por Manny Rosen, que trabalhava no Stage Delicatessen na sétima avenida no centro de Manhattan. Ele perdeu uma filha em função do vício das drogas após uma overdose. Manny ofereceu a canção a Brown, que a transformou em música com o arranjador Dave Matthews, um ex-músico sinfônico da orquestra de Cincinnati, que assumira o papel representado por Sammy Lowe durante a década de 1960. Matthews, de quem Bootsy falava com tanto carinho, estava na verdade muito mais sintonizado com a música de Brown do que Lowe. Ele viajava com as turnês do cantor, cuidava dos instrumentos de sopro e, no geral, estava muito mais envolvido com tudo. Os músicos das gravações de Nova York vieram do novo estilo do *jazz-funk*, assim como os guitarristas Joe Beck e Hugh McCracken, o baterista Billy Cobham, o tecladista Richard Tee e os instrumentistas de sopro como Joe Farrell, Dave Sanborn, Michael e Randy Brecker.

Os maiores orçamentos de gravação que Brown conseguiu receber na Polydor significavam que ele era capaz de se igualar ao desafio das obras maduras do *soul* de Marvin Gaye, Stevie Wonder e Curtis Mayfield. Com algumas exceções especiais, poucos de seus álbuns da King tinham sido gravados daquela maneira, sendo que a grande maioria fora trabalhada às pressas. Seu primeiro álbum com a Polydor,

There It Is, embora seja raramente citado com *What's Going On* ou *Innervisions*, é também uma forte declaração da vida dos negros nos Estados Unidos assim como os álbuns marcantes da Motown. É claro que Brown oferece a ele uma abordagem menos melódica. No entanto, com "King Heroin" e sua sequência antidrogas, "Public Enemy Nº 1", "Talkin' Loud & Sayin' Nothing", "I Need Help", creditadas ao seu filho Teddy, "I'm A Greedy Man" e a faixa título apresentam comentários sociais suficientes para um pequeno panfleto.

As faixas do álbum duplo *Get On The Good Foot* foram gravadas entre outubro de 1970 e setembro de 1972, mas, apesar de sua diversidade, quando analisadas em conjunto, temos a impressão de que foram todas editadas em uma única sessão. Fred Wesley recorda-se dos instrumentos de sopro em "Good Foot" como algo muito difícil de acompanhar, principalmente em função de seu ritmo acelerado. O refrão era repetitivo e difícil de tocar, mas a energia de Brown garante vitalidade para a faixa tão impulsiva. Desde essa faixa principal do disco até o outro sucesso do álbum, "I Got A Bag Of My Own", passando por regravações de sucessos como "Cold Sweat", "Ain't That A Groove", "Lost Someone" e "Please, Please, Please" até "Recitation By Hank Ballard", um tributo melódico ao Padrinho do *Soul* feito por um de seus antigos colegas da King (atual contratado pela James Brown Productions), o álbum é uma afirmação do funk, segundo James Brown. "Recitation" é uma faixa que provavelmente jamais será ouvida de novo. Ballard saúda o ouvinte em seu ingresso no Mundo de James Brown, anunciando as canções e os músicos com seriedade para serem ouvidos a partir daquele instante, e enaltece as virtudes do líder da banda. Seu tom fica ainda mais sóbrio e sua voz ainda mais grave conforme ele adverte acerca dos perigos que aguardam aqueles que se mostram ávidos a unirem suas vidas repletas de encantos e atrações superficiais, além de "lutar contra o mundo artístico malvado e vicioso", um "inferno que lhe come vivo". Em contrapartida, a filosofia de Brown em "The Whole World Needs Liberation" e "Nothing Beats A Try But A Fail" é a encarnação da modéstia.

Os raps de Brown nesse momento já estavam distantes demais das inventivas rítmicas dos sons das décadas de 1980 e 1990. A recitação direta e afetiva de "King Heroin" era muito diferente de seus próprios gritos enraizados na música *gospel* cheios de angústia e êxtase da década de 1960, e a ira e agressão expressas pelos *rappers* cujas palavras eram geralmente embaladas por amostras tiradas das faixas do Padrinho do *Soul*. Elas são muito mais coloquiais, em muitos casos, dando voz aos seus pensamentos de maneira irregular e não estruturada. As letras

Iiiiiiiaaaaaaauuuu!! Conforme os anos se passavam e a cintura aumentava, o Homem Que Mais Trabalhava No Mundo Artístico mostrava poucos sinais de que diminuiria o ritmo no mês de maio de 1985. (DAVID CORIO/REDFERNS)

Todo mundo queria ter um na década de 1980 – James sai no embalo com um sintetizador portátil. (DAVID CORIO/REDFERNS)

É a vez do baterista! (DAVID CORIO/REDFERNS)

Jerry Lee Lewis, Fats Domino e James na apresentação de inauguração do Hall da Fama do Rock and Roll, no Hotel Waldorf-Astoria, Cidade de Nova York, 23 de janeiro de 1986. (BETTMANN/CORBIS)

Novamente de volta às turnês. (LFI)

Com a nova esposa Adrienne para anunciar o Live One Night Only, *um concerto pay per view, da Warner Brothers, em 1991, quando ressuscita sua carreira, após ser solto da cadeia. (LFI)*

Mãos para baixo – com Adrienne mais uma vez quando é convidado a deixar sua marca na Calçada da Fama, em Hollywood, em 5 de janeiro de 1992. (LFI)

Cuidando dos negócios no escritório de sua casa em Augusta, setembro de 1995. (TONY FRANK/SYGMA/CORBIS)

O indestrutível James Brown em cima do palco no V99, agosto de 1999. (LFI)

Ainda no mundo dos homens: o pai coruja com uma de suas filhas. (LFI)

Com Lenny Kravitz, depois de se apresentarem juntos no Vogue Fashion Awards, em Nova York, 20 de outubro de 2000. (REUTERS/CORBIS)

Mais uma vez no interrogatório, no Tribunal Superior de Justiça, em Los Angeles, em julho de 2002. (REUTERS/CORBIS)

Com a sua última parceira, Tomi Rae Hynie, no Grammy Awards, 13 de fevereiro de 2005. (LFI)

Com um excelente aspecto, nove meses antes de sua morte, com Tomi Rae Hynie e seu filho James Brown II, no jantar de gala do Keepers of the Dream, no Hotel Sheraton. Nova York, 6 de abril de 2006.

Mas três meses depois, na Torre de Londres, já um pouco cansado e abatido, 4 de julho. (LFI)

A última e comovente aparição de James Brown no Apollo, no dia 28 de dezembro de 2006. Multidões fizeram fila para passar ao lado de seu caixão e prestar as últimas homenagens a um homem que tantas vezes incendiou aquele famoso teatro. (LFI)

de suas músicas raramente eram escritas no intuito de transmitir muita coisa além do prazer do amor, a dor da perda ou a busca da felicidade. Suas novas letras não ofereciam uma descrição coerente completa da "negritude", mas apenas alguns outros compositores conseguiam se aproximar tanto do espírito da experiência como Brown era capaz de expressar. Na realidade, dizia-se no início da década de 1970 que havia mais expressão da experiência dos negros nos "uu-iiis!" pontuados e nos gemidos de James Brown do que em quase todas as outras letras de músicas escritas por compositores afro-americanos. Isso é tanto condescendente quanto impreciso, mas podemos ver onde os compositores de "direita" estavam querendo chegar. Seria quase verdade dizer que as faixas de Brown, no geral, esboçam o quadro mais exato da experiência contemporânea dos negros.

Ao mesmo tempo em que trabalhava nas suas próprias gravações, ele produzia e compunha para a sua trupe, em especial para Lyn Collins na People e para Bobby Byrd na Brownstone, uma gravadora fundada por Brown com Henry Stone e rapidamente adquirida pelo império da Polydor. Essas obras eram variações de temas correntes de James Brown como, por exemplo, "Hot Pants", "I'm Coming, Coming, I'm Coming" e "Keep On Doin' What You're Doin", de Byrd, em 1971, e a obra muito copiada de Collins, "Think (About It)" (1972) e "Rock Me Again And Again And Again And Again And Again And Again" (1975). Conhecida como a Pregadora Feminina, Collins era de Abilene, Texas, embora tivesse nascido em Lexington, no dia 12 de junho de 1948. Seu pai quase nunca estava por perto e ela trabalhava como atendente em um supermercado quando tinha apenas 14 anos, cantava com grupos locais como Charles Pikes & The Scholars e no coral da igreja, embora não tenha sido nessa época que aprendera a fumar seus charutos. Ela chegou a enviar uma infinidade de fitas e cartas para Brown e, por fim, foi apresentada a ele em Dallas em 1969 quando afirmou nunca ter cantado nada fora do Lone Star, até que se juntou ao seu grupo. Ela fazia parte das cantoras com tradição de possuírem voz imponente, talvez não tão potente quanto a de Vicki Anderson, a mulher que substituiu, mas segura e suficientemente declamatória.

O The JBs também tornou-se uma grande força nas gravações, em especial com "Doing It To Death", uma performance de Fred Wesley que se tornou uma das preferidas nas apresentações ao vivo depois de seu lançamento em 1973, além de ser usada também como a resposta política de "You Can Have Watergate Just Gimme Some Bucks And I'll Be Straight". Maceo Parker havia acabado de voltar para o grupo pouco antes da gravação de "Doin' It To Death". "Eu compus um solo de flauta para um tempo e depois um solo alto. Isso foi durante a época em que ele me tirou do tenor para tocar no alto. De acordo com James, eu tinha força demais para o tenor, o que mais uma vez é algo que ele via em mim que nem mesmo eu percebia, mas hoje sei que estava certo, mais uma vez ele estava certo."

A sequência de sucessos de Brown diminuíra nos últimos meses de 1972. As reações adversas às suas proeminentes afiliações políticas com Nixon não mostravam sinais de recuar e agora prejudicavam a venda de seus discos, e o número de pessoas dispostas a pagar para ver seus shows diminuía. Sua apresentação do *Soul Bowl* em Baltimore fora alvo de passeatas organizadas por partidários de "um político de raça" que criticavam Brown por se relacionar com Nixon. Em novembro, o cantor tomou uma medida curiosa de comprar um comercial de quatro páginas na revista *Jet* para publicar seus pensamentos. Sob o título "James Brown Traiu os Negros ou Ajudou-os em Sua Inclusão?", insistia que estivera na Casa Branca para lutar a favor do direito de emprego para seus irmãos e suas irmãs e também pela criação de um feriado público em homenagem ao aniversário de Martin Luther King, negou que qualquer parte de seu dinheiro fosse destinada à campanha de reeleição de Nixon, mas que continuaria buscando benefícios em auxílio de programas contra o abuso de drogas e pessoas com anemia, além do projeto da construção de um hospital para os muçulmanos negros com os lucros de um futuro show no Estádio dos Yankees. Ressaltou que na James Brown Enterprises constavam 137 negros na folha de pagamento e que Charles Bobbit fora promovido de camareiro a presidente da empresa. Em conclusão, ele convidou a todos para *Get On The Good Foot* e defender suas iniciativas.

Deve ter sido um alívio deixar o país e visitar a Europa, onde suas credenciais como o Irmão Número Um do *Soul* eram vistas com bons olhos pela grande maioria. Agora ele fazia turnês regulares pelo exterior, um ato de imenso prestígio internacional. Em 1970, ele visitara mais uma vez a África para tocar em Lagos, Ibadan, Benin e Kaduna na Nigéria e, Lusaka e Kitwe na Zâmbia, e pudemos ver o quanto ele progrediu entre 1966 e 1971 na Europa. Nem todos os críticos deixaram-se levar pela música *soul* revolucionária de Brown. A *Melody Maker* queixou-se de que o seu terceiro álbum no Apollo, ao vivo, *Revolutions Of The Mind*, e seus shows eram infernais com conteúdo musical nulo. Ora, no início da primavera de 1973, ele estava de volta para promover o álbum *Good Foot*. Fez uma aparição em Londres, no Royal

Albert Hall, e foi proibido de aparecer lá novamente depois dos problemas ocorridos na plateia. "Não temos nada contra o artista", disse o gerente do Hall, Frank Mundy, "mas parece que alguns concertos atraem um determinado tipo de plateia (...) Bolsas de mulheres estavam sendo furtadas e funcionários do evento foram ameaçados com violência por pessoas que invadiram o local. A maior parte de nossos funcionários são pessoas de meia-idade que prestam seus serviços de modo voluntário e não podemos permitir que sejam submetidos a esse tipo de comportamento incontrolável". (O Royal Albert Hall recentemente proibira a apresentação de diversos shows. O The Nice [e por extensão Emerson Lake & Palmer], Chuck Berry, Frank Zappa e Funkadelic foram todos proibidos por uma grande variedade de razões que iam desde obscenidade até atos de incendiar bandeiras americanas.) Quando ele tocou no Teatro Rainbow, na região norte de Londres, um policial foi esfaqueado e dois lanterninhas feridos em brigas nas portarias do local.

No entanto, um dos maiores concertos aconteceria no Musikhalle, em Hamburg, onde ficava a matriz da Polydor, logo na esquina do Hotel Intercontinental. Cercado de homens arianos altos da gravadora, Brown, com seu frondoso penteado afro inclinado como se estivesse dormindo sobre ele, avançou para dentro do saguão como alguém que luta por um prêmio cercado por treinadores, empresários e promotores, o que era algo muito semelhante à sua relação com a Polydor. A decoração central da mesa no quarto da cobertura era um bolo de três níveis, sendo que a camada inferior com quase um metro de largura e decorado com um glacê de chocolate trazia desenhado o retrato do cantor. Sobre o nível mais alto, outro bolo no formato de um pé desmembrado, também coberto de chocolate. A legenda desenhada com glacê branco dizia *Get On The Good Foot* [Sobre o Pé Direito, sendo este o título do álbum].

Jornalistas de todas as partes do mundo – Japão, muitos países europeus, GIs das bases americanas naquilo que antes era a parte oeste da Alemanha – uniram-se sob as regras comuns de engajamento: dirijam-se a ele como sr. Brown, não façam nenhuma pergunta que envolva política. "Na música", ele disse, "sempre fui um solitário. Uso meus próprios acordes da maneira que quero. Não sigo nenhuma lei ou restrição para compor (...) Eu me pergunto: Será que ainda faço música?" Como a vasta maioria das pessoas na sala não tinha o inglês como primeiro idioma, demorou um tempo até a plateia perceber que fazia uma piada. Outros nunca chegaram a entender a mensagem, pois essa era a pressão enfrentada pelo astro internacional. Na realidade, ele experimentou diversas piadas. Filhos? Tinha seis. "O mais jovem tem três meses de idade e, portanto, vocês podem ver que ainda estou bastante animado."

Entretanto, uma terrível tragédia estava prestes a acontecer. Em junho de 1973, as frustrações temporárias foram todas deixadas de lado em função da morte de seu filho, Teddy, que ainda vivia em Toccoa com Velma, a primeira esposa de Brown. Bob Patton lembra-se com clareza daquele momento. "Teddy dirigiu até Nova York com dois amigos. Ele tinha uma banda chamada Teddy Brown And The Fabulous Flickers [em sua autobiografia, Brown diz que eles eram conhecidos como o The Torches] e não eram tão ruins assim. Ele ficou fora do escritório até que soube que seu pai fora embora. James adorava o rapaz, mas tinha dificuldades para dizer aquilo a ele. Teddy dirigia um carro pequeno e eles foram até o Harlem para visitar alguns amigos (...). Ele acabara de deixar a escola pública para estudar em uma particular." De lá, eles decidiram então visitar outro amigo no Canadá. O carro estava a 130 Km/h quando atingiu a pilastra de uma ponte próxima a Elizabethtown, Nova York. O motorista aparentemente cochilara ao volante. Teddy estava com 19 anos. Ele foi enterrado em Toccoa; um dos integrantes do The Famous Flames, Sylvester Keels, ofereceu-se para tocar no velório. Brown chegou a cumprir algumas datas de shows que já estavam agendados entre a morte de Teddy e seu enterro. E aquilo o ajudou a superar o choque e a dor. Diante do túmulo, Patton recordou-se: "Quando baixaram o caixão para dentro da cova, James se virou e voltou para o carro. Não quis ver aquilo. Jamais vou me esquecer da cerimônia. Havia um rapaz lá chamado Johnson, um senador negro da Geórgia, que tentava convencer James a fazer um show para sua campanha, enquanto saíam da igreja, nos preparativos para o enterro do filho de James. Eu cheguei a puxá-lo pelo braço, mas Bobbit me conteve. E todas as ex-esposas e namoradas de James estavam lá. Ele as hospedou em diferentes hotéis para o funeral de seu filho, mas não acredito que ele tenha visitado qualquer uma delas. E os *dee-jays* também estavam lá, todos em busca de notas para a imprensa."

A morte de Teddy abalou muito Brown. Apesar de estar sempre viajando e gravando, o que significava ter de passar muito pouco tempo em casa para se dedicar à família da maneira que gostaria, é justo dizer que ele gostava de ser pai. Ele deve ter gostado sim. Teve filhos – seis que ele reconhecia – com três mulheres, duas delas suas esposas. Seus três filhos eram produto de seu primeiro casamento com Velma Warren, sendo que teve duas filhas com a segunda esposa, Deidre (DeeDee). Teve ainda outra filha com Yvonne Fair e, embora ele sempre negasse que fosse o pai, concordou em pagar uma pensão depois de um processo de paternidade iniciado pela ex-secretária de seu fã-clube em São Francisco.

Havia trabalho de sobra para desviar a mente do cantor de tanta dor. No fim de 1972, escreveu, com Fred Wesley, a partitura para *Black Caesar* [O Chefão de Nova York], um típico filme de *black exploitation* de baixo orçamento que contava com a participação de Fred Williamson. No álbum da trilha sonora, Brown adotou pela primeira vez o título de O Padrinho do *Soul*, uma alcunha adequadamente dinástica para o líder de uma banda cujos ex-músicos demonstraram lealdade diante de um legislador austero e suas leis geralmente despóticas. (Curiosamente, o *New York Times* sugeriu que esse apelido, de modo subconsciente, indicava cansaço e um distanciamento, um tipo de grandiosidade que começara a perder a intensidade.) Antes de Isaac Hayes (*Shaft*) e Curtis Mayfield (*Superfly*), as trilhas sonoras de filmes que apresentavam músicos afro-americanos foram quase que totalmente limitadas ao uso de músicos de *jazz* como instrumentistas – Sonny Rollins em *Alfie* [Alfie O Sedutor], Jimmy Smith em *Walk On The Wild Side* e assim por diante. No entanto, a contribuição definitiva veio de arranjadores e orquestradores como Oliver Nelson e Quincy Jones. (É claro que isso exclui os muitos filmes de *rock'n'roll* da década de 1950 em que a música era a *raison d'être* do filme, e não incidental a ele.)

Hayes e Mayfield usaram estruturas do *soul* contemporâneo no contexto da sequência do filme. Brown e Wesley ampliaram a palheta de opções do *funk* de James Brown, por exemplo, por meio do uso de melodias mais fortes de *jazz* de seus álbuns instrumentais (e as próprias inclinações do trombonista). "Não era como se estivéssemos fazendo música de filmes", disse Wesley, "era como se estivéssemos fazendo uma música para James Brown, para um filme com Brown de um lado e Larry Cohen, o escritor-produtor-diretor, do outro". "Tivemos algumas dificuldades nessa área", disse Brown à revista *Black Stars*; "porque as pessoas nos dizem como devemos ser negros e como compor músicas de negros. Tarde demais para isso". O álbum vendeu 300 mil cópias em três semanas após o lançamento; o filme capitalizou mais de 1 milhão de dólares no mesmo período.

Brown assinou contrato para criar outras três trilhas sonoras e queria atuar na segunda parte do filme *Black Caesar*. "Sei que posso atuar", confessou à *Jet*. "Todos os negros sabem atuar. A única razão de sobrevivermos nos dias de hoje está no fato de termos tido de agir de uma determinada maneira diante dos brancos." Contudo, no final, ele compôs apenas mais uma trilha sonora, *Slaughter's Big Rip-Off* [Slaughter – O

Homem Impiedoso], dirigido por Gordon Douglas, filme estrelado por Jim Brown. (Ele só participaria de um filme muito tempo depois, quando aceitou o papel de um camafeu em um episódio do programa de TV, *Miami Vice*, eletrizantemente intitulado de *Missing Hours* [Horas Perdidas]). Em comum com grande parte da exploração da cultura negra no mundo dos negócios dos brancos, os filmes de *black exploitaition* eram muito malfeitos com baixos orçamentos e recebiam promoções mínimas, sendo que o mercado acabou logo inundado por muitas produções do gênero. Com a permissão de mostrar atitudes tão cínicas, não é surpreendente o fato dessa abundância de filmes ter durado apenas alguns anos, fazendo com que os afro-americanos voltassem às suas participações ínfimas em Hollywood até que o filme *She's Gotta Have It*, de Spike Lee (1986), deu início a uma revolução mais silenciosa e mais resoluta em relação a isso.

Enquanto Brown ocupava-se com a composição e gravação das trilhas desses filmes, além de lidar com a perda do filho, sua presença nos quadros de *singles* começou a minguar. Mas, no fim de 1973, ele encontrou forças para um último grande trabalho. Quase seis semanas após o enterro de Teddy, Brown gravou a faixa rítmica "The Payback" em Augusta, adicionando instrumentos de metal e vocalistas de apoio em Nova York no mês seguinte. Era o início do trabalho na trilha sonora do próximo filme de Cohen, uma sequência de *Black Caesar*. Um desentendimento com Cohen fez com que Brown deixasse o projeto, com suas faixas. Com ardor, gravou nos quatro meses seguintes e as novas músicas – a maioria escrita em um trabalho conjunto de Brown, Wesley, Charles Bobbit e John "Jabo" Starks – formou a base de dois álbuns notáveis. A obra contou ainda com a participação de outros antigos colegas, entre eles, Maceo Parker, Jimmy Nolen, Charles Sherrell. "Eu voltei ao grupo depois de ficar longe por um tempo e, mais uma vez, a experiência foi emocionante, sempre com aquela aura misteriosa de James Brown", disse Maceo.

No fim de 1973, *Stone To The Bone*, o primeiro *single*, também apareceu como um incansável álbum de dez minutos tirado da edição do álbum duplo *The Payback*. A segunda versão de 45, *The Payback*, apresenta uma abertura de instrumentos de sopro e partes de guitarra claramente compostas em um estilo apropriado para os filmes de *black exploitation*, mas acaba se transformando em uma típica improvisação de gritos embalados pelo funk prolongado de James Brown. A música chegou à primeira posição nas paradas de R&B e na 26ª posição nas paradas de música pop. O filme de Cohen foi lançado como *Hell Up In Harlem* [Inferno no Harlem], (com músicas de Edwin Starr); Brown, exibindo um toque inesperado de ironia, chamou seu álbum seguinte simplesmente de *Hell* [Inferno]. Ele achou que o nome continha um conceito melhor, referindo-se a questões globais tanto da perspectiva dos líderes quanto pela forma com que o problema atingia as "pessoas comuns". Apesar de a faixa título transmitir ideias sobre questões contemporâneas, ela é uma de suas coleções mais variadas, misturando canções antigas (uma versão alegre de "Please, Please, Please", "Lost Someone", "I Can't Stand It '76" – chamaria essa última de "Stone To The Bone – Again", mas decidiu fazer jus à sua própria genealogia), outras canções tradicionais e padronizadas feitas com reverência ao espírito se não à exata estrutura das versões "aceitas" ("When The Saints Go Marching In, Stormy Monday", uma versão surpreendente transformada a partir da balada "These Foolish Things", que fora um sucesso de Brown em 1963), com faixas de provocar danças para os que tinham músculos fortalecidos "(Hell, Coldblooded, Papa Don't Take No Mess" e "My Thang", sendo que as últimas duas alcançaram a posição Nº 1 dos sucessos de R&B) e reflexões filosóficas ("A Man Has To Go Back To The Cross Road Before He Finds Himself" e "Don't Tell A Lie About Me And I Won't Tell The Truth On You"). A faixa título, com sua visão de inferno na terra, é um lembrete triste das raízes de Brown, dos tipos de problemas que a existência do dia a dia trouxe para a maioria dos afro-americanos, da reverência permanente do cantor pelas instituições dos Estados Unidos da América e das dificuldades de ser presidente – "na Casa Branca, é um inferno".

Álbum novo, investidura nova. Após um curto reinado como o Padrinho do *Soul*, ele agora é James Brown – Ministro do *Mais Novo e Recente Super Heavy Funk*. Ao mesmo tempo, os integrantes reunidos da The James Brown Orchestra que ajudavam a disseminar o evangelho do Ministro, ganharam contratos de gravação próprios e provavam ser excelentes apóstolos. O álbum de 1974, *Damn Right I Am Somebody*, de Fred Wesley & The JBs, marcou a primeira vez em que Brown permitira que um outro nome fosse afixado ao de sua banda desde Al "Brisco" Clark (1964) e Alfred "Pee Wee" Ellis (1968). As faixas, gravadas durante as sessões de *The Payback*, oferecem uma mistura familiar de regravações ("You Sure Love To Ball", de Marvin Gaye), passando por materiais de dança ("Same Beat", "If You Don' Get It The First Time", "Back Up & Try It Again, Party") e respostas do gueto (a faixa título e "I'm Payin' Taxes", "What Am I Buyin"). A obra marcou a volta de Wesley, Maceo e Jimmy como músicos com uma variação muito mais ampla do que o ouvinte casual poderia esperar se tivesse ouvido somente os *singles* de maior sucesso. O próprio álbum de Maceo, *US!!*, mostra-o quase que exclusivamente na versão alto e o efeito é exigir ainda mais de seu instrumento à frente do grupo tornando-o uma voz mais importante do que o seu tenor. O disco convencional do JBs tinha reproduções de arranjos de *Soul Power* e "Doing It To Death", três regravações e uma música mais longa e de certo modo primorosa, "The Soul Of A Black Man".

Essa última canção não foi uma tentativa de atualizar a extensão de 1903 de W. E. B. Du Bois, "The Souls Of Black Folk" para assumir a música funk, mas uma das muitas gravadas no início da década de 1970 que Brown usou como plataforma para reminiscência da dificuldade de sua criação, a noção de "negritude" conforme era expressa na música e suas ideias a respeito dos estados presente e futuro da nação. De maneira ostensiva, o estilo do saxofone de Maceo é "A Alma de um Homem Negro", mas as palavras que acompanham o homem do instrumento de sopro – "Aprendi muito com você, com seus ensinamentos" – que convidam o cantor a se expressar ainda mais, oferecem uma impressão totalmente nova. "Obrigado, sr. Parker. Começamos pelo respeito", que acreditava ter se "perdido ao longo do caminho". Entrega-se em um típico jogo de palavras, assim como as três refeições diárias que comia quando criança: "Aveia, nada e uma refeição a menos". Ele tinha "tantos buracos nas roupas que até um cego poderia enxergá-los". Outra faixa que toma por base um monólogo gravado nessa mesma época, em dezembro de 1972, fez com que ele se deixasse levar por pensamentos semelhantes. A faixa "Like It Is, Like It Was" ganhou esse título na trilha sonora de *Black Caesar*, mas em sua forma original não editada era conhecida como "The Blues". A versão mais completa revela ainda mais detalhes de seu estado de espírito. "Estive ferido e faminto por diversas vezes em minha vida", começava, e há uma lembrança parecida com o estado de suas roupas a caminho da escola, a cama, ou a falta de uma, em casa, o fato de ter 9 anos de idade antes de conseguir ter boas cuecas para usar. E então, começava a falar e a cantar a respeito dessas tristezas. Parava e dizia: "Não sei mais como falar dessas tristezas como antes, mas sempre pararei e me lembrarei delas". Ele voltou a abordar o mesmo tema mais tarde. Mas não mais conseguia cantar a respeito daquelas tristezas porque "não vivo mais nesse mundo (...). Temos de admitir que perdemos parte de nossa herança".

Capítulo 13

"Naquela época [na metade da década de 1970], ele começou a fumar alguma erva, o que, na verdade, era algo como a maconha californiana que as pessoas que trabalhavam em shows, como os de Elton John e Joe Cocker, tinham conseguido para ele", começou Bob Patton. "Não era nada tão forte quanto o que usava na maioria das vezes, mas uma noite, eu dei duas tragadas e tive de me sentar no camarim por volta das duas ou três horas da madrugada. Aquela foi a única vez que fumei com ele. Ouvimos alguém bater na porta, fui até lá e recebi Danny Ray. Danny entrou e eu disse: 'O que você está fazendo aqui? Eu e James estamos aqui sentados conversando'. Ele respondeu: 'Sr. Patton, são oito horas da manhã'. Retruquei: 'Não. Não pode ser. Eu e James (...)' me virei e percebi que James já tinha ido embora há muito tempo. Eu fiquei ali sentado conversando sozinho. Foi ali mesmo que decidi que nunca mais fumaria aquela porcaria. James fumava um cigarro inteiro daqueles todas as noites antes de se deitar. Se aquilo era forte, não quero nem ouvir falar de PCP. Eu não cheguei de fato a criticá-lo, mas disse a todos que me conheciam que eu queria arranjar uma maneira de fazer com que ele conseguisse ajuda; eu queria arrumar uma forma de fazer com que ele voltasse ao normal. Na idade em que estava, ainda poderia ser um grande artista. Tudo o que tínhamos de fazer era ajudá-lo a recuperar a saúde. Ele não terá meios de se sentir bem enquanto estiver preso a essa droga. Não é ele que domina a droga, a droga é que o domina."

Problemas de todos os tipos e de todas as fontes imagináveis se combinaram para acelerar o declínio comercial de James Brown na metade da década de 1970. Contudo, até mesmo o prognóstico mais pessimista das novas preferências musicais não teria como prever o colapso dramático da influência e do apelo do homem que mais trabalhava no mundo artístico. Naturalmente, a morte de seu filho o havia abalado demais, mas o trabalho parecia mantê-lo firme. Sua insatisfação com a Polydor estava em trégua enquanto desfrutavam dos sucessos de 1974.

Em agosto, ele aproveitou-se do sucesso para telefonar à Polydor e pedir um adiantamento de 400 mil dólares para quitar seus impostos (a Receita Federal pela primeira vez se interessou por suas finanças em 1968). O problema era que a gravadora afirmava que ele ainda lhes devia $470.000 + $363.000 por custos de gravação referente aos primeiros oito meses do ano. As vendas haviam garantido o retorno de 276 mil dólares, mas sua conta ainda estava negativa em 557 mil dólares. No final, recebeu um empréstimo de 500 mil dólares, mas teve de usar suas ações das empresas de divulgação Dynatone, Golo e Tansoul como caução, com futuros *royalties* e adiantamentos de gravações ou de produtores assegurados em seu contrato de 1971 com a Polydor, e os *royalties* de compositor e divulgador, e outras quantias dos três divulgadores mencionados anteriormente, além da Jadar e CriTed e quaisquer outros *royalties* de produtores.

Assim, em janeiro de 1975, seu problema com os impostos se intensificou quando o Departamento de Taxações e Finanças do Estado de Nova York abriu um processo de cobrança contra a Polydor como execução em respeito às taxas não pagas contra Brown e a esposa Velma. Isso obrigou a Polydor a transferir todas as propriedades pessoais e pagar qualquer quantia devida ao cantor sob a vigência de seu contrato de gravação ao Departamento de Impostos e Finanças até a quantidade da cobrança que correspondia agora a um total de $85.411,53. Em efeito, antes que a Polydor conseguisse garantir os *royalties* para saldar o empréstimo que ele recebera, eles tiveram de entregar o dinheiro para os impostos do Estado.

James Brown começou a sentir que (a) todos estavam atrás dele, (b) ele estava perdendo o controle da carreira e (c) a maioria de seus tenentes fiéis estava abandonando-o.

"Na verdade, eu trabalhei com James até 77, mas a partir de 75 decidi seguir uma carreira solo e cobrava por tudo o que fazia para ele", disse Patton. "Eu agendava shows no Canadá ou em qualquer outro lugar e cobrava dele 10% de tudo. Então, ele dizia algo como: 'Você só recebe 10% se fizermos dois shows'. Bobbit tentava me proteger. Na realidade, até 1977 ganhei tanto dinheiro quanto ganhava antes, mas exigia que me pagasse o valor total de cada show antes de agendar outros." Patton deixou o trabalho quando as exigências de Brown por lealdade foram longe demais. "Minha filha nasceu em julho de 1975. Estávamos fazendo um grande concerto em Nova Orleans, um show ao ar livre, e voltei a Nashville, onde eu morava na época, e telefonei a James em Augusta. Eu estava no hospital, minha esposa estava tendo bebê. E ele disse: 'Onde você está?'. Respondi: 'Bem, antes de mais nada, quero lhe dizer que já vendemos todos os ingressos para o show e que o sr. Bobbit e o sr. Holmes estão em Nova Orleans. E eu voltarei somente amanhã a noite para o show'. Perguntou novamente: 'Bem, onde você está?'. Disse: 'Bem, estou em Nashville'. Ele disse: 'O que você está fazendo em Nashville?' Eu respondi: 'Estou no hospital. Minha esposa está tendo um bebê'. Ficou mudo. Ele disse: 'Sr. Patton, você é médico?'. Eu disse: 'James, você sabe que não sou médico'. Retrucou: 'Então, vá já para Nova Orleans – ela não precisa de você, precisa de um médico. O que você vai fazer por ela aí? Seu trabalho é trabalhar para mim'. E desliguei o telefone."

Patton contou que Brown pediu que um de seus outros empresários telefonasse novamente para ele em Nashville e reiterasse sua importância para a organização e para o controle das coisas durante o concerto antes que o show começasse. "Assim, voltei para lá. Entretanto, depois desse episódio, passei a ser menos necessário. Até hoje, eu ainda adoro James e o respeito. Nós sempre temos amigos que sabemos que não serão totalmente corretos conosco, mas ainda assim eles são nossos amigos (...)." Fez uma pausa e continuou: "São grandes artistas e ele provavelmente é um dos melhores para mim. Não sei se voltaria a trabalhar para ele um dia, mas estou feliz por ter tido a chance de estar com ele. Fiz alguns trabalhos com Elvis, quando ele saiu em turnê entre os anos de 1969 e 1970, promovi alguns de seus shows. Mas isso aconteceu porque antes trabalhei para o James".

Charles Bobbit deixou a organização de Brown um ou dois anos depois de Patton. "A gravadora não estava fazendo nada em favor dele [Brown]. Ele queria fazer tudo sozinho. E começava a ficar paranoico e eu acho que foi exatamente isso que o fez chegar onde chegou. É claro que nós é que formávamos a equipe por trás de James, e não a Polydor. E todos viemos da época da King. Lá, James era responsável por 75% a 90% das vendas. Ele era a King Records. E, na verdade, no departamento de artistas negros da Polydor, ele detinha 75% das vendas, mas ainda assim eles não o respeitavam. 'Você não pode nos telefonar às quatro horas da manhã e, então, batiam o telefone na nossa cara'. E James estava acostumado a fazer aquilo com cada um dos diferentes presidentes que trabalharam lá. [A Polydor] simplesmente não se importava com James Brown. Nos últimos anos, quandos relançaram seus discos e CDs, fizeram muito mais pensando neles mesmos."

"Ele sempre teve aquela atitude de paranoia e acho que desde 1974/75, eu imagino, foi que ele começou a decair cada vez mais, acho que foi nesse momento que a vida dele teve uma reviravolta. Não estava mais com a King, não estava mais no controle, ele não tinha mais como forçar as pessoas a fazer as coisas. Quando começou a trabalhar com a Polydor, ele telefonava e dizia: 'Bem, quero ir para o estúdio, mas só o farei se vocês me derem 200 mil dólares, se me arranjarem um avião, se pagarem as despesas de todo o meu pessoal (...)' e eles faziam isso. De repente, começaram a dizer: 'Espere aí, você já nos deve dois milhões de dólares, não podemos lhe dar mais dinheiro'. 'Então, não vou trabalhar.' 'Ok, então não trabalhe.'"

Depois de 1974, também ficou claro que Brown tornara-se menos decisivo a respeito da direção de sua própria música. A música afro-americana dividiu-se em estilos que incluíam um *soul* mais doce, o funk pesado e a música disco. No último estilo classificado, todas as imperfeições eram acertadas e trabalhadas em favor da expressão emocional e espontânea mais existencial que passava a ser suplantada pelos refrões entoados, a melodia era mais simples e as letras das músicas pareciam embaladas por ideias de amor e bons tempos mundanos. Os arranjos se tornaram previsíveis, as contagens de batidas por minuto em um disco passaram a ser um dos pontos principais de vendas. Brown estava despreparado demais para aquele mercado. Ele costumava usar *overdubs* e tinha o hábito de acelerar ou reduzir o ritmo de suas faixas, mas em sua essência ele era o líder de uma banda e o cantor que editava as canções ao vivo no estúdio com uma banda quando elas eram boas. As novas técnicas dos estúdios, em especial as das faixas gravadas em camadas – o ritmo, então, as cordas e finalmente os vocais eram anátema para ele.

De modo estilizado, ficava preso ao funk pesado, mas aqui o retorno das bandas independentes que usavam "Papa's Got A Brand New Bag" e seus resultados como uma ponte de lançamento eram na maioria mais jovens, e seus visuais modernos começaram a fazer com que os shows de Brown, por tanto tempo o fundamento de seu império, parecessem ultrapassados. O talento de Sly Stone já havia se apagado, mas a trupe de George Clinton continuava a propagar o funk na companhia do The Ohio Players, Kool & The Gang, a Earth Wind & Fire, de Maurice White e o Cameo, de Larry Blackmon, entre muitos outros.

O álbum de 1974, *Reality*, trazia o sucesso Nº 4 de R&B "Funky President (People It's Bad)". Gravado em Nova York com uma banda de músicos locais num momento em que Gerald Ford ocupava a cadeira presidencial interina depois da queda de Nixon. A faixa estimulava pessoas comuns a assumirem o controle de seus destinos, exatamente da forma com que Brown perdia o controle de seu próprio futuro, o controle que ele tanto lutara para estabelecer por duas décadas. Entretanto, depois de mais de 20 anos com 300 apresentações anuais e sessões de gravações encaixadas sempre e onde fossem possíveis, o irmão número um do *soul*, o homem que mais trabalhava, finalmente começou a dar sinais de tensão, cansaço e exaustão. Ele ainda era o artista afro-americano mais vendável do século XX, mas o respeito que recebia da instituição americana passou a ser insignificante. Eles o usaram quando suas cidades estavam prestes a ser incendiadas no fim da década de 1960. Além das exigências de ter de criar e entreter, ele comandava os próprios negócios desde o início da década de 1960 e, com uma mistura de autoridade espiritual e líder político, tinha a responsabilidade de estimular as esperanças, os sonhos e as expectativas dos afro-americanos. A trajetória política em ascensão do reverendo Al Sharpton passou pela órbita de Brown em uma capacidade quase gerencial. A família de Sharpton mudara-se para uma casa a algumas quadras da residência de Brown no Queens. A única lembrança que tinha de seu pai era que ele havia levado o jovem Al para ver James Brown no Apollo. Conheceu o filho de James, Teddy, pouco antes do acidente fatal de carro e foi apresentado ao Padrinho em 1973 antes de um concerto no Newark Symphony Hall. Na época, Brown estava envolvido com algumas campanhas do reverendo Jesse Jackson que incluíam o PUSH e o SCLC. Logo depois, realizou dois shows beneficentes para o Movimento Nacional da Juventude de Sharpton, no Teatro Albee no Brooklyn, e levou o jovem ao redor do país durante um ano, acompanhando-o em suas apresentações, programas de rádio e TV. Sharpton tentou fundar ramificações do movimento em todos os lugares por onde passaram. "Quando prestamos homenagens a Brown", começou o reverendo antes de um show na Madison Square Garden em 1974, "estamos na verdade homenageando a nós mesmos porque, nos últimos 20 anos, ele superou a eficácia de muitas organizações de direitos civis ao mostrar o caminho para toda uma geração de jovens, homens e mulheres, negros". Uma responsabilidade e tanto.

A tensão evidenciava-se ainda mais nos discos de Brown, que não mais criavam novas tendências, mas apenas as seguiam. Quase todos, ou praticamente qualquer pessoa, faziam agora parte da mania Disco, e o problema estava por todos os cantos. Assim como um atleta que começa a envelhecer e, de repente, decide vislumbrar as glórias da juventude, Brown sabia como fazer isso ao ouvir algumas de suas canções. A canção "Get Up Offa That Thing (Release The Pressure)", um sucesso dançante, alegre e direto que chegou à quarta posição nas paradas de R&B em 1976, é um ótimo exemplo disso. "Jimmy Nolen e eu estávamos lá em Miami esperando o tempo passar no camarim, e criamos essa faixa cheia de ritmo", disse Charles Sherrell. "Então, levamos a música para James e dissemos: 'Ei, sr. Brown, olha só o que fizemos. Vamos deixá-lo ouvir a música e temos certeza de que você vai querer gravá-la. Então, ele aprovou: 'Ótimo, ótimo, ótimo, ótimo'. Assim, reunimos todos os rapazes e mostramos o novo material. Era uma música incrível." Bem, talvez nada tão maravilhoso assim, mas um retorno completo à forma em comparação àquela coisa lamentável e confusa do ano anterior chamada de "Everybody's Doin' The Hustle & Dead On The Double Bump".

A ordem antiga estava em colapso. Elvis Presley, o único artista branco de prestígio semelhante da mesma geração (Brown tinha quase 20 meses a mais), morreu em 1977. Eles se conheceram, mas, segundo Bob Patton, "não eram amigos de verdade. Elvis era um verdadeiro fã de Jackie Wilson. Já os rapazes que trabalhavam para Elvis, sua equipe, Sonny West e os outros integrantes da trupe, adoravam James. Eu sempre tinha de convidá-los para ver os shows. Elvis veio assistir a uma apresentação, cumprimentaram-se, mas nunca foram íntimos".

Patton não se lembra deles cantando música *gospel* juntos, como o Padrinho afirmara em sua autobiografia, mas Brown certamente esteve presente no enterro de Presley. "James queria ir ao velório de Elvis. Conseguiram uma limusine para buscar James e levá-lo diretamente à casa [Graceland] para que ele pudesse prestar suas homenagens. E James fez isso. Na verdade, quando James estava lá, conversou com Priscilla e algumas outras pessoas e passou algum tempo ao lado do caixão, debruçado sobre ele. Fred Davis [um ex-*dee-jay* do Texas que se juntou à organização de Brown] ficou branco. Chamou: 'Sr. Brown, sr. Brown'. James levantou a cabeça e resmungou: 'Você não percebe que estou conversando aqui'. Então, Fred sussurrou em seu ouvido: 'Sr. Brown, você está quase deitado sobre o sr. Presley'. Se James Brown alguma vez na vida ficou branco, essa foi a vez. Demorou quase um minuto e então parecia ter melhorado."

A parte final de sua carreira não foi nada alegre. Apesar de todos os seus problemas nos Estados Unidos, as apresentações de Brown continuavam a atrair grandes plateias no exterior. Os shows estavam cada vez mais estilizados, as bandas das turnês tocavam com uma energia treinada em vez daquela atitude improvisada, e a própria contribuição do cantor era, naturalmente, menos atlética, e a autoridade em sua voz, menos constante. O homem que mais trabalhava no mundo artístico não tinha mais tanta energia e não conseguia encontrar nada que substituísse o vigor físico puro que tornava seus shows tão comoventes. Talvez, se ele tivesse conseguido manter a última grande banda de suas turnês da metade da década de 1970, poderia ter conseguido desenvolver um show sobre linhas mais evidentemente musicais, mas seu comportamento instável finalmente convencera até mesmo os músicos mais leais de que seus futuros já não estavam mais ali. Fred Wesley, com os lábios sangrando e os dentes doendo de tocar o trombone por dez minutos ininterruptos no solo de "Funky Good Time", praguejava em silêncio quando Brown gritava: "Ei, Fred! Ao meu comando (...)", e desistia do solo, estivesse ele desinteressado, exasperado ou de olhos arregalados de tamanha exaustão. Na função de líder da banda e diretor musical, Brown esperava que ele estivesse disponível 24 horas, sete dias por semana. Quando o dinheiro deixou de valer a pena, e as multas, quando ele as pagava, tornaram-se infantis, além do fato de não conseguir o respeito de seu eleitorado – os músicos de *jazz* – começaram a fazer com que ele se sentisse provocado e envergonhado, até que deixou o grupo. Fred se divertiu por algum tempo com George Clinton como o líder do The Horny Horns, deixou o *jazz* e, posteriormente, juntou-se a Maceo e "Pee Wee" Ellis.

Maceo Parker deixou o grupo, mais uma vez, em 1975, no fim de uma turnê que começara no ano anterior. Durante a longa jornada da fase africana, após um concerto no Zaire, um avião que levava James Brown e a banda, B. B. King e seus músicos, The Detroit Spinners, The Crusaders e Lloyd Price, só deixou a pista porque estava sobrecarregado com os objetos pessoais de Brown. Em um de seus ataques mais ultrajantes e potencialmente letais de egotismo desenfreado, Brown insistiu que outros passageiros tivessem suas malas removidas para sobrar mais espaço para a bagagem excessiva do Padrinho, e ainda assim o avião mal conseguira decolar. Parker deixou o grupo sem grandes arrependimentos, mas acabaria voltando mais uma vez. George Clinton, entrevistado em 1995, ao falar do grupo de instrumentistas de Brown a quem deu guarida [Maceo Parker, Fred Wesley entre eles], disse: "Não há ninguém no mundo tão dedicados entre si", fazendo-os parecer veteranos de guerra, "ou com quem tenham tocado antes. Acho que depois de tocar com James Brown, todos eles costumavam falar a respeito disso como se não gostassem da situação, mas falavam tanto daquilo que só podiam gostar. E agora eles entendem, porque aprenderam tanta disciplina que são capazes de agradecer por quase tudo que viveram, e não há nada mais que seja impossível para eles depois de passarem por essa situação". Eles também acabavam confirmando isso. "Muito raramente, as pessoas me impressionam ao tentar colocar uma interpretação nas músicas, principalmente o funk, porque na minha opinião, esse estilo é tudo o que sempre quiseram ser. No entanto, eles sabem como fazer e parecem tão intelectuais que o dinheiro nunca deixa de vir."

Brown viajou pela Europa com regularidade – 1977, 1978, 1979 e 1981 – e gravou seu último álbum com a Polydor, em Tóquio, no mês de dezembro de 1979. Voltou duas décadas depois para conseguir sua próxima marca. Seu velho amigo, Henry Stone, gravara a música "(Do The) Mashed Potatoes", de Brown, em Miami, sob o pseudônimo de Nat Kendrick & The Swans e a lançou em sua gravadora Dade em 1959. Ele havia intermediado o acordo para Brad Shapiro produzir Brown. Agora vinha novamente em auxílio de Brown para lançar "Rapp Payback (Where Is Moses)" em sua gravadora TK, uma daquelas investidas repentinas de funk compacto que o Padrinho do *Soul* ainda era capaz de produzir. O JBs de 1980, em especial o baixista David Weston e o antiguíssimo guitarrista Jimmy Nolen, criaram uma batida bem compassada que poucas orquestras do passado ou os integrantes do JBs seriam capazes de produzir. No entanto, o *single* alcançou somente a 46ª posição nas paradas de R&B – a distribuição nacional da TK não era das melhores, mas, o mais importante é que os gostos da plateia afro-americana de Brown haviam mudado de maneira definitiva. O álbum *Soul Syndrome*, construído a partir do *single*, parecia fora de compasso, tanto o *funk* pesado quanto a excelente música dançante de 1980. Ainda assim, os experimentos mais antigos de Brown continuavam populares nos Estados Unidos no nível das raízes de seu naipe de metais. Uma nova onda de grupos diferentes tanto de artistas brancos quanto negros, desde Pere Ubu até James "Blood" Ulmer, seguiam o funk JB. James White & The Blacks (ou James Chance & The Contortions) tentaram construir uma carreira com base em regravações de antigos sucessos como "I Can't Stand Myself" e "King Heroin".

Como se para realçar a falta de direção clara de sua carreira, ele apareceu no festival do Grand Ole Opry, o baluarte de Nashville de música caipira e sertaneja. "Eu poderia vomitar", disse um idoso à revista *Country Music,* em maio de 1979. O cantor Jean Shepard recusou-se a aparecer no show. Entretanto, a revista também disse que Brown, por fim, conquistou a plateia. Dois anos depois do evento, Porter Waggoner, o artista que levara Brown para participar do festival, disse à mesma revista que ele fez aquilo para firmar outro marco histórico para o Grand Ole Opry e conseguir uma cobertura mundial para o evento, "O Rei da Música *Soul* aparece no Grand Ole Opry!" No entanto, algumas pessoas da instituição de C&W questionaram sua lealdade. A *Música Country* não sabia ao certo se o preconceito era racial ou musical. "Esse poderia ser um fator", admitiu Waggoner, dizendo também que se os críticos conhecessem James Brown, "eles não teriam se sentido daquela maneira. Pois[Ele] é um dos homens mais importantes, um dos mais profissionais que já conheci."

Contudo, exatamente da mesma forma que a plateia, o sangue que o mantive vivo por 25 anos o desertava de modo tão definitivo, ele encontrou uma nova geração de fãs brancos. Após o sucesso com as trilhas sonoras de *Black Caesar* e *Slaughter's Big Rip-Off* surgiram boatos de uma possível estreia no cinema. Algumas pessoas o viam como um príncipe africano, enquanto outras, *Come To The Table*, prefeririam dar a Brown o papel do jogador de sinuca Nº 1 do mundo chamado Youngblood – supostamente, um tipo de Augusta Fats. Gil Moses dirigiria o filme e havia papéis para Charles Bobbit e Lyn Collins. O filme nunca chegou a se materializar, embora um outro intitulado *Youngblood* tenha sido filmado com a participação de Lawrence Hilton-Jacobs, Ren Woods e Bryan O'Dell. O filme tinha pouca, se é que alguma, semelhança com a sinopse do projeto cancelado de Brown. O grupo War compôs e gravou a trilha sonora.

A oferta de fazer uma pequena participação no filme de John Landis de 1980, *The Blues Brothers* [Os Irmãos Cara de Pau ou O Dueto da Corda] no papel do reverendo Cleophus James, um entusiasmado ministro evangélico do Coral Espiritual da Igreja Triple Rock, acabou sendo uma decisão inteligente. A aparição de Brown e Aretha Franklin como a dona de um restaurante de comida *soul*, John Lee Hooker como músico de rua, Ray Charles como um desastrado gerente de loja de instrumentos musicais e Cab Calloway proporcionaram interlúdios de verossimilhança justa e comovente que paira à beira da arrogância no enredo chato, elaborado como um veículo para as farsas cômicas de John Belushi e Dan Ackroyd. Não que Brown tivesse se sentido remotamente condescendente. "Eu estava passando por um período ruim na época, com dificuldades para conseguir lançar meus discos", confessou à revista *Musician*. "Verdade seja dita, eu não estava sendo procurado, não era querido."

"*The Blues Brothers* me apresentou para um público a partir de um conceito evangélico", disse Brown, "mas eu ainda era James Brown na maneira de agir. Entretanto, eu não aparecia fazendo uma apresentação disco, uma dança sensual ou uma dança comum de James Brown. Simplesmente ia de um lado a outro, o que eles chamam de navegar. Ainda assim, o filme me apresentou para toda uma nova plateia e todos tiveram a chance de me ver em todas as nacionalidades."

Infelizmente, eles não encontraram nenhum material novo de James Brown nas lojas de discos que pudesse instigá-los. A participação rápida fez com que a procura por seus shows voltasse nos Estados Unidos, mas não nos teatros dos negros – muitos deles já haviam fechado as portas depois de sofrerem com a invasão da música disco e com a recessão – e sim, nos clubes como o Lone Star. E ele mais uma vez começou a aparecer na TV. Em 1976, Brown teve a ideia de produzir e dirigir o seu próprio programa de televisão, *Future Shock*, filmado em Atlanta. O programa era feito por negros para os negros e oferecia um palco aos afro-americanos de todas as profissões. Para manter o controle, comprava horários de transmissão das estações de TV e vendia seus próprios comerciais. Sua organização afirmava atingir uma dúzia de cidades no sul e no sudoeste. No fim de 1976, disseram que o programa estava para ser vendido para 42 países africanos. Uma rede de TV ofereceu ao programa um período de três meses de teste; Brown exigiu um contrato de cinco anos. Em 20 anos, ele esperava controlar um grande segmento daquilo que os telespectadores americanos assistiam. Na realidade, *Future Shock* não teve futuro algum. No entanto, depois do filme *The Blues Brothers*, Brown ainda era bastante convidado para aparecer nos programas de TV.

Em fevereiro de 1982, quando estava em Los Angeles para gravar um programa chamado *Solid Gold*, conheceu Adrianne Modell Rodriguez, a maquiadora e cabeleireira do programa que já trabalhara como atriz em novelas como *Days of Our Lives* e *The Young And The Restless*. Eles se casaram no fim de 1984. Um acordo nupcial não foi o único contrato em que ele assinou seu nome naquele ano. Em março de 1982, a Island Records assinou com Brown. "O acordo é um dos mais emocionantes da história da gravadora", anunciaram, "e representa um capítulo novo na carreira de Brown". Ele deveria começar a trabalhar naquela primavera nos estúdios Compass Point, na agitada Nassau, com a excelente equipe do baterista Sly Dunbar e do baixista Robbie Shakespeare e os demais integrantes da banda da casa – Mikey Chung (guitarra), Wally Badarou (teclados) e Sticky Thompson (percussão). Brown, disse a Island, produziria álbuns, comporia o material e traria alguns dos integrantes da banda Internacional do JBs com ele, incluindo Jimmy Nolen, Fred Wesley, St. Clair Pinckney e o trompetista Holly Ferris.

Se não exatamente um casamento escrito nas estrelas, essa intrigante justaposição do grande cantor *soul* e ministro do funk com o grupo intenso e pesado de *reggae* poderia ter sido uma combinação fascinante de estilos. Paul Wexler, filho de Jerry, o produtor de tantos grandes sucessos da Atlantic Records, conduzira o acordo na função de coordenador de artistas e repertório americano da Island e viu todo o negócio deslizar por entre seus dedos como água. "Ele estava realmente ansioso para romper o ciclo de gravar para outra grande gravadora", disse Wexler à *Billboard* enquanto sessões do álbum, temporariamente intitulado *Country Funk*, eram executadas. "Ele está ansioso com o projeto de atenção pessoal pequena de uma empresa menor. James não precisa ser uma novidade. Estamos falando aqui de um artista cuja contribuição fala por si só." Entretanto, ele nunca mais se envolveria em uma situação no qual pudesse exercer o tipo de poder que tinha em sua pequena gravadora anterior, a King, porque a indústria havia mudado. Brown falou de algo entre cinco e oito novas canções sendo preparadas, que alguns chamaram de "Bring It On", e tinha esperanças de lançar "um disco de apelo em massa". Estava ansioso para trabalhar com a grande equipe do *reggae*. "Existe um sentimento produzido por eles com o qual me identifico."

Infelizmente, o ego de Brown, nunca adormecido por muito tempo, estava novamente no modo volátil. Ele chegou com três horas de atraso para uma festa de boas-vindas organizada pelo fundador da gravadora, Chris Blackwell, e os dignitários locais, uma gafe social justificada pelas dificuldades de seu cabeleireiro Henry Stallings com a umidade enquanto tentava domar o cabelo de Brown. Tudo foi logo esquecido quando Brown, Wesley, o compositor Wally Badarou e o The All Stars começaram a trabalhar. As sessões progrediram de modo suficientemente pegajoso em função do clima local, mas acabaram culminando quando, afirmou Wexler, Brown exigiu os direitos de divulgação de uma canção escrita por Dunbar e Shakespeare como se ele estivesse de volta aos tempos dos estúdios da King em Cincinnati com a The James Brown Orchestra. Pouco depois, a infelicidade de Stallings sucumbiu às úlceras hemorrágicas. Brown estava certo de que fora envenenado pela equipe de funcionários do estúdio e deixou Nassau com sua trupe. Wexler disse mais tarde que enfrentaria a confusão novamente sem hesitar. "Todos os ferimentos em sua psique criativa e os temores de exploração que, de maneira histórica, se originam de abusos e decepções bastante reais, [ele] é indiscutivelmente um talento de proporções monumentais. A história mostrou repetidas vezes que seu produto acabado sempre fez qualquer briga *en route* parecer terrivelmente insignificante em retrospecto."

John Belushi morreu em decorrência de uma overdose de drogas enquanto Brown trabalhava com o ex-parceiro de Belushi, Dan Ackroyd, em outro filme, *Dr Detroit* [Dr. Detroit e Suas Mulheres], (que trazia "King Of Soul" e uma nova versão de "Get Up Offa That Thing") e o sermão antidrogas que o cantor apresenta em sua autobiografia sobre a morte de Belushi é especialmente triste em vista da direção que sua vida pessoal tomava. Um terceiro filme de 1985, *Rocky IV* (Sly Stallone ataca Dolph Lundgren em uma sequência grosseira inacreditável de *Rocky*), trouxe uma inovação ainda maior quando Dan Hartman e Charlie Midnight escreveram uma melodia temática para a obra *Living In America*, apresentada no filme em uma gloriosa técnica de cores pelo sr. Brown.

Depois da formação de 1980 de "Soul Syndrome" na TK, Brown surgiu mais tarde naquele mesmo ano no álbum da trilha sonora do filme *The Blues Brothers*, gravado em uma versão dupla ao vivo no Estúdio 54, em Nova York, que seria lançado em 1981. Suas únicas novas gravações em estúdio tinham sido *Nonstop!* para a Polydor em 1981 e *Bring It On*, baseada em uma canção do projeto cancelado da Island, lançada em sua própria gravadora Augusta Sound em 1983, mas nenhuma delas causou muita euforia comercial. Entretanto, *Living In America* ilustrava aquilo que Brown precisava para conseguir um novo mercado popular mais jovem: compositores e produtores populares novos e mais jovens. É claro que a exposição promocional inestimável de um orçamento multimilionário de um filme de Hollywood não prejudicou a venda de *Living In America*. Impulsionado por uma força de rinoceronte, o *single* despontou nas paradas americanas de música pop a ponto de se tornar seu único segundo grande sucesso dentre as Cinco Mais Pedidas, vinte anos e dois meses depois do último, *I Got You (I Feel Good)*. Somente cinco grupos alcançaram dimensões maiores entre os sucessos das Cinco Mais – entre eles, Frank Sinatra, Smokey Robinson, Stevie Wonder e Johnny Mathis. Conforme *Living In America* subia nos gráficos, Brown foi apresentado ao Hall da Fama do *Rock'n'Roll*, um dos primeiros dez membros. Vinte e um anos após ganhar seu primeiro *Grammy* por "Papa's Got A Brand New Bag, Living In America", trouxe o segundo, por Melhor Desempenho Vocal de R&B, categoria

Masculino, na noite de premiação de 1986. A competição dessa vez foi um tanto menos complicada – Al Jarreau, Luther Vandross, Oran "Juice" Jones e Billy Ocean. No entanto, será que Brown gostou do disco, o primeiro em que não houve quase nenhuma contribuição do Padrinho do *Soul* além dos vocais?

Como disse Hartman antes de sua morte em março de 1994, Stallone queria um som de Led Zeppelin com um vocal de James Brown. Certamente, a equipe de composição e produção achou arriscado produzir uma "faixa de dança no estilo semipatriótica de James Brown" porque seu ritmo tinha uma sofisticação maior e sua voz era muito mais forte do que podiam ouvir no calor dos sucessos de música popular da década de 1980. Assim, eles substituíram os sons harmônicos patrióticos com o realismo do Homem Que Mais Trabalhava. Hartman gravou e cantou uma faixa básica e a enviou para Brown, que solicitou que os metais adicionassem mais som na sessão de ritmo do rock. Os The Uptown Horns, em turnê com Robert Plant, foram contratados. Foi a pedido de Brown, afirmou Hartman mais tarde, que ele e Midnight concluíram um álbum inteiro com Brown, *Gravity*. Segundo Tony Cook, um baterista das turnês de James Brown que trabalhou com ele por dez anos desde a metade da década de 1960, os compositores/produtores estudaram a banda nos palcos, documentaram, filmaram e gravaram faixas em uma aproximação bastante justa de seu estilo. Além de *Living In America*, Hartman e Midnight esforçavam-se o tempo todo para incluir Brown em novas faixas com base no rock – "Goliah", "Repeat The Beat (Faith)", "Turn Me Loose", "I'm Dr Feelgood", "How Do You Stop" e a faixa título – que agradou o mercado de *rock* dos brancos, assim como parte da plateia afro-americana mais jovem, a multidão que ele estava tão determinado a conquistar novamente. (O álbum mostrou o que poderia ser feito se Brown aceitasse o inevitável e trabalhasse com os muitos compositores/produtores mais jovens dispostos a trabalharem com ele. Naquela época Hartman estava no auge, trabalhando nas trilhas sonoras de diversos filmes, a grande maioria comédias – *Fletch* [Assassinato Por Encomenda], *Krush Groove*, *Ruthless People* [Por Favor, Matem Minha Mulher], *Down & Out In Beverly Hills* [Um Vagabundo na Alta Roda] – mas também no drama leve de *baseball*, *Bull Durham* [Sorte no Amor]. Também produziu o álbum *Foreign Affair*, de Tina Turner.)

Na verdade, a plateia jovem já acompanhava James desde muito tempo. Cenários musicais cem por cento novos e mais modernos foram inundados por cantores e músicos impregnados pela mensagem do funk pesado de James Brown entre 1965 e 1975. *Dee-jays* trabalhando com *rappers*, a primeira geração dos números de *hip-hop*, as grandes bandas de *House* em Washington DC a tocar *Go-Go*, um outro nome do *funk*, e inúmeras bandas de *funk* do pós-*punk* inglês eram alguns dos novos apóstolos. Seu som e ritmos ressurgiam de modo reciclado e elevado diretamente dos discos como amostras de novidades. O som agora era ensurdecedor e aparente em todos os lugares. Não havia um mestre de cerimônias para prefaciar seus números com uma ladainha de títulos como "Out Of Sight", "Papa's Got A Brand New Bag", "I Got You, Cold Sweat", "Lickin1 Stick", "Say It Loud, Mother Popcorn", "Funky Drummer", mas as músicas estavam lá, fossem nas notas, nas batidas, no espírito ou no sentimento. Estimava-se que entre dois e três mil discos na segunda metade da década de 1980 usaram um sample de James Brown. Se os *royalties* tivessem sido pagos, teriam sido bastante consideráveis. Eric B. & Rakim, Public Enemy, Ice T, Run-DMC, Beastie Boys, Fat Boys, Heavy D, Spoonie Gee, DJ Polo & Kool G Rapp, Sweet T & Jazzy Joyce, Scott La Rock, Fresh Gordon, o produtor Teddy Riley, Hammer. É uma lista muito extensa. Eles não conseguiam achar músicos que tocassem algo assim e, portanto, era preciso deixar que a banda ou a voz de James Brown viessem para fazer a *Popcorn!* A legitimidade artística desse tipo de exploração das raízes de uma música é complexa, mas sem dúvida pagava por seus dividendos. Mais tarde, em 1991, Brown observou que "Como podemos fazer com que o *rap* se torne o que precisa ser, quando sua música veio das ruas e não da igreja. Eles conhecem canções de uma nota só, mas não sabem como finalizar nada. É triste, mas são felizes dessa maneira". Três anos mais tarde, quando deu um tempo nos *rappers* que usavam amostras de JB em músicas com uma linguagem muito ruim, foi contra aquilo que fora usado em "I'm That Type Of Nigga", de Pharcydes, e "Sexy Noises Turn Me On", de Salt 'n' Pepa. "Não acho que músicas como essa devam ser colocadas no ar onde seus filhos, irmãs ou irmãos tenham acesso a ela".

A influência foi global. Quando tocou no The Venue, um clube de rock de Londres, em 1979, integrantes do Public Image, Pop Group e The Pretenders vieram para ver e ouvir; dezenas de outros, como, por exemplo, The Gang Of Four, Rip, Rig & Panic, Pigbag, A Certain Ratio, pareciam ter sido simplesmente tocados pelo Irmão Número Um do *Soul*. Mais tarde, artistas mais inclinados ao comercial, como George Michael, Sinéad O'Connor e The Fine Young Cannibals, sintonizaram suas músicas usando citações de "Funky Drummer" como plataforma de lançamento.

A elite do *hip-hop*, Afrika Bambaataa, não teve vergonha de dar crédito total a Brown por sua influência e, em 1984, colaborou com o Padrinho em *Unity*, um *single* de 12 polegadas de seis partes para a gravadora Tommy Boy. Bambaataa era um fã de Brown da década de 1960 – ele o assistira do lado de fora em um show no Estádio dos Yankees em Nova York em 1963 – e o viu novamente dez anos depois, quando Brown visitou a mãe de um dos dançarinos que morava na Rua 174, na zona leste da cidade. Mais dez anos depois, Brown foi ver Bambaataa em um show no Zulu Nation em Mount Vernon, Nova York, e eles conversaram novamente. Em uma reunião de negócios mais tarde, o acordo foi feito. *Unity*, uma mensagem de paz, unidade, amor e diversão contra as batidas pesadas do eletro-funk, foi totalmente varrida para debaixo do tapete em função dos boatos do lançamento de *Rocky IV*.

Em julho de 1984, na primeira edição de uma revista chamada *Soul Survivor*, Brown disse: "Se uma gravadora me liberasse a partir de hoje e dissesse: 'Faça o que quiser fazer', eu teria um sucesso atrás do outro. Porém, o sistema não quer isso, eles não querem que um artista tenha tantos sucessos assim, só querem que um artista tenha um sucesso a cada dois ou três anos". E, de fato, depois de *Living In America*, Brown ficou quase que em silêncio absoluto por três anos.

A promessa feita no início da década de 1980 por um show ao vivo revigorado – sua banda e cantores, agora conhecidos como o The JBs International e The Sugar Bees, tinham menos a oferecer, mas por causa de um ritmo ponderado e uma adaptação muito abreviada ele foi capaz de proporcionar desempenhos comoventes e impressionantes – foi desperdiçada nos discos de vinil. O silêncio, nas gravações, foi interrompido em 1988 quando a Full Force, uma banda sólida de seis integrantes do Brooklyn que dedicou seu álbum de 1986, *Full Force Get Busy 1 Time* a Brown (e ao *The Original Sly* e *The Family Stone*), produziu o álbum *I'm Real*. Em um período em que os *rappers* imitavam sua voz e as rajadas dos instrumentos de sopro em seus próprios discos, disse a Full Force que era certo e primordial que os jovens pudessem ouvir o original em um formato com o qual pudessem se relacionar. Ao contrário da defesa tradicional daquele que imita, não havia muitas razões para acreditar que simplesmente pelo fato de um jovem ouvir sons como "uuu-iii" ou batidas de "daaa-dap" em um disco de rap ou *hip-hop*, ele leria os créditos em letras minúsculas e sairia à procura do disco de onde o sample fora tirado. Vamos ser sinceros, aconselhou a Full Force, isso não era o mesmo que ouvir uma versão *cover* completa e então tentar descobrir o original. Assim, o grupo "mesclou vários de seus estilos com muitos dos [nossos] sons e com diversas batidas de rua". Como que para comprovar isso, considerando-se o contexto, Brown ainda continuava vendendo, sendo que a faixa título chegou à segunda posição de R&B.

Enquanto isso, a Polydor fora bastante alertada com relação ao fato de que havia grandes chances de ganhar muito dinheiro com o tesouro que possuía, conhecido como o catálogo de The James Brown. Quando foram bastante pressionados, decidiram relançar um *single* – na Grã-Bretanha, um renascimento das manias da década de 1960 em 1979 resultou no relançamento de "Papa's Got A Brand New Bag", reavivado com alegria – e Cliff White começou a contar a história desde o primeiro dia com o CD duplo *Roots Of A Revolution* em 1984. A repaginação continuou ativa até o início da década de 1990, quando Brown mais uma vez voltou às manchetes dos jornais pelas razões erradas.

Capítulo 14

James Brown fora preso diversas vezes em sua vida. Quando adolescente, na década de 1940, por vários crimes envolvendo veículos; na década de 1960, por suposta obscenidade durante um concerto; na década de 1970, por suposta "conduta de indisciplina", após um concerto. Ele é americano. É negro. As prisões e os assédios acompanhavam esse território. A luta pelos Direitos Civis, ele disse no início da década de 1980, não mudara muita coisa. As prisões ainda estavam cheias de homens negros. Será que só os negros cometiam crimes? As cadeias ainda estavam repletas de pessoas pobres. Será que só os pobres cometiam crimes? James Brown era dono do seu destino, com sangue-frio a ponto de parecer arrogante – e como um inovador na música, ele tinha razões de sobra para demonstrar essa arrogância –, visto que era muito rico e famoso. Nada disso o teria preparado para o que viveria em 1988, o pior ano de sua vida.

Depois do período em que passou na cadeia quando adolescente, as acusações levantadas contra ele quando adulto foram invariavelmente retiradas. Com exceção de alguns anos na King, quando ele era praticamente o único nome de prestígio que ainda permanecia na escalação, ele parecia viver em disputa permanente com todas as gravadoras com as quais assinou contratos. Foi investigado por alegações de que o *dee-jay* Frankie Crocker recebera suborno, sendo que o ex-colega de Brown, Charles Bobbit, testemunhou em 1976 dizendo que havia entregado a ele o valor de 7 mil dólares em nome de Brown. Sob juramento, o cantor negou, e as evidências foram desmentidas em uma perícia. Quando a Receita Federal decidiu investigá-lo com afinco, ele alegou assédio e os processou. Quando a Comissão Federal de Comunicações (do inglês, FCC) demorou a lhe conceder uma licença para uma das estações de rádio que ele queria comprar, também achou que estavam agindo de má fé com ele. Alegou que o fracasso de vendas de seus discos no início da década de 1970 aconteceu por uma conspiração entre a FCC e a Philadelphia International Records, a gravadora cujos donos eram Kenny Gamble e Leon Huff que produziram grandes sucessos no estilo disco orquestrados e mensagens sociais para o The O'Jays, Harold Melvin & The Blue Notes apresentando Teddy Pendergrass e outros. No início da década de 1980, confessou temer estar sendo vigiado pelo FBI e a CIA. Esse era um homem, sem a menor sombra de dúvidas, dominado por problemas. Ele oferecera aos afro-americanos uma chance, por exemplo, quando nomeou gerentes negros para cuidar de suas estações de rádio. E elas acabaram falindo. Seus jatos *Lear* foram apreendidos. Ele construíra um império e o destruíra. Ele estava muito, muito, muito cansado. Exceto quando subia em um palco. Os discos não eram a mesma coisa e agora pareciam obras bem mais moderadas, assim também como a sua banda, mas assim como um rebatedor de *baseball* ávido por mais uma chance no jogo, ele ainda sabia o que fazer sobre os palcos. Mas ele não podia fazer aquilo o tempo todo.

No dia 6 de maio de 1988, totalmente dominado pelo PCP, ou pó de anjo, como é conhecido nas ruas, ele teve de cancelar um show no Lone Star Café em Nova York. Apesar das entrevistas cada vez mais peculiares e incoerentes, recheadas de falsas conclusões e tolices, além dos boatos, que emanavam da trupe de James Brown, a respeito de um consumo cada vez mais abusivo de drogas, na década de 1980, a imagem do homem que mais trabalhava no mundo artístico, o indestrutível Padrinho do *Soul* que recitava letras como as de "King Heroin" e "Public Enemy Nº 1" se entregou a uma droga tão perversa e malévola, como o PCP, que o deixou literalmente destruído. Ele fizera parte da força-tarefa antidrogas do presidente Ronald Reagan durante sete anos enquanto fumava um tipo de maconha muito poderosa e prejudicial já há muitos anos, segundo Bob Patton. Na hora do show, ele parecia sempre estar pronto. Mas não foi isso o que aconteceu em 1988. Na verdade, naquela primavera, Brown e sua esposa dificilmente conseguiam ficar longe das manchetes por causa de drogas, armas ou acusações de violência doméstica. Sua esposa alegou que ele tentou matá-la e que os hematomas do espancamento foram fotografados para a edificação dos leitores do *National Enquirer*. Adrienne, mais tarde, confessou que tudo não passou de um truque de publicidade – e que a marca lívida em seu braço de fato parece ter sido pintada –, mas ela vinha se queixando à polícia local, desde 1984, do tratamento que Brown lhe oferecia. Outros integrantes de seu grupo disseram à revista *Rolling Stone* que ele espancara a sua última esposa, Deidre, além de outras mulheres próximas a ele, incluindo Tammi Terrell.

Assim, no dia 24 de setembro, ele perdeu-se de vez. Como se em antecipação a uma piada de mau gosto, o catalisador foi o banheiro. Ele invadiu um seminário de companhias de seguros, que acontecia em um prédio próximo ao seu escritório em Augusta, com uma pistola e uma espingarda queixando-se de que o banheiro particular de seu escritório fora utilizado. Uma das pessoas boquiabertas sentadas no auditório chamou a polícia e deram início, então, a uma perseguição que os levou até a fronteira do Estado na Carolina do Sul, com a caminhonete de Brown sendo acompanhada por uma pequena procissão de viaturas policiais. O caso não foi televisionado na TV nacional. Brown passou por um bloqueio da polícia, supostamente tentando atropelar dois policiais. A perseguição terminou quando atiradores da polícia acertaram os pneus da caminhonete – mesmo assim, ele dirigiu sobre os aros das rodas por dez quilômetros antes de cair em uma vala. No momento em que era preso, disseram que ele cantou "Georgia" e fez os passos do "Good" "Foot". No tribunal, Brown confessou que se sentia mais assustado do que quando fora ao Vietnã. Os detalhes da perseguição não mostram Brown como um perigo para ninguém, exceto talvez para si mesmo. Descobriram que sua espingarda estava quebrada; sua caminhonete ficou com 23 furos de balas na lataria. Suas ações depois de invadir o seminário das seguradoras parecem as de um homem confuso e assustado tentando voltar para casa na Carolina do Sul e, em seguida, a caminho de Terry em Augusta, onde fora criado. Solto mediante pagamento de fiança, 24 horas depois foi preso em Terry de novo por dirigir sob a influência do PCP.

Brown e sua esposa foram presos por desacato, alegando depois diversas conspirações e armações contra o próprio Brown, contra seu casamento e uma reação exagerada por parte da polícia, que atirou em sua caminhonete e então o pressionou a alegar ser culpado por tentativa de assassinato. Por fim, ele disse que lhe ofereceram 90 dias caso se declarasse culpado por todos os atos, incluindo o uso de drogas, ou pegava seis anos de cadeia. Ele não aceitou nenhum acordo e ganhou sentenças de seis anos, tanto da Geórgia quanto da Carolina do Sul, sendo que ambas correriam simultaneamente, com o tempo de prisão devendo ser cumprido no Centro Correcional State Park nos arredores de Columbia, Carolina do Sul. É provável que ele soubesse muito bem o que esperar da sentença na Geórgia. Ele já vivera a mesma situação 40 anos antes. Independentemente de quais as evidências, a sentença pelas ofensas particulares pareceu para muitos dos afro-americanos um tipo de preconceito e perseguição. O que um branco de prestígio cultural semelhante receberia em circunstâncias parecidas – cadeia ou um período no centro de reabilitação com, talvez, serviço comunitário para executar? O problema era que Brown negou terminantemente as acusações de abuso de drogas, aquelas contra as quais havia fortes evidências, e os policiais locais conheciam bem a história de problemas domésticos, tiroteios e brigas barulhentas resultantes do consumo de drogas que já aconteciam há vários anos. "Ele é um dos nossos clientes preferenciais", disse um delegado local, em maio de 1988, ao detalhar sete prisões em 18 meses.

Brown fora acusado três vezes nos últimos 12 meses por ofensas referentes a problemas com automóveis ou consumo de PCP e uso de armas. Já fora preso duas vezes em 1987, o que resultou em quatro acusações de excesso de velocidade, fuga do local de acidente e resistência à prisão pela qual foi multado. Em março de 1988, Adrienne entrou com o pedido de divórcio alegando crueldade, o último episódio fora um espancamento com um cano de ferro quando tentou deixar sua casa em Beech Island, na Carolina do Sul. Adrienne mais tarde retirou as acusações. Em abril, ela foi presa no aeroporto de Augusta por posse de PCP. Em maio, Brown a acusou de incendiar seu quarto de hotel em Bedford, em New Hampshire. Pouco depois, ele foi preso por bater nela. E encontraram PCP com ele. Cada um deles acusou o outro de plantar PCP em meio aos pertences do outro. De modo surpreendente, ela exigiu que todas as acusações contra ela fossem retiradas com base em sua imunidade diplomática – ela é casada com o Embaixador do *Soul*. Drogas, carros, armas, espancamentos, incêndio proposital. Mesmo antes do desfecho da perseguição de carro, que parecia ter saído do roteiro de uma série policial da TV de baixo orçamento, havia diversos delitos em pauta o suficiente para manter um tribunal inteiro trabalhando por uma semana cumprindo hora extra. No entanto, Brown, amigo dos presidentes (quando lhes era conveniente) desde a década de 1960, aguardava ser solto a qualquer minuto, após um dia, uma semana, um mês. Certamente, um de seus velhos "amigos" brancos na casa grande surgiria para ajudá-lo? Não havia a menor chance de isso acontecer. Ou pior, as organizações dos negros que ele ajudara, as estrelas que influenciara, poucas pessoas o visitaram, sendo que não muitas delas foram a seu favor. Não a respeito de sua culpa, mas a respeito da severidade da sentença. Aquilo fez com que se sentisse muito mal.

Enquanto esteve na cadeia, ao menos duas figuras brancas importantes do *rock* e do pop conseguiram se safar das acusações de prisão por suposto uso de drogas e incêndio culposo. O que aconteceu com ele, ele disse, era confirmação positiva de que o preconceito racial estava vivo e bem enraizado nos estados do sul. "Se eu fosse branco, conseguiria a minha liberdade condicional desde o primeiro dia (...) o problema é que eu tenho a cor errada." Negou terminantemente qualquer envolvimento com drogas, dizendo que estava sob uso de medicamentos controlados em consequência de uma cirurgia de implante dentário, cujo tratamento exigia o uso de determinadas substâncias. No entanto, para sermos mais práticos, o período que passou no Centro de Correção o convencera de que o país regredira 25 anos porque a má educação ainda mantinha as portas fechadas para os negros, que representavam agora 90% da população carcerária. Os mais jovens sabiam que a instituição fora injusta com ele – ele deveria estar fazendo terapia, e não detido na cadeia.

Pouquíssimos meses depois da sentença, uma forte campanha que pedia "Libertem James Brown" começou a ser organizada, liderada pelos *rappers* Melle Mel, que naquele momento fazia parte do Grandmaster Flash & The Furious Five, e Van Silk. O senador Jesse Jackson se reuniu com Carroll Campbell e Strom Thurmond, respectivamente governador e senador da Carolina do Sul, para apelar a favor de Brown. O reverendo Al Sharpton, seu velho assistente e conselheiro espiritual, Little Richard e Dick Clark, entre outros, trabalharam em favor da sua liberdade. Brown cumpriu sua pena trabalhando nas cozinhas e com o coral evangélico, compondo canções e, depois de um ano, foi colocado no programa de liberdade condicional para trabalhar. O apresentador de TV Arsenio Hall ofereceu a ele um emprego de "correspondente musical especial" porque ele não queria que o Padrinho tivesse de desempenhar alguma função mais servical. Tocou em um Show de Natal para os GIs na região vizinha de Fort Jackson quando sua autorização de saída foi cancelada por causa da Guerra do Golfo. As condições poderiam ter sido ainda piores. Os regulamentos das prisões estaduais permitiam que os presos carregassem consigo o valor máximo de 50 dólares enquanto estivessem na cadeia. Uma busca revelou que ele tinha 48 mil dólares em cheques ao portador e 600 dólares em dinheiro e, assim, foi transferido de uma cela de segurança mínima para uma solitária. A Receita Federal, ainda requerendo o valor de 11 milhões de dólares, apresentou uma ação de pagamento de impostos aos seus advogados.

James Brown foi solto no dia 27 de fevereiro de 1991, após cumprir uma pena de dois anos e meio da sentença de seis anos. Teve de se apresentar ao oficial da condicional até outubro de 1993. Apesar de tudo, obteve sucesso quando decidiu processar judicialmente pessoas como os produtores do filme *The Commitments* [Loucos Pela Fama] que usaram imagens de arquivos sem a devida permissão, e fabricantes de sapatos que fizeram uso de sua imagem em um comercial de muito mau gosto que falava de "duas grandes coisas com um solado preso e sem chave". Brown também havia anunciado uma conversa com diversas gravadoras para negociar um novo contrato, o que chegou como uma grande surpresa à gravadora Scotti Bros que ainda tinha direito a cinco álbuns.

De forma mais imediata, anunciou uma Turnê da Liberdade afirmando que o tempo na prisão o ajudara a ver as coisas de maneira mais clara. "Consegui criar um novo som – o Som Universal – que ainda é um *funk* bastante pesado, mas que está agora mais sintonizado com o que acontece na década de 1990." Iniciou novas investidas com *James Brown: Living In America*, um concerto *pay-per-view* do canal Warner Bros, da TV paga, promovido no Teatro Wiltern, em Hollywood, no dia 10 de junho, pelo promotor de lutas de boxe Butch Lewis. O show trazia uma típica linguagem destinada a chamar a atenção com um estilo forte, apresentada de forma séria e inesperada pelos reverendos Jesse Jackson e Al Sharpton, que iniciaram com uma oração. O contingente das artes afro-americanas fez questão de comparecer em massa para apoiar o evento – Quincy Jones e Gladys Knight, Denzel Washington, Blair Underwood e Mario Van Peebles do mundo dos cinemas, pequenas participações de En Vogue, The Boys, Tone Loc, Al B, Sure, Bell Biv Devoe, C&C Music Factory, Kool Moe Dee e M.C. Hammer antes da apresentação de Brown, cujo clímax foi alcançado por uma sessão especial com os convidados Rick James, Bootsy Collins e o antigo rival e companheiro sobrevivente da Geórgia, Little Richard.

Se alguma coisa resultou disso tudo foi que o interesse por sua vida e obra aumentara enquanto esteve na cadeia. "Sou muito mais famoso agora do que já fui em minha vida toda", disse com certo tom de exagero. Um documentário realizado com o intuito de homenageá-lo, *James Brown: The Man, The Music & The Message*, fora realizado para a TV pela On The Potomac Productions, uma empresa de Washington DC, e na PolyGram Cliff White, Harry Weinger e Alan Leeds já trabalhavam há 18 meses em uma caixa de quatro CDs cobrindo a maioria dos sucessos de Brown desde "Please, Please, Please" de 1956 até "Unity" de 1984, com algumas obras inéditas não lançadas dentre as 72 faixas. O material foi lançado pela Polydor em maio. *Love Overdue*, um "novo" álbum da Scotti Bros Records que trazia músicas muito parecidas com as faixas gravadas antes de seu encarceramento, no qual não indicavam ele estar pronto para conquistar novos territórios nos estúdios de gravação.

Em 1992, ele decidiu partir para o mercado britânico, trabalhando com o produtor Trevor Beresford Romeo, mais conhecido como Jazzie B, o jovem londrino por trás do Soul II Soul, e seu sócio Will Mowatt, em seis faixas para o álbum *Universal James*. Lançado pela gravadora Scotti Brothers, o álbum tinha uma música, "Can't Get Any Harder", da equipe de produção da Clivilles/Cole e três de Brown, incluindo "Everybody's Got A Thang" e "Make It Funky 2000". A terceira faixa de Brown, "Georgia-Lina" ainda faz parte de seu show ao vivo, como foi ouvida em uma quarta produção de *Live At The Apollo*, filmada em 1995 porque, sobre os palcos, a chama continuava acesa.

Capítulo 15

Dia 4 de julho de 1991 e, como a maior de todas as ironias, a Turnê de Liberdade de James Brown chegou à Arena de Wembley de Londres no Dia da Independência Americana. Houve também repercussão em sua primeira aparição em Londres desde que foi solto da prisão porque já fazia um quarto de século desde seu primeiro show no local e 35 anos desde o primeiro grande sucesso.

A Arena, parte de um complexo de esportes e entretenimento na região noroeste de Londres, é o maior e mais procurado local para shows ao ar livre na cidade de Londres e fica ao lado do Estádio Wembley, um dos campos de futebol mais famosos do mundo, sede da Final da Copa FA e das partidas internacionais dos jogos na Inglaterra. O átrio da Arena é uma confusão circular de agentes de apostas e apostadores, barraquinhas de hambúrgueres, táxis e limusines, amigos procurando por amigos. No interior da arena, a multidão encontra filas nos balcões de uma variedade de comida superfaturada que inclui sorvetes, cervejas de baixo teor alcoólico e refrigerantes. Os produtos da grife de James Brown também podem ser encontrados, senhoras e senhores.

A plateia desta noite é na maioria composta por brancos. Atualmente, parece sempre ser assim, a não ser quando um jovem grupo afro-americano como o Boys II Men ou R. Kelly se apresentam. A faixa etária do público oscila entre os 15, talvez um pouco menos, e devem ter visto o filme *Rocky IV* – até as pessoas com 55 anos de idade, talvez um pouco mais, que estão lá para ver se o velho *papa* conseguiu inventar algo novo desde que foi solto da prisão. Há naquele ar fétido uma sensação de ansiedade visível. O show será extraordinário, tanto pela emoção da noite quanto por sua qualidade musical. Entretanto, para as plateias europeias, vê-se uma decoração no estilo Hollywood florida e carregada demais, da qual o verdadeiro James Brown só pode ser visto de maneira intermitente e com dificuldades.

Capítulo 15

Apenas cinco meses mais tarde, está de volta para repetir o feito e a Arena agora está muito menos cheia, embora a idade e a mistura racial sejam as mesmas de antes. No entanto, a banda The Soul Generals agora, livrando-se do cheiro de naftalina, começa a voltar como uma unidade em sintonia porque a história está no comando na forma do baterista de turnês de Brown, Tony Cook. E seu saxofonista alto, magro e afável, St. Clair Pinckney, com as madeixas prateadas em seu cabelo cada vez maior, que conhecera o Homem Que Mais Trabalhava na escola em Augusta, encontra o sopro para um ou dois refrãos a mais. As integrantes do The Sugar Bees – Martha, Cynthia e Lisa – cantam uma versão inesperada e amarga de "What The World Needs Now". Então, em um brilho de luz resplandecente, oh meu Deus, é Jaaaay-mes Brown! Ele está vestido como o diretor de um anfiteatro ou um animador de circo, basicamente trajando os mantos de *Living In America*, além das seis dançarinas saltitantes de pernas longas. Conforme as explosões são detonadas, com pouco espaço entre as canções, fica claro que talvez James Brown esteja alcançando uma nova plateia. Eles estão menos acostumados com as finalizações forjadas e as continuações repentinas das músicas. Depois de "Man's World", ele olha para a multidão e anuncia, com um tom de satisfação: "Estou trabalhando muito todos os dias e me sinto limpo." Está em boa forma e com uma bela voz e, assim, com um grito em "It's Too Funky In Here", temos a impressão de que tudo aquilo deve ter vindo do Apollo, por volta de 1966, e o ritmo é ditado para lhe dar longas pausas de descanso durante os solos. Ele faz jus às antigas canções, "Prisoner of Love", "Try Me", "Cold Sweat", "Papa's Got A Brand New Bag", "I Got You (I Feel Good)", "Out of Sight" e o clímax de "Please, Please, Please". Mas a decoração visual da música proporcionada por aparições repetidas das seis dançarinas, a cada momento vestindo roupas diferentes, parecia um tanto quanto exagerada demais para uma plateia imaginada da década de 1990. De algum modo, James Brown conseguiu compreender tudo isso e, enquanto o Homem Que Mais Trabalhava no Mundo Artístico chegava aos seus 60 anos de idade, o show ficava cada vez melhor.

Brixton, Sul de Londres, 1995. Uma quarta-feira de junho bastante ensolarada. Calor nas ruas, a poluição da cidade nos rostos das pessoas, um dia muito, muito seco. As sombras se espalham cada vez mais, um momento entre os diferentes períodos do dia. Os trabalhadores que viajam do centro da cidade e do extremo oeste acabam de chegar em casa, e as pessoas encarregadas dos turnos da noite ainda não saíram para trabalhar. Três motoristas esperam para receber o dinheiro de suas corridas, conversas tolas no estilo anglo-caribenho do lado de fora de um escritório de táxis não oficiais. Duas portas logo acima, um aglomerado constante de fãs – traje obrigatório: shorts de diversos comprimentos, camisetas – caminham na direção da Academia Brixton, um local ao estilo *art-deco*, acústica e atmosfericamente o melhor lugar daquele tamanho na cidade de Londres (capacidade aproximada para 4 mil pessoas). A Academia está à mercê do bispo Edir Macedo, da Igreja Universal do Reino de Deus (est. 1977), que pretende transformar o local em um lugar de adoração. Esta noite, porém, aquela é a Igreja do James Universal (est. 1933), e o Homem que mais Trabalhava, Ministro do Mais Novo e Recente Funk Pesado, está de volta em meio ao seu rebanho internacional, em Londres, pela quarta vez em quatro anos.

Em seu interior, a Academia está cheia, mas de maneira bastante confortável. Um concerto de James Brown pisca nas telas de vídeo dos bares, que trabalham com as casas lotadas, mas a maior parte da multidão já delineou direitos territoriais na pista de dança, que se inclina de maneira acentuada desde as portas do auditório até a frente do palco. Alinhados com a natureza de Brixton, a plateia é uma mistura mais cosmopolita de raças do que a que foi atraída a Wembley. Às 9:30 da noite, todos os bares já estão vazios na expectativa da "Hora do Show!". As estações locais de rádio, que provavelmente tocarão a música de Brown e mencionarão o show, têm demonstrado grande apoio, em especial por parte de Jhelisa, sobrinha de Vicki Anderson. Ela recentemente lançou um álbum bastante aceito pelo público, mas ao vivo seu som parece não ter toda a intensidade esperada, apesar da dinâmica e do volume que impulsionam as batidas do baixo para dentro da cavidade do peito com o baque de um golpe dado por Mike Tyson. Trata-se de um som tecnológico unidimensional. Jamais confie em uma banda sem baterista.

O The Soul Generals, por outro lado, tem dois bateristas e um percussionista, quatro instrumentistas de sopro, dois guitarristas, um baixista, e antes da execução da primeira melodia eles começam a gritar: "vamos provocar o baterista?!". Uma banda de aspecto militar, com todos os integrantes vestindo jaquetas vermelhas e calças pretas. À direita dos Generais, seis dançarinas, vestidas com um branco angelical, formam um coral de aparência espetacular. Depois de 20 minutos, a hora do show se transforma na "Hora da Estrela!". O homem que já nos ofereceu músicas como "Payback!" – "Try Me" – "Doin' It To Death" – "Please, Please, Please" – "Sex Machine" – "Living In A-mer-i-cah!" Senhoras e senhores, o Padrinho do *Soul*, o sr. Jaaaymes Brown!!

"Cold Sweat", com um naipe de metais sem igual, seguida de uma versão surpreendente e saltitante de "Funky Good Time" muito bem recebida com aplausos. Há agora quatro Generais na guitarra e, para a nova formação de "Get On The Good Foot", duas dançarinas surgem no meio deles. Executam a música de uma maneira já feita por ele anteriormente, não com os mesmos movimentos, mas dão conta do recado. Aos 62 anos de idade, as articulações de um homem já não são mais como antes. Quando antes começaria a fazer o passo do "Mashed Potatoes", ele agora conduz os metais ou o coral, que no esquema das coisas de James Brown substituíram o The Famous Flames, em uma introdução *doo-wop* de "Try Me". E conforme isso acontece, fica ainda mais claro que, por fim, nos quatro anos desde que foi solto da cadeia, ao menos sobre os palcos, ele descobriu como se apresentar às diversas novas gerações. Em termos de prestígio, ele deveria ser venerado junto aos últimos grandes artistas do *blues* como B. B. King e John Lee Hooker. Decerto, sua música provou ser tão vendável quanto às desses ícones. Entretanto, o insistente egotismo, que o manteve na posição de um artista que passou pelas décadas de 1950, 1960 e início dos anos de 1970, também fez com que, na metade da década de 1980, permanecesse aberto a tantas aprovações quanto qualquer grupo afro-americano dissidente de uma geração mais jovem, como Prince. Ele pode não ter músicas novas ou grandes novos discos, mas entendeu que o título de Padrinho do *Soul* é algo bastante honrável e que não pode ser menosprezado.

É claro que algumas más escolhas são recorrentes, como, por exemplo, os ataques e os passos drapejados e soltos semelhantes aos do balé, que dão início a uma versão mais dramática de "It's A Man's, Man's Man's World". Esses interlúdios de Terpsícore, segundo os críticos do rock, fazem parte da tentativa de Brown de apelar para uma plateia de Las Vegas. É óbvio que eles não sabem nada – por que deveriam? – de sua longa história e do estilo dos shows do grupo que ele apresentou no Apollo na década de 1960 com sua primeira trupe de dança, The Brownies, com Elsie 'TV Mama" Mae, um casamento audacioso de berrador de *blues* e comediante, ou as muitas outras dançarinas que trabalharam com ferocidade a serviço do próprio sr. Please, Please. A dançarina ocasional não é uma manifestação repentina e aberrante de um artista desesperado que busca o isolamento sóbrio do saguão do cabaré dos brancos. A núbil é uma parte da apresentação tradicional da música afro-americana e, de uma forma ou de outra, sempre fez parte do show de James Brown desde a metade da década de 1960. De fato, no início dos anos de 1970, ele contava com uma dançarina *go-go* muito vigorosa que causou sérios danos à sua região sacroilíaca, mas seu show era tão comovente que os rodopios da dançarina ao lado da bateria mantinham o artista aquecido, mas era quase que totalmente ignorada pela plateia.

"FORÇA! É o que precisamos", James Brown deixa sua marca com o som mais alto de sua voz, "A Força do *Soul*! A Força do *Soul*! A Força do *Soul*!" Ergue-se ao centro do palco, ao experimentar alguns passos como se tentasse lembrar deles enquanto a banda ruge. Ele não se arrisca e prefere não dançar. Naquele momento, seus movimentos em "I Got You (I Feel Good)" podem ser mais remanescentes dos passos calistênicos e dos chutes de caratê em uma aula para os mais idosos, mas conforme os Generais do *Soul* investem no início de "Sex Machine", há uma sensação repentina e inegável de que ali está a raiz do funk, e o sentimento aumenta mostrando que essa não se trata de uma lição estéril de uma história do gênero, mas de uma música viva, que respira e emociona, e que ainda tem muito o que viver.

Capítulo 16

Uma turbulência intermitente e uma aprovação generosa, controvérsias constantes e tributos tumultuosos, esses sempre foram os companheiros fiéis de Brown durante os 11 anos seguintes. Ele estava muito bem estabelecido naquele período da vida, repleto de citações, troféus, placas e homenagens por suas conquistas e contribuições no campo que escolhera e que era uma ocorrência bastante comum. Conforme mencionado anteriormente, no dia 23 de janeiro de 1986, ele já era um dos dez recrutados inaugurais do Hall da Fama do *Rock'n'Roll* em Nova York (a premiação acabou acontecendo em Cleveland, Ohio) e, seis anos mais tarde, no dia 25 de fevereiro de 1992, fora agraciado com um *Grammy* por sua Realização de Vida. No ano seguinte, recebeu um Prêmio de Realização de Vida na Premiação Pioneira da Fundação do *Blues* e, em janeiro de 1997, foi escolhido para fazer parte da Calçada da Fama de Hollywood e, logo após, convidado para realizar um show ao vivo para a *Billboard*, um evento musical na Avenida Sunset associado a publicações comercias da música americana. Em junho de 2000, ele foi selecionado para participar do Hall da Fama dos Compositores de Nova York e, em dezembro de 2003, recebeu um prêmio de Honra do Centro Kennedy e um Prêmio de Realização de Vida da *Black Entertainment Television* (BET). Recebeu inclusive uma absolvição da Carolina do Sul por crimes cometidos naquele Estado.

Também nesse momento, diversos letreiros indicavam os muitos locais geográficos que foram batizados em homenagem ao Padrinho do *Soul*. É bastante compreensível que muitos desses lugares estejam localizados em Augusta, Geórgia – a avenida James Brown era uma parte da nona rua entre a rua Broad e a rua Twigg (uma estátua do homem em si podia ser vista próximo à rua Broad), e o centro cívico da cidade ganhou o novo nome de Arena James Brown em 2006. De modo menos inesperado, as pessoas mais influentes de Steamboat Springs, Colorado, votaram em 1993 para rebatizar a ponte sobre o rio Yampa como o Centro do *Soul* de James Brown da Ponte Universe. Para demonstrar seu agradecimento pela ponte, ele se apresentou ali ao menos duas vezes, em maio de 1993 e julho de 2002.

A ansiedade de Brown de abraçar e ser abraçado por sucessivos presidentes americanos, independentemente de qual fossem seus partidos, alianças ou desempenho, continuava. No fim de junho de 2001, em sua enésima viagem à Casa Branca, dessa vez para conhecer George W. Bush durante uma oportunidade de participar de uma sessão de fotos para marcar o Mês da Música Negra, em que os cantores de música *gospel* Shirley Caesar e Bobby Jones, o veterano vibrafonista/baterista de *jazz* Lionel Hampton e as cantoras Nancy Wilson e Lena Horne foram homenageados.

Tudo isso fez parte da reabilitação gradual de Brown como uma das influências mais profundas da música popular do século XX e agora do século XXI. Ele não era mais capaz de reinventar, regenerar e reavivar suas gravações em discos, mas sua influência totalmente persuasiva no *hip-hop*, *soul*, *blues*, *rock* e, sem dúvida, no *jazz*, era evidente, clara, óbvia e espantosa nas ondas de rádio para que todos pudessem testemunhar.

Na coluna de débitos constava um tema recorrente de uma classe menos palatável que fazia parte da vida familiar de Brown em Beech Island, Carolina do Sul, do outro lado do rio Savannah de Augusta, cuja área foi louvada em sua balada "Georgia-Lina". Em dezembro de 1994, Brown se entregara às autoridades do condado de Aiken na Carolina do Sul após ser acusado de empurrar sua esposa, Adrienne, durante uma briga, mas as acusações foram retiradas em março de 1995 quando ela se recusou a testemunhar contra o marido. Esse sempre fora um enredo recorrente na saga dos dez anos de casamento dos Brown. Em maio daquele ano, Adrienne estava em tratamento por uma overdose decorrente de uma prescrição de drogas nos Centros Médicos Gerais de Aiken e, no fim de outubro, Brown foi acusado, mais uma vez, de violência doméstica depois que Adrienne alegou ter sido atacada por ele. Ela foi encaminhada para o mesmo centro médico na Carolina do Sul. Brown foi preso e mais tarde solto pelo Magistrado do condado de Aiken por um acordo de 940 dólares. Contudo, o casamento tempestuoso praticamente seguira o seu curso normal. No dia 6 de janeiro de 1996, Adrienne faleceu em Los Angeles com 45 anos de idade, dois dias depois de uma cirurgia plástica. O departamento de investigação de homicídios de Los Angeles determinou que a ingestão de PCP e uma doença aterosclerótica do coração foram as causas imediatas da morte, sendo que seu problema cardíaco, infecção pulmonar e obesidade contribuíram para uma suscetibilidade à mistura de analgésicos prescritos e o PCP em seu corpo. Após o velório, em Los Angeles, o corpo foi transportado de volta para Augusta, Geórgia, para ser enterrado no cemitério Walker Memorial Gardens.

Mais tarde, naquele mesmo ano, Brown conheceu a mulher que se tornaria sua próxima parceira, além de cantora de apoio e vocalista em seus shows, Tomi Rae Hynie. Trinta e seis anos mais jovem que ele, Hynie fazia parte de uma banda de rock pesado, a Hardly Dangerous, que por algum tempo foi contratada da gravadora Maverick, de Madonna. Ex-garçonete do restaurante *Rainbow* em Los Angeles, ela conhecia muitas coisas a respeito do estilo de vida do *rock'n'roll*. Em 1996, Hynie representou o papel de Janis Joplin na sequência das Lendas Falecidas ao Vivo do show *Legends In Concert*, uma apresentação no estilo de Las Vegas muito antiga, e agora fazia um teste para participar do show de Brown, cantando "Mercedes-Benz", de Joplin. Em fevereiro de 1997, Hynie se casou com Javed Ahmed, um paquistanês, em Houston, Texas, afirmando mais tarde que o casamento nunca foi consumado e que a cerimônia não passou de um acordo puramente comercial para que ela pudesse ganhar determinada quantia de que tanto necessitava. O casamento foi anulado mais tarde, mas não antes de Hynie casar-se com James Brown, em dezembro de 2001, em uma cerimônia privada em sua casa em Beech Island. O filho do casal, James Joseph Brown II, nasceu em 11 de junho de 2001. Em comum com seus casamentos anteriores, houve períodos de separação e acusações contra ele de abuso doméstico.

Para os fãs de sua música, porém, o ano de 1996 marcou os 40 anos desde o primeiro sucesso de Brown, "Please, Please, Please", e um CD duplo, *JB40 40th Anniversary Collection*, celebrou o fato. Uma compilação de 40 faixas produzidas por Harry Weinger, composições de Cliff White, música de Brown, em essência a equipe que mais trabalhou por trás do *box* de *Star Time*, o CD é a melhor e mais completa apresentação ao mundo de James Brown que qualquer pessoa poderá encontrar. Quando saciado pela *JB40 40th Anniversary Collection*, ou quando tomado pela curiosidade de conhecer mais, basta você partir para *Star Time*. Ocorreria ainda um abastecimento constante de compilações em CD nos anos seguintes, sendo que todos eles traziam o selo de Weinger como o seu compilador, produtor ou comentarista de modo bastante válido, mas em especial a *Foundation Of Funk A Brand New Bag: 1964–1969* de 1996, com Alan Leeds e, dois anos mais tarde, uma segunda compilação em um CD duplo de Weinger/Leeds, *Dead On The Heavy Funk: 1975-83*. De interesse mais cheio de mistério, estava um CD de 2002, *Remembering The Roots Of Soul*, que trazia James Brown e Eddie Floyd, o *Soul Brothers*, embora, apenas no sentido aparente de que suas gravações mais antigas tinham sido liberadas para serem lançadas no Reino Unido pela gravadora Ember, fundada na década de 1960 por Jeffrey Kruger. As 12 faixas de James Brown em *Soul Brothers* eram, na verdade, aquelas que formaram seu quarto álbum de 1962 com a King nos Estados Unidos, *The Amazing James Brown*, que ganhara o novo título de *Tell Me What You're Gonna Do* para ser lançado no Reino Unido pela Ember, com "The Bells", I" Don't Mind, Lost Someone" e a faixa título como destaques.

No fim dos anos de 1990, o próprio Brown não era o único foco de interesse renovado, conforme a proliferação constante de novidades do *rap* e do *hip-hop* transformou todo o seu arquivo em uma indústria dona de si mesma. Assim, a obra de 1998, *James Brown's Original Funky Divas*, uma coletânea em um CD duplo de faixas muito esperadas de Vicki Anderson, Lyn Collins, Marva Whitney, Yvonne Fair, Tammy Montgomery (Tammi Terrell) e outras, e *James Brown Funky People's Greatest Breakbeats*, um conjunto de 2000 repleto das músicas mais inspiradoras dos J.B.'s, Fred Wesley, Lyn Collins, Maceo, Bobby Byrd e outros seguidores. O livreto do último CD, e também da coletânea de James Brown, *Greatest Breakbeats*, dava uma indicação do número impressionante de vezes em que suas faixas foram utilizadas como material de trabalho de outros artistas.

Após a morte de sua terceira esposa – não havia filhos desse casamento – Brown demonstrou poucos sinais de diminuir o ritmo ou de se aposentar. Outra prisão, em 1998, depois de uma perseguição de carro, fez com que tivesse de encarar uma sentença de 90 dias em uma clínica de reabilitação para usuários de drogas, portanto, talvez finalmente a causa imediata do comportamento de Brown fora identificada, aceita e corrigida. Certamente, aquele ano guardava uma série de desenvolvimentos positivos para estimular a visão mais brilhante de seu futuro, e, de modo especial, um novo álbum intitulado com ênfase garantida de "I'm Back" foi lançado pela Eagle Records. De forma predominante, escrita em parceria por Brown e o produtor Derrick "New Funk" Monk, as 14 faixas incluíam três versões de "Funk On Ah Roll" – a original de Brown e duas versões de Steven Wills e Cat Gray. A faixa, uma batida percuciente de funk, foi a última nova gravação de Brown a alcançar uma posição entre as 40 Mais Pedidas na Grã-Bretanha, o que aconteceu no início do ano de 1999.

O Homem que Mais Trabalhava esperou por dez anos antes de conseguir o acordo que gerou o álbum *I'm Back*, mas a sequência foi respeitavelmente imediata. Mais uma vez, em sua maior parte produzida e escrita em parceria com Derrick Monk, a obra de 2002, *The Next Step* (CNR/Fome), recebeu de volta os antigos colaboradores Bobby Byrd e Charles Bobbit nas letras de "Send Her Back To Me", "Why Did This Happen To Me" e uma ressonância persistente de seus esforços sociais, como, por exemplo, a campanha de 1996 "Não Deixe a Escola", "Matar Não Está Com Nada, A Escola Está com Tudo". Dito isto, era inegável que entre os aficionados do *soul* que antes estiveram tão ligados às batidas de James Brown, havia grande ansiedade em relação às diversas novas gravações dos ex-integrantes e cantores da banda de Brown, conforme apresentados por *I'm Back* ou *The Next Step*. Ao reconhecer essa tendência, em junho de 2003, a Universal relançou a compilação de 1986, *In The Jungle Groove*, e a de 1988, *Motherlode*, sendo que ambas estavam repletas de faixas muito copiadas de gerações sucessivas de grupos de *hip-hop* e *rap* como, por exemplo, "Funky Drummer It's A New Day", "Talkin' Loud And Sayin' Nothing", "Soul Power" e "Hot Pants".

Durante todo esse tempo, Brown esteve em turnê com seus Generais do *Soul* que agora já tinham se tornado uma banda extremamente hábil, afinada e bastante funcional e que, se não tinham a inspiração e inovação das orquestras anteriores de James Brown e as formações dos J.B.'s, bem, aquela não era mais a função do show de James Brown. Dar às pessoas o que queriam, o funk da boca do Padrinho, era o novo jogo, e ele continuou a comover e impressionar novas plateias. Houve períodos em que, para os fãs mais antigos, o show tornara-se previsível demais, já que as pausas quando Brown deixava o centro do palco para recuperar o fôlego enquanto dançarinas executavam movimentos quase baléticos talvez tivessem passado a ser recorrentes demais, mas sua energia e carisma deixavam uma forte impressão nos neófitos. Em julho de 2003, Brown fez exatamente isso no Royal Albert Hall em Londres. Embora o show agora já me fosse bastante familiar, estava claro que o poder da banda, a capacidade de Brown de invocar uma emoção verossímil de letras de músicas muito conhecidas e a convicção pura de cada um de seus movimentos formavam um argumento convincente ao extremo capaz de fazer com que qualquer nova plateia de JB visse que ele era único.

Entretanto, naquele mesmo mês aconteceram outras confusões domésticas, quando Brown conseguiu um anúncio de uma página inteira na revista de entretenimento *Variety* para anunciar que seu casamento com Hynie havia terminado. Hynie mais tarde deu sua versão dos acontecimentos – uma discussão durante um voo dera início à série de eventos, mas Brown disse a ela que não se preocupasse, pois tudo aquilo lhe renderia uma boa publicidade. O que resultou disso, na verdade, foi a contínua aceleração da percepção de que a vida de James Brown era um espetáculo à parte.

Uma apresentação de natureza mais apelativa aconteceu em outubro daquele ano. O programa *Soul Survivor* foi um documentário de 90 minutos do Canal 4 coproduzido a respeito da vida de Brown e dos momentos de maior contribuição do homem. No lançamento da gravação no Barbican, em Londres, o diretor Jeremy Marre contou uma história do início das filmagens que ilustrava o senso de humor perverso, nem sempre compreendido, de Brown. Na noite anterior ao dia do início das filmagens, Marre e Brown jantaram juntos e discutiram sobre o que aconteceria no dia seguinte. Naquela manhã, Brown entrou na sala, coberto por flocos de neve e acompanhado de sua costumeira e enorme trupe.

"Quem é o diretor desse filme?", perguntou Brown de modo brusco. "Bem, sou eu", respondeu seu companheiro de jantar da noite anterior um tanto confuso.

Brown o olhou com uma expressão sinistra. "O que você sabe de mim?". "Eu li sua autobiografia, outros livros a seu respeito, ouvi os discos e assisti a algumas filmagens", Marre explicou com paciência.

"Você leu alguns livros e ouviu algumas músicas", Brown disse com raiva. "Quem você pensa que é para fazer um filme de minha vida e supor que me conhece? Você não sabe nada de mim, não tem como saber nada a meu respeito porque eu não conheço você. Eu sou um homem negro, o que você sabe da minha experiência? O que sabe da minha vida? O quê?!"

Houve um momento de silêncio ensurdecedor, relatou Marre, enquanto o diretor fitava o chão e pensava em como formular uma resposta. Quando ele voltou a olhar na direção do homem, Brown estava com um sorriso largo. "Onde estão as câmeras, homem, por que eles não estão filmando? Você acaba de perder sua primeira tomada!"

Em julho de 2004, tive meu próximo e último encontro com James Brown. Ele estava em Londres para receber um Prêmio por Realização de Vida da revista MOJO e, no papel do velho servo do *soul* nessa publicação, eu deveria acompanhar o Padrinho do *Soul*. Ele já tinha, nessa época, se tornado um estadista mais velho estimado e venerado da música contemporânea, apesar do pingadouro contínuo de cortesia da má imprensa de sua vida particular. Não que fosse avesso à publicidade. Ao contrário, parecia cada vez mais disposto a compartilhar com mais escritores uma noção, mesmo que apenas de uma perspectiva de mais de 60 anos de distância, da vida inimaginavel e difícil que ele teve durante toda a infância e adolescência, sobrevivendo para se tornar o gênio eternamente determinado, às vezes duvidoso, na maioria das vezes confrontador e argumentador, consistentemente egocêntrico e brilhante da música afro-americana.

A cerimônia da Premiação MOJO estava marcada para aquele dia no Banqueting Hall, Whitehall, um prédio utilizado com frequência para cerimônias e eventos estaduais. O foco do salão principal era um trono sobre o qual a monarca, e somente ela, ao que fomos informados, tinha permissão para se assentar. Nossas obrigações como acompanhantes incluíam as tarefas de receber os dignitários do rock e convidá-los a entrar no prédio, passar pelos fotógrafos e, no momento certo, subir as escadas até chegar ao salão para a cerimônia de apresentação. A maioria das pessoas vinha acompanhada de seus parceiros sociais ou de negócios. James chegou com uma mesa quase cheia. Além do sr. Brown, chegaram também seus empresários, SuperFrank e o antigo assistente Charles Bobbit, entre eles um guarda-costas inglês de tamanho considerável. Em vez de se juntarem àquele amontoado de pessoas beberronas na área da recepção, James quis ir logo para seu assento no salão vazio e, imediatamente após a apresentação de seu prêmio de Realização de Vida, quis escapar em sua limusine e descansar no quarto do hotel antes de continuar com o restante da agenda daquele dia. As estipulações comuns e incomuns já haviam sido ditadas – dirijam-se a ele por sr. Brown, seu grupo também deve ser tratado de maneira adequada, nada de álcool sobre a mesa, por causa das regras de sua última liberdade condicional – e os planos de sua saída apressada também já haviam sido implementados. Embora o salão ficasse apenas no primeiro andar, com apenas dois pequenos lances de escadas, os joelhos cicatrizados e destruídos do sr. Brown exigiam uma subida muito lenta. Apesar de ser a primeira noite de Premiação da MOJO, a cerimônia transcorreu com tranquilidade e, quando James ganhou sua estatueta especial, o estrondo e os aplauso, os mais altos e mais sinceros da tarde de uma plateia que incluía Jimmy Page do Led Zeppelin, Ray Davies do The Kinks, Roger Daltrey do The Who, Roger McGuinn do The Byrds, Arthur Lee do

Love, Sting, The Shadows, o Red Hot Chili Peppers, Mick Jones do The Clash, Noel Gallagher do Oasis, Morrissey, Marianne Faithfull, Lemmy do Motorhead, o Manic Street Preachers, Television, Beth Orton, The Libertines, antes de Pete Doherty participar sozinho de um *reality show* da televisão, e muitos outros, que deixaram uma impressão bastante profunda.

Das muitas lembranças vivas daquela tarde, a mais clara é a de Will.i.am, do Black Eyed Peas, aproximando-se da mesa de Brown para expressar um desejo muito forte de trabalhar com o Padrinho. Ao que tudo indica, o jovem produtor causou uma boa impressão porque Brown mais tarde telefonou para ele e apareceu no estúdio de gravação para deixar um pouco de pó do funk em seus trabalhos.

* * *

Não houve qualquer demonstração de que ele pudesse não estar bem, mas no dia 15 de dezembro de 2004 ele sobrevivera a uma cirurgia bem-sucedida de câncer de próstata no Centro Cirúrgico de Urologia de Midtown em Atlanta. Embora já estivesse sofrendo há vários anos de diabetes e de dores nas articulações dos joelhos causadas pelo esforço intenso a que eram submetidos durante as apresentações atléticas e exaustivas sobre os palcos durante vários anos, ele passou a planejar com cautela um rigoroso esquema de turnês.

Janeiro de 2005 foi um momento de disputas legais mais sérias quando Jacque Hollander afirmou em um processo judicial federal em Chicago que Brown a estuprara sob a mira de um revólver em 1988, o que posteriormente fez com que ela sofresse a doença de Graves, uma disfunção autoimune que afeta a glândula tireoide. Ela exigia reparação no valor de 106 milhões de dólares. Em 1988, segundo Hollander, ela trabalhava como publicitária para Brown quando o ataque aconteceu. "Isso é o que chamamos de uma extorsão em sua forma mais estúpida", respondeu uma de suas equipes legais. "É pequeno demais, tarde demais e infundado." O estatuto de limitações em casos de estupro já prescrevera há muito tempo, mas alegaram que a doença de tireoide de Hollander fora diagnosticada em 2000, sendo que três anos depois, seu médico disse que o problema fora causado pelo suposto ataque. Um juiz federal encerrou o caso e, embora os advogados de Hollander dissessem que apelariam, o advogado de Brown disse que o processo "seria inútil em qualquer tribunal. Um caso estúpido é um caso estúpido". Hollander continua aguardando deliberação de seu caso contra o patrimônio de Brown.

Com o passar dos anos, outros dos ex-integrantes e cantores da banda de Brown faleceram. Em fevereiro de 1999, depois de sofrer com um enfisema por alguns anos, St. Clair Pinckney, por muitos anos saxofonista tenor e flautista na seção de instrumentos de sopro de Brown, deixou os palcos. Facilmente reconhecível em função das camadas evidentes de cabelos grisalhos, além de um som tenor forte e robusto, Pinckney era dono de um caráter sólido, calmo e confiável, o tipo de liga capaz de manter uma banda unida por reconhecer os caminhos de seu líder e a melhor maneira de sobreviver ao lado deles. Depois desse tempo com Brown, gravou dois álbuns solos, *Private Stock* de 1988 e *Do You Like It?* em 1992. Fred Wesley o chamava de "o contato não anunciado entre os membros da banda, seu líder e o sr. Brown". Além de um enorme contingente dos membros da Orquestra, os J.B.'s e o Soul Generals, o patrão de Pinckney esteve presente no velório na Igreja Batista de Bethlehem em Atlanta, Geórgia, e falou com carinho do músico e do homem. Sua última gravação foi apresentada em outubro de 1998 para o álbum de Jabo Starks e Clyde Stubblefield, *Born To Groove*.

Um ano depois, Alphonso "Country" Kellum, o guitarrista de Brown de 1964 a 1970, morreu. Kellum tocava a segunda guitarra, com o falecido Jimmy Nolen, em faixas assinadas por Brown como "Papa's Got A Brand New Bag" e "Say It Loud", "I'm Black And I'm Proud", e com Nolen desenvolveu o estilo de música nortenha conhecida em inglês como *chicken scratch*, que imitava o som de uma galinha na guitarra que era parte integral do som de Brown. Em 1970, Kellum se juntou à rebelião que viu a formação de Maceo e todos os integrantes do The King's Men, mas diferente de Maceo, Nolen, Fred Wesley e outros, ele nunca voltou a acompanhar o vagão da banda de Brown. Embora não fosse um guitarrista tão inovador quanto Nolen, que em uma vida anterior como o guitarrista de Johnny Otis adaptara o ritmo de Bo Diddley para *Willie And The Hand Jive*, Kellum era, apesar de tudo, um membro fundamental de uma formação incrível.

E, no dia 13 de março de 2005, Lyn Collins, *The Female Preacher* [A Pregadora], morreu em decorrência de uma asfixia causada por um ataque epiléptico. Somente um mês antes, mostrara-se em forma e extremamente vibrante durante uma apresentação ao vivo no Jazz Cafe de Londres com sua amiga e companheira do grupo de Brown, Martha High. Ela tinha 56 anos de idade. Nascida em Dime Box, Texas, no dia 12 de junho de 1948, e criada em Abilene, aos 14 anos Collins se casou com um homem que promovia os shows de Brown em sua região. Brown a ouviu cantar – ela também tinha fitas enviadas à King Records em Cincinnati – e quando Vicki Anderson deixou o grupo, Collins ocupou seu lugar e pela primeira vez na vida conseguiu uma chance de cantar fora do Texas. Ela ficou com Brown entre 1971 e 1976. Dona de uma voz forte e expansiva e uma presença maravilhosa sobre os palcos, Collins foi uma excelente parceira vocal dos shows de Brown e gravou algumas faixas surpreendentes de funk com ele, dentre as mais conhecidas estão "Think (About It)" de 1972, um sucesso de *blues* que despontou entre as dez americanas Mais Pedidas. (A música teve uma longa vida póstuma quando, no fim dos anos de 1980, seu vocal foi imitado por Rob Base e a obra do DJ E-Z Rock, "It Takes Two", um *single* que alcançou a 24ª posição nas paradas do Reino Unido na primavera de 1988, e 49ª posição no retorno da primavera do ano seguinte.) No final, mais de 70 artistas se inspiraram em "Think (About It)", incluindo Eric B & Rakim, EPMD, Afrika Bambaataa, Kool Moe Dee (diversas vezes), Janet Jackson, Public Enemy, DJ Jazzy Jeff & Fresh Prince, PM Dawn, Boyz II Men, New Edition e De La Soul. Da mesma forma que tivemos um desempenho bastante emotivo de Collins em "Mama Feelgood", sua contribuição com a trilha sonora de *Black Caesar* em 1973, ao mesmo tempo em que gravou versões bastante convincentes das músicas "Ain't No Sunshine", de Bill Withers, e "Do Your Thing", de Isaac Hayes. Assim como todos os músicos e cantores de Brown, Collins contribuiu com as composições de alguns dos materiais, mas recebeu pouquíssimo reconhecimento e ainda menos na forma de *royalties* por seu trabalho. Quando gravou com a People de Brown, ela lançou grandes *singles* como "Just Won't Do Right" e, um dueto com Brown, "What My Baby Needs Now". Outra trilha sonora de James Brown, *Slaughter's Big Rip Off* [Slaughter – O Homem Impiedoso], contou com sua participação bastante sensual na versão lúbrica de *How Long Can You Keep It Up*, mas em um segundo álbum para a People, a obra extremamente apologética de 1975 intitulada de *Check Me Out If You Don't Know Me By Now*, ela decidiu parar de viajar com as turnês em 1976 depois que seu último *single* do período, *Mr Big Stuff*, não conseguiu nenhuma colocação nas paradas. "Eu teria preferido", disse muito tempo depois de sua permanência com o grupo, "cantar mais e gritar menos". No entanto, ela continuou cantando em sessões de gravação e, por um tempo, trabalhou em Los Angeles nos estúdios da Record Plant. A renovação de interesse em seu trabalho que começou na década de 1980 fez com que ela voltasse de sua aposentadoria e, no fim de sua vida, novamente se tornou uma grande atração, em especial na Europa.

Na realidade, muitos dos ex-músicos de Brown estavam bastante ocupados, mas em 2006 nenhum deles foi mais procurado do que o próprio homem. Visto como um frequente viajante transatlântico, no dia 4 de julho, apresentou-se em um evento da BBC conhecido como *Electric Proms* em uma Prisão de Chalk Farm, ao Norte de Londres. Um mês depois, no dia 14 de novembro, Brown voltou a Londres para uma aparição no Alexandra Palace, um local ainda mais antigo e majestoso na região norte de Londres, onde foi nomeado para o recém-fundado Hall da Fama Musical do Reino Unido.

Conforme o mês de dezembro de 2006 e os feriados de Natal se aproximavam, a agenda de James Brown só tinha apresentações de festividades típicas desse mês na Geórgia como, por exemplo, o evento do Dia de Ação de Graças em que, como de costume, doava 800 perus aos residentes locais mais necessitados, e o dia da distribuição de brinquedos de 22 de dezembro para as crianças da região. Contudo, choveu muito no dia da entrega dos brinquedos, e Brown, cuja saúde já vinha dando sinais de maior preocupação há algumas semanas, ficou resfriado. Durante o Natal, o cantor agendara um tratamento dentário. Como Charles Bobbit mais tarde disse ao editor da revista MOJO, Phil Alexander, ele estava tão preocupado com seu chefe que chamou um médico para participar da cirurgia ao lado do dentista, Terry Reynolds, em Atlanta, naquele sábado, para fazer uma análise de Brown antes de darem continuidade à operação. Brown "parecia muito abatido e estava tossindo muito", lembrou-se Bobbit. Depois de um exame, o médico sugeriu imediatamente que Brown fosse levado para o hospital, suspeitando que o seu paciente estivesse sofrendo de bronquite ou pneumonia.

Levado às pressas para o Hospital Emory Crawford Long, Brown foi diagnosticado com deficiência cardíaca congestiva e pneumonia. Ele passou o domingo indisposto, mas descansou bastante e conversou pouco, mas como Bobbit contou a Phil Alexander, à 1:20 da manhã de segunda-feira, no dia de Natal, Brown disse: "Vou deixar este mundo hoje à noite", sentou-se na cama, recostou-se, suspirou três vezes e, apesar de algumas tentativas desesperadas de reavivá-lo, faleceu.

O choque daquele quarto de hospital se espalhou por todo o mundo até chegar aos lares daqueles que um dia foram tocados pela música de Brown em virtude da força de vida de suas grandes obras, seus maiores sucessos, que pareciam tão indestrutíveis e elementares. Sua morte parecia algo paroquial e corriqueiro. "Uma das principais coisas de que sinto falta, é que ele tinha o hábito de telefonar todas as noites entre 11 da noite e 1 da manhã, e ficávamos conversando por uma hora", disse Bobbit profundamente entristecido: "Meu corpo está acostumado a receber essa ligação e eu continuo esperando por esse telefonema que nunca mais virá".

* * *

As tentativas caóticas de reanimá-lo seriam espelhadas nos meses após sua morte quando seus filhos já adultos, Tomi Rae Hynie, seus representantes legais e partes interessadas passaram a tentar dividir sua riqueza de forma justa e adequada. Depois de ver as diversas disputas legais referentes às propriedades de estrelas falecidas da música de igual prestígio – seu amigo íntimo, Elvis Presley, por exemplo, ou aquele outro músico negro pioneiro, Jimi Hendrix – James Brown certamente sabia que um acordo em relação ao seu patrimônio após sua morte jamais seria um caso tranquilo ou amigável entre as partes interessadas. E foi isso o que aconteceu. Mas, antes disso, aconteceu o seu funeral.

A morte de James Brown não diminuiu sua capacidade de atrair multidões. Longe disso. Seu corpo foi transferido de Augusta para Nova York, até o Teatro Apollo no Harlem, cenário de tantos de seus shows ao vivo, desde os trabalhos de apoio ao famoso Little Willie John, na metade da década de 1950, e onde ele gravara álbuns clássicos ao vivo de música *soul* em 1962, 1968 e 1971. E ali, dentro de um caixão dourado, ele foi posicionado enquanto longas filas se estendiam pela rua 125. O reverendo Al Sharpton, o amigo mais jovem de Brown e antigo confidente desde 1973, acompanhou o corpo do astro na longa jornada durante toda a noite, de Geórgia até a transferência de um furgão para uma carruagem puxada por dois cavalos brancos emplumados para a procissão final pelas ruas do Harlem. Uma multidão de diversas centenas seguiu cantando: *Say it loud – I'm black and I'm proud* [Diga em voz alta – sou negro e tenho orgulho disso], e os ânimos foram ainda mais incitados pelas explosões festivas da música de Brown das lojas e mercados ao redor do teatro, e dos aparelhos de sons portáteis trazidos pelos fãs que esperavam na fila, alguns dançando e cantando, esperando por uma chance de passar ao lado do corpo de Brown, vestido com o terno azul que ele usava nos palcos, luvas e botas prateadas e disposto ali naquele auditório vazio. Aquela era uma digna celebração de rua de uma vida, quase uma festa, mas assim que as pessoas adentravam o teatro, os ânimos tornavam-se mais sóbrios conforme a fila se aproximava do caixão, enquanto sua música podia ser ouvida do corredor de entrada.

As homenagens chegavam de todos os lados vindas de seus melhores amigos, como o reverendo Sharpton, o reverendo Jesse Jackson e estrelas como Little Richard, o amigo da Geórgia que Brown imitava no passado quando tentava causar seus primeiros impactos, e Mick Jagger, que tentou imitar e adaptar os passos de Brown depois de assistir à estrela no *The T.A.M.I Show*, lá na década de 1960, até Michael Jackson, cujos passos de dança foram obviamente baseados nos movimentos de Brown, e Chuck D, a antiga chave de *Public Enemy* cujo *rap* e *hip-hop* se fundamentaram bastante nos acordes e ritmos do *funk* de Brown.

No entanto, mesmo antes dos tributos serem prestados, a confusão começou. No Dia do Boxe, o dia seguinte ao da morte de Brown, Tomi Rae Hynie chegou na mansão de Beech Hill, na casa que ela compartilhara com ele e seu filho agora com 5 anos de idade, para encontrar os portões de ferro firmemente trancados com cadeados e o acesso totalmente impedido. Um dos advogados de Brown, Buddy Dallas, garantiu que o estado civil de Hynie ainda era incerto naquela época, embora ela afirmasse que um juiz dissera a ela que seu casamento de 1997, com Jave Ahmed, fora anulado, mas não antes de ela se casar com Brown em 2001. Eles tiveram períodos de separação, principalmente em 2003, e depois de sua prisão, no dia 28 de janeiro de 2004, sob acusação de violência doméstica, ele entrou com pedido de anulação do casamento no mês seguinte, afirmando que o casamento anterior de Hynie ainda era válido. Mas, em abril, o casal se reconciliou, até mais ou menos setembro de 2005, quando Hynie se mudou para Los Angeles e entrou com o pedido de divórcio com acusações de uso de drogas, espancamentos e abusos verbais citados nos autos do processo. Do lado de fora da mansão, naquele mês de dezembro de 2006, Hynie confessou não ter para onde ir. E Dallas insistiu que ela tinha outra casa na vizinhança. Além disso, Hynie já não morava na residência de Beech Island há algumas semanas antes da morte do cantor porque estava descansando na Califórnia depois de alguns shows recentes. "Eu estava tomando antidepressivos", afirmou. "Foi por isso que ele me mandou para a praia. Ele pagou 24 mil dólares para que eu viajasse. Ele era um homem difícil de se conviver, mas era um grande homem. Só eu sabia como lidar com James."

Enquanto isso, o caixão de Brown foi levado de Nova York de volta ao sul de Augusta, Geórgia, onde deveria ficar exposto na Arena James Brown para o enterro, no dia 30 de dezembro, televisionado ao vivo. Ex-integrantes da banda, como Bootsy Collins e Fred Wesley, fãs do astro como Michael Jackson e os reverendos Jackson e Sharpton estavam presentes, e Tomi Rae Hynie cantou "Hold On, I'm Coming", o sucesso de Sam e Dave que ela sempre cantava com o Soul Generals nos shows de Brown. Em meio à dor parecia haver uma constante troca de posições. Ainda assim, as homenagens continuavam chegando. No enterro, ele recebeu um doutorado póstumo da Universidade Paine em reconhecimento e louvor por suas contribuições à faculdade predominantemente de negros em Augusta.

Da Arena, o caixão fechado de Brown foi levado até a mansão de Beech Island onde permaneceu em uma sala refrigerada enquanto a família, os advogados e partes interessadas discutiam a respeito de onde o corpo deveria ser enterrado e como o testamento deveria ser interpretado. Os representantes de Hynie foram insistentes de que ela deveria receber 50% do patrimônio de Brown e sua custódia, e que seu filho, James Brown Junior II, receberia uma sétima parte dos outros 50%, com os outros seis filhos de Brown de seus dois primeiros casamentos. A família também foi bastante insistente: quando Hynie se casou com Brown em 2001, ela ainda estava comprometida com um casamento anterior. Embora tivesse sido posteriormente anulado, o casal nunca chegou a ter um segundo casamento legal e ela permanecera, na verdade, como companheira e namorada, mas não sua esposa.

O testamento de Brown fora redigido e assinado no dia 1º de agosto de 2000, disse o advogado do inventário de Brown, Storm Thurmond Jr. ao *Augusta Chronicle*. Assim, o documento era anterior ao seu casamento invalidado de 2001 com Hynie e o nascimento de seu filho. Por consequência, quando o testamento foi lido em Aiken, Carolina do Sul, não houve menção alguma da mulher ou filho. O documento exigia que os seus pertences pessoais (roupas, joias, carros e assim por diante) fossem divididos igualmente entre seus seis filhos adultos, Terry, Larry, Venisha, Yamma, Deanna e Daryl. Os advogados de Hynie contestaram que as leis americanas não permitiam a exclusão de um cônjuge se eles tivessem se casado depois do testamento ser redigido. O advogado de Hynie, Robert Rosen, afirmou que na Carolina do Sul sua cliente tinha o direito de um terço do patrimônio, independentemente do que determinasse o testamento. Entretanto, quando questionado pelo *Augusta Chronicle*, o advogado local James Huff disse ao jornal que, se um testamento cita alguns filhos e exclui outros, os filhos excluídos não têm direito a exigir parte do patrimônio de seu pai, não importa quando tenham nascido.

Sem nada resolvido ainda, quase uma semana depois da morte de James Brown, Tomi Rae Hynie, "consternada" e "revoltada", foi entrevistada ao vivo no programa de Larry King na CNN, no qual suas alegações de exclusão e tratamento rude por parte dos representantes legais de Brown foram rebatidas por uma das advogadas dele, Debra Opri. De acordo com a leitura do testamento, o corpo de Brown, ainda dentro do caixão dourado, foi tirado da mansão e levado para um lugar seguro e secreto. (Um acordo referente a um local permanente só foi finalizado no fim de fevereiro, quase dois meses depois de sua morte, sendo que o lugar escolhido continua "em sigilo".) Outra complicação resultante de seu inventário, determinado por Brown em 2000, e que diziam conter a maior parte de seu patrimônio como, por exemplo, a casa em Beech Island e os bens comerciais, em especial os inestimáveis direitos musicais. Sugeriu-se um projeto de transformar a mansão de Beech Island em algo parecido com a atração de Graceland, o antigo lar de Elvis Presley em Memphis. No entanto, no fim de janeiro, as discussões não haviam terminado e os seis filhos adultos de Brown começaram a exigir a remoção dos fiduciários do patrimônio, alegando que o patrimônio estava mal gerenciado e que uma parte dos bens de Brown corria o risco de ser perdida, dissipada ou roubada. Dentre os fiduciários estava Buddy Dallas, que fora advogado e amigo de Brown por quase um quarto de século. Hynie finalmente conseguiu permissão para entrar na mansão de Beech Island para pegar suas roupas, móveis e os brinquedos de James Brown Jr., mas somente acompanhada dos fiduciários do patrimônio e três dos filhos adultos de Brown.

Diferente da família imediata havia uma "família" muito maior de Brown, os negócios, a banda e sua trupe, que dependiam do cantor para conseguir o pão de cada dia e, nesse grupo, todos estavam dispostos a erguer uma placa para dizer "Os Negócios [Quase] Sempre Continuam". Brown estava no processo de gravar um novo álbum, *World Funk Against The Grain*, e tinha datas marcadas para gravar duas novas faixas em Montreal na primeira semana de janeiro. Uma nova faixa, "Gutbucket", já fazia parte de um CD, *James Brown's Funky Summer*, distribuído com a revista *MOJO* em agosto de 2006. Sua banda atual, The Soul Generals, quase certamente continuaria com a turnê porque seria uma grande injustiça permitir que todos aqueles ensaios e suor de seu trabalho fossem desperdiçados, sendo que os promotores dos shows de seus ex-integrantes de banda viriam rapidamente para cobrá-los pelos tributos a James Brown.

A máquina de Hollywood entrou em ação, e apenas dois dias após a morte de Brown a Paramount Pictures anunciou que Spike Lee dirigiria um filme biográfico da vida do Padrinho do *Soul* baseado em sua autobiografia, pois Brown assinara os contratos para o projeto antes de morrer. Com expectativas de que o filme se tornasse ainda mais popular do que o filme biográfico de Taylor Hackford, *Ray*, em que Jamie Foxx ganhou uma nomeação ao Oscar por sua atuação de Ray Charles, a escolha preferida de Brown para o papel principal seria Cuba Gooding Jr. Outro filme em processo de produção, *Life On The Road With Mr and Mrs Brown*, um documentário apresentando novas filmagens de seus mais recentes shows sobre os palcos, material de arquivos e entrevistas, ainda seria finalizado. As autoras e as diretoras do filme, Camille Solari e Sheila Lussier, já possuíam créditos anteriores que incluíam títulos como *The Bliss and Hookers Inc.*, sobre os quais nem devemos comentar.

Se toda a confusão inconveniente mais do que esperada em relação ao patrimônio de Brown apresentou uma imagem extremamente desarmoniosa, os obituários e tributos mais equilibrados foram exagerados; na realidade, um deles em especial apresentado na revista *Rolling Stone* por Gerri Hirshey, autora de um excelente livro da música *soul*, *Nowhere To Run*, e uma amiga de Brown por quase 25 anos, e outro na revista *MOJO*, de Michael Hurtt. Também na internet pudemos ver reminiscências comoventes de ex-funcionários como, por exemplo, o antigo empresário de turnês Alan Leeds. Um jovem branco trabalhando para um negro que morava no Sul do país na década de 1970, quando forças de militantes negros e um racismo institucional residual dos brancos o colocaram em uma situação bastante complicada, as lembranças de Leeds dos anos que passou com Brown ofereceram um incrível conjunto de memórias.

Nenhum dos principais tributos ou celebrações tentou evitar ou esconder e muito menos justificar sua história de abuso doméstico, mas a maioria tentou adequá-la no contexto social de sua criação, educação e toda sua vida complexa e contraditória. Ao contrário, verdade seja dita, de alguns colunistas britânicos brancos de classe média cujos comentários a respeito da vida de Brown se preocupavam exclusivamente com a violência doméstica, como se esse crime fosse a única ocorrência digna de ser mencionada em seus 73 anos, e a ignorância da criança que ele fora, praticamente considerado morto ao nascer, abandonado pela mãe aos 4 anos de idade depois de viver na pobreza, com o direito às mínimas condições de educação, muito mal alimentado e vestido, jogado em um bordel, espancado e forçado a disputar espaço para sobreviver engraxando sapatos e cometendo pequenos delitos até ser preso quando ainda era adolescente, a música tornou-se a sua salvação. O verdadeiro esforço de sua vontade e determinação de sobreviver e prosperar, de deixar a vida cruel, realizar sonhos e então exigir respeito, foi assim que o sr. Brown formou seu caráter. E, milagre dos milagres, viveu até os 73 anos para tornar-se um dos ícones mais importantes da cultura afro-americana. O debate "É possível separar a grande arte do ser humano cheio de falhas que a criou?" é, infelizmente, longo demais para discutirmos aqui, mas até mesmo uma proporção de artistas com históricos mais mimados – dizem os literários europeus, dos campos da fina arte e da música clássica – tem sua ladainha de seres humanos imperfeitos ao longo de todas as eras, cuja contribuição em sua área não foi diminuída por seu passado.

Os que trabalharam com ele e vivenciaram seus métodos severos, nem sempre justos ou lógicos e que, de fato, receberam muitas multas do cantor, foram os primeiros a reconhecer a proeminência do homem em suas vidas e desenvolvimento como músicos e artistas. Lois Wilson, um especialista britânico do *soul* e colaborador da revista *MOJO*, entrevistou muitos deles nos dias após a morte de James Brown, e todos se mostraram dispostos a registrar suas dívidas ao ex-patrão, independentemente de muitos deles terem, nos anos intervenientes, se mostrado compreensivamente enfáticos em sua desaprovação acerca de muitos aspectos de suas práticas comerciais.

Um dos mais sinceros em relação a isso foi o lendário trombonista Fred Wesley, cuja autobiografia, *Hit Me, Fred*, apesar de tudo, ganhara esse título a partir do brado de Brown diante de uma sequência de acordes. Fred fora um entusiasta do *jazz*, tendo passado por Miles Davis, Curtis Fuller, JJ Johnson, mas quando Henry Freeman recusou uma oportunidade de juntar-se à orquestra de Brown, "Pee Wee" Ellis e Waymond Reed convenceram Wesley a ocupar a vaga. Como músico, Brown ensinou a Fred como se aventurar fora dos padrões da teoria musical e deixar o som fluir de sua criatividade. No entanto, as lições que ele recebeu sobre a publicação de suas músicas foram ainda mais valiosas. Wesley ajudou a compor *Soul Power* e Brown lhe ofereceu pagamento antecipado ou 25% de sua divulgação. Recém-chegado da Califórnia e indo para Nova York, Fred precisava de dinheiro para comprar um casaco mais pesado e, assim, fez a primeira opção. Contudo, Brown deu a ele o dinheiro e a parte do direito sobre a música e lhe disse para que sempre optasse pelo valor dos direitos autorais. Aquilo lhe renderia algo para sempre; o dinheiro era apenas passageiro.

Assim como Wesley, "Pee Wee" Ellis era outro instrumentista de sopro com um forte apelo pelo mundo do *jazz*, mas aceitou o convite de Waymond Reed na metade da década de 1960 para fazer parte das turnês de Brown. Ele foi até o Teatro Howard em Washington DC e assistiu a um show das coxias. "O primeiro show que vi, simplesmente fiquei boquiaberto, tudo foi tão incrível, tão excitante. Até sua morte, seus shows ainda eram únicos." Por fim, ele se tornou um arranjador e diretor musical. Fora da música, Ellis disse que Brown defendia "a questão da raça" e sempre foi uma influência positiva, doava dinheiro às organizações, às igrejas e aos abrigos. "Ele era o cabeça de uma enorme máquina, e defender aquela plataforma era algo especial. James Brown era um grande homem."

Richard "Kush" Griffith tornou-se diretor musical mais para o final de 1969 e recebeu a tarefa de criar arranjos para versões *cover* nas gravações, quando teve a ideia para um novo arranjo da música "Please, Please, Please". Entretanto, as coisas mais importantes incluíam a presença de palco, o ritmo de sua dança e, acima de tudo, agradar a multidão. "A verdadeira recompensa eram os aplausos, o dinheiro só valia como nosso salário." No entanto, ele não ficou muito impressionado quando, no despertar de "Say It Loud – I'm Black And I'm Proud", o então Griffith, de 19 anos de idade, foi instruído a tirar seu enorme corte africano no estilo cogumelo para Brown continuar sendo o "mais negro" e o "mais maravilhoso".

Griffith ficou magoado e sentiu-se ofendido. A maioria dos demais integrantes da banda eram cinco anos mais velhos e "de uma época em que você era um negro bom e honrado. Eu era o primeiro negro, já era negro quando cheguei até James Brown. Contudo, ele tinha aquela autoridade intimidante como parte de sua maquiagem (...). Ele escolheu Pee Wee [Ellis] para ser o mensageiro, e nem se deu ao trabalho de me contar a decisão".

Ainda assim, na função de trumpetista companheiro de Kush, Joe Davis, segundo Lois Wilson, a cada novo emprego que conseguira desde a Orquestra de James Brown, as pessoas que o contratam, ou os que tocam com ele na banda, a questão mais comum que todos fazem é como um músico se sente ao trabalhar com James Brown. Isso é verdade para todos os músicos que já passaram pelas posições dos JB's e alguns que provavelmente sempre causam raiva. Muitos, porém, são capazes de fazer uma análise equilibrada e ver além das desvantagens que surgiam durante o tempo com o grupo, os benefícios, e mais obviamente as portas abertas pela ligação gerada com o JB, sempre lhes ofereceu a obra de uma vida do tipo mais agradável do que podemos imaginar – tocar música.

Quase todos os músicos têm uma história sobre o sistema notório de Brown de aplicar multas. Onde Brown acertava sempre era no ritmo e pulsação; nesse sentido, o baterista era, sem dúvida, a peça-chave da banda, além de o mais vulnerável se as coisas dessem errado. Entre os seus homens mais famosos, Jabo Starks e Clyde Stubblefield se juntaram ao grupo em 1965. Brown tentava atrair Starks da banda de Bobby "Blue" Bland desde 1963, sendo que sua cerimônia de iniciação foi igual a de qualquer outro músico: assista ao show das coxias, tente entender o que está acontecendo. Entretanto, com quatro bateristas já sobre o palco, Starks não tinha certeza absoluta de onde se encaixaria. O mesmo podia ser dito de Stubblefield, que Brown viu tocar em um clube de Macon e duas semanas depois o convidou para participar de um show em Augusta. "Eu fui até o auditório, o lugar estava completamente lotado. Havia cinco formações de baterias. Ele disse: 'Escolha uma delas', foi o que fiz e, então, com isso, a banda e a plateia foram ao delírio. Ele me deu 100 dólares por meu desempenho, consegui minha carona de volta até Macon e duas semanas depois eles queriam que eu participasse de um show na Carolina do Norte. Foi o que fiz. Nós sempre ficávamos ansiosos para tocar ao vivo. Foi um show e tanto."

É claro que a âncora do funcionamento da banda, a parte rítmica não estava livre das punições. "Aquilo era uma das piores coisas", Stubblefield contou à *MOJO* em janeiro de 2007. "Eu ganhava 200 dólares por semana, o hotel custava 15 dólares por noite; precisávamos mandar lavar nossas roupas, tínhamos de comer e pagar a conta do hotel com o nosso salário e ainda éramos multados, e eu tinha uma família para cuidar lá em casa. Eu estava tocando e via uma mão se levantar, 5, 10, 15, 20, e lá estava uma multa de 20 dólares e eu nem sabia o que fizera de errado. Você nunca sabia quando ele multaria você. Você não sabia o que estava dando errado, mas ele imaginava que você não estava fazendo certo."

Jabo Starks, entretanto, explicou a Lois Wilson que ele tinha influência. "Eu disse a ele que não pagaria multas (...). Comecei: 'Quando você me aplicar uma punição, não haverá a menor chance de você levar meu dinheiro de verdade, assim você estará roubando dinheiro de minha família e eu me recuso a deixar que faça isso. Sendo assim, você me diz o que e como quer que eu faça e não haverá motivos para que você fique com meu dinheiro'. Nós tínhamos um bom relacionamento."

É claro que os tempos mais difíceis com a Orquestra de James Brown foram, sem dúvida, vivenciados pelas mulheres da trupe. Oportunidades iguais e o movimento de libertação das mulheres eram conceitos estranhos à maioria das áreas de negócios desde o fim da década de 1950, quando as turnês de Brown passaram a incluir mulheres. Muitas das cantoras no show morreram desde então (entre elas, Lyn Collins, Yvonne Fair, Tammi Terrell), mas Vicki Anderson sempre foi imparcial em sua avaliação de Brown.

Anderson era uma vocalista evangélica de um coral de cantoras da Igreja de Deus Em Cristo (do inglês, COGIC – *Church Of God In Christ*), cujo empresário disse que eles poderiam gravar um álbum de música *gospel* se gravassem também uma faixa de *blues*. Anderson cantou "Nobody Cares", uma faixa que seu empresário levou a Brown quando Anna King deixou o grupo. Contratada no mesmo instante, Anderson foi levada a Miami para conhecer a banda e descobriu Brown, seu futuro marido, Bobby Byrd e os músicos a trabalharem em uma nova canção, "I Love You". Depois de uma breve apresentação da música, ela foi editada de uma só vez. Um desafio, disse Anderson a Wilson, mas "se você sabe cantar *gospel*, você consegue cantar qualquer coisa, e aquilo não me incomodou". Anderson ficou com Brown por muitos anos, indo e vindo, porque você só conseguia ficar com ele por um período finito. "Quando as coisas ficavam difíceis demais para mim, eu ia embora e voltava para casa."

No geral, eles não tinham grandes problemas, "todos recebiam seu dinheiro, menos eu e meu marido que também não ficava com nada". Mais do que as multas, discussões sobre *royalties* de direitos autorais deixaram ex-colegas bastante enfurecidos. Por exemplo, a única multa que Anderson se lembra de ter recebido foi imposta por ela ter a ousadia de ir ao velório de sua cunhada e, por isso, perder um show. Brown cobrou 75 dólares de multa, Anderson recusou-se a pagar e o impasse só foi superado, disse ela, quando Charles Bobbit entrou na briga e decidiu pagar o valor em seu lugar. Apesar de tudo, Brown sabia ser generoso. Ele enviou o dinheiro dela quando a mãe faleceu e pagou a conta do hospital onde ficou internada. "Ele fazia sim coisas boas, mas só quando queria e da maneira dele."

Sem dúvida, Brown tinha um carinho especial por Vicki Anderson, esposa do homem que o protegeu todos aqueles anos enquanto estava na prisão de Toccoa. Quando outras cantoras deixavam o grupo, ele pedia que ela voltasse até que encontrasse uma substituta. "Sei que ele me amava e amava Bobby também, mas James era James e era preciso amá-lo para entendê-lo. Havia momentos em que decidia dar alguns milhares de dólares aqui e outros milhares ali, mas aquilo realmente não significava nada para nós porque ele não teria de fazer coisas assim se ele nos pagasse o que nos devia pelo trabalho. No entanto, minha vida mudou por causa dele. Se eu não conhecesse o Todo-Poderoso, seria uma pessoa amarga, mas Bobby e eu não éramos assim."

* * *

James Brown não pretendia morrer. Ele estava com a agenda lotada com suas turnês até 2007 começando com o show da Véspera de Ano de 2006 com apresentações no Teatro Count Basie, em Nova Jersey, e no clube de B. B. King, em Nova York, e com outros shows pendentes até agosto. Além da nova gravação mencionada antes, seus primeiros *singles* estavam sendo regravados em uma série de lançamentos de CDs duplos, outro empreendimento gigantesco de Harry Weinger e Alan Leeds, e dizem que ele ouvira o primeiro volume (*The Singles Volume One: The Federal Years 1956-60*) e se entregara a um feliz momento de reminiscência. O volume dois, que cobria sua mudança da gravadora de Syd Nathan, a Federal, para a marca principal de seu proprietário, a King, não o teria decepcionado.

Fred Wesley disse uma vez que o medo de Brown de voltar à pobreza era o demônio que o impulsionava. O desejo que o mantinha ativo em uma idade em que muitos homens já teriam há tempos optado pelo conforto de um charuto, pantufas e netos não era algo fácil de acontecer, mas certamente a falta de dinheiro jamais voltaria a ser um problema em sua vida. Afinal, ele recuperara o controle dos direitos de sua música e negociara um contrato de 30 milhões de dólares em Wall Street contra futuros *royalties*, acordo semelhante a outro realizado antes pelo astro do *rock* inglês, David Bowie, e algo que Brown estava em processo de renegociar. As inseguranças e a paranoia que alimentavam sua necessidade de controlar as vidas daqueles que viviam ao seu redor e que trabalhavam para ele, e que uma vez o fez proibir o uso de computadores nos escritórios de sua empresa, a James Brown Enterprises, devem ter sido diminuídas com todas as premiações que lhe eram oferecidas, convencendo-o finalmente de que, ao menos por seu desempenho musical, ele era verdadeiramente querido. Como sua música, foi a fonte de inspiração das danças de Michael Jackson, de onde Prince aprendeu a projetar e a organizar uma banda, de onde Sly Stone e George Clinton passaram a ouvir coisas das quais poderiam formular ideias e criar coisas novas, de onde toda banda de funk da década de 1970 encontrou uma maneira de arriscar e de onde muitos músicos de *jazz* descobriram uma forma de ampliar sua música e seu mercado. E foi com ele também que músicos de rap e *hip-hop* e de outros estilos das décadas de

1980 e 1990 descobriram uma riqueza de materiais brutos que usaram como base para suas carreiras.

Mas ele morreu. Como sua filha Venisha com emoção disse ao mundo: "Vocês todos perderam o Padrinho do *Soul*, mas eu perdi meu pai. Eu sei que o mundo inteiro o amava da mesma forma que nós o amávamos e, por isso, sinto que não estamos de luto sozinhos".

E assim, o Homem Que Mais Trabalhava No Mundo Artístico foi finalmente envolto em sua capa e deixou o palco após o último adeus antes de seu corpo ser levado para descansar em um túmulo na fazenda de sua filha Deanna, na Carolina do Sul. Se esse será o local de descanso permanente de James Brown – cercado por um muro de madeira, o local do enterro tinha aspecto de algo temporário – é algo que ainda descobriremos, porque toda a discussão legal relacionada ao seu patrimônio ainda continua a se arrastar. Na realidade, uma conta de 70 mil dólares das despesas de seu velório e cuidados com seu corpo durante três meses ainda não foi quitada.

Sua passagem deixou um imenso vazio cultural tão significativo quanto aqueles deixados por seus companheiros e ícones afro-americanos do século XX, Louis Armstrong, Duke Ellington, Miles Davis, Ray Charles, os arquitetos do *jazz*, do *blues* e do *soul*, os estilos musicais do século anterior que compõem o grande legado cultural dos Estados Unidos para o mundo.

Discografia Selecionada

Uma lista completa de todos os vinis originais de 45 e de lançamentos em LP conhecidos de James Brown até o ano de 1985, assim como as produções dos cantores de seu grupo e de suas bandas foi incluída em sua autobiografia de 1986, *The Godfather Of Soul*. Os lançamentos do próprio Brown foram então atualizados até 1989 no livreto anexado à caixa de CD de *Star Time* (ver na página seguinte) e as variações do tema foram reprisadas em publicações como a *Record Collector* (Reino Unido) e a *Goldmine* (Estados Unidos). Daqui a algum tempo, não muito distante, o pesquisador americano Alan Leeds publicará sua discografia completa com todas as gravações e produções de James Brown, um livro em si. Aqui, em vez disso, apresento uma lista de destaque com os CDs recomendados que, ao que sabemos, continuam todos catalogados em agosto de 1995, a menos que observado de outra forma.

Uma compilação arbitrária de 18 faixas das gravações passadas de James Brown foi reeditada pela primeira vez no "novo" formato de CD pela subsidiária Polydor americana da PolyGram em 1985. (O álbum ganhou o nome de *The CD Of JB* – há muito tempo.) Dez anos depois, deparamo-nos com uma enorme multiplicidade de CDs de James Brown de muitos territórios por todo o mundo. CUIDADO!! A grande maioria de exemplares de baixo preço aparentes são constantemente reciclados, com álbuns de shows ao vivo embalados de outra maneira, às vezes um concerto de 1980 na Cidade de Nova York, muitas vezes uma apresentação ao vivo de 1983 em Augusta, Geórgia – essas versões são, na maioria das vezes, apresentadas como "O Melhor De", "Os Maiores Sucessos" ou algo parecido. Não há nada de errado em conseguir qualquer desses discos por preços baixos (embora eles não possam ser recomendados com entusiasmo), mas se não tomar cuidado, você acabará adquirindo as mesmas gravações ao vivo diversas vezes. Leia as letras menores.

Uma boa ajuda é lembrar que a *PolyGram Records Inc.* detém os direitos autorais e as gravações originais de todas as obras de James Brown de 1956 até 1980, exceto talvez as de algumas produções independentes da década de 1960 e de alguns concertos no exterior da década de 1970 que surgiram recentemente. Portanto, se o CD de James Brown que você pensa em comprar não é da Polydor, ou claramente especificado como licenciado pela *PolyGram Special Products*, há grandes chances de o disco ser um material editado após 1980 ou até mesmo um produto pirata.

E assim, apresentamos as obras digitalmente aperfeiçoadas para sua maior diversão.

Em primeiro lugar, a maior de todas para os bolsos mais avantajados...

STAR TIME

Polydor 849 108–2

Um *box* grande com 72 faixas de músicas vencedoras de alguns *Grammy* organizadas em quatro CDs com um livreto informativo bastante ilustrado de 64 páginas. Especialmente reeditado a partir das fitas originais (como acontece com todas as reedições lançadas pela Polydor americana), essa odisseia cronológica oferece um relato minucioso das razões que levaram James Brown a se tornar uma lenda viva, incluindo todos os seus principais sucessos, outras gravações de grande influência e três revelações inéditas. A obra oferece uma boa ideia deliberada das antigas gravações não tão bem-sucedidas de Brown e, segundo a queixa de apenas um crítico, talvez não faça justiça aos 70 anos do Padrinho. Essas falhas são citadas de modo apropriado em outras críticas de sua obra.

Para as pessoas com menor poder de compra, trinta e cinco das gravações mais importantes de Brown (geralmente versões editadas das faixas mais longas) foram divididas em dois volumes de **THE VERY BEST OF JAMES BROWN**, com o subtítulo de **SEX MACHINE** Polydor 845 828–2 e **FUNKY PRESIDENT** Polydor 519 854–2.

Dias e influências mais antigas...

ROOTS OF A REVOLUTION

Polydor 817 258–2

MESSING WITH THE BLUES

Polydor 847 258–2

Dois CDs duplos com vasto material de leitura incluso. "Roots" oferece um relato cronológico dos anos de *blues* do sr. Dinamite, 1956-64. O *Blues* apresenta sua reinterpretação de canções de outros astros do *blues* que o inspiraram ou impressionaram ao longo dos anos, além de trazer também um extraordinário monólogo. Ambos contêm tomadas alternadas inéditas, conversas de estúdios, etc.; originalmente lançados em caixas de CD feitas de plástico, agora estão sendo reapresentados com caixinhas de papelão.

Vamos agora para cima do palco...

LIVE AT THE APOLLO

Polydor 843 479–2

Gravado no Teatro Apollo, Cidade de Nova York, 24 de outubro de 1962.

LIVE AT THE APOLLO #2

Polydor 823 001–2
Mesmo local, 25 de junho de 1967.

LOVE, POWER, PEACE

Polydor 314 513 389–2
Gravado no The Olympia, Paris, França, 8 de março de 1971.

REVOLUTION OF THE MIND/LIVE AT THE APOLLO #3

Polydor 314 517 983–2

De volta ao Apollo, Cidade de Nova York, 24-26 de julho de 1971.

Alguns números apresentam álbuns ao vivo como desculpas contratuais, mas não é o caso aqui. Esses quatro são ESSENCIAIS para a compreensão da evolução da música de James Brown, sua força dinâmica como um artista de shows ao vivo e o brilho de suas formações de grupo com uma constante alteração de músicos durante o seu apogeu.

Gravações ao vivo posteriores incluem **HOT ON THE ONE** Polydor 847 856–2, gravado no fim de 1979, em Tóquio, Japão, os concertos mencionados anteriormente no Studio 54, Cidade de Nova York, 1980 e Chastain Park, Augusta, Geórgia, além de **SOUL SESSION** com diversos convidados, Scotti Brothers 8340852, 1987 e diversas apresentações das décadas de 1970, 1980 e 1990 em vídeo. No momento de ser impresso, anunciaram que o seu mais recente álbum seria o **LIVE AT THE APOLLO #4**, gravado no fim de 1995. Todas as obras naturalmente são de interesse dos fãs de James Brown – mas os quatro anteriormente recomendados têm algo a mais: são grandes marcos na história da música afro-americana.

Apresentamos agora aquelas obras "raras" de retrospectiva funk...

IN THE JUNGLE GROOVE

Polydor 829 624–2

MOTHERLODE

Polydor 837 126–2

Lançado em 1986 e 1988, respectivamente, essas duas compilações tinham o objetivo deliberado de atingir a nova geração então redescobrindo o ritmo de James Brown do fim da década de 1960 e início dos anos de 1970, e imitando o That Thang para suas próprias aspirações. *Motherlode* (uma investigação aleatória focada principalmente em gravações inéditas) foi posteriormente cancelada, mas ainda pode ser encontrada e será revisada em futuras reedições. *Jungle Groove*, que apresenta versões completas de oito hinos *funk* e o primeiro exemplo de uma grande gravadora oferecendo ao público um "Bonus Beat Reprise" (uma parte de "Funky Drummer"), continua nos catálogos exatamente por ter alcançado seu principal objetivo: lembrar a nova onda de tecnocratas quais eram os fundamentos da velha escola e quem a havia instituído.

Passo a passo de *Sex Machine* à beira do precipício...

SEX MACHINE

Polydor 314 517 984–2

CD duplo da King LP K1115, 1970, metade ao vivo, metade trabalhado com *overdub*.

HOT PANTS

Polydor 314 517 985–2

Como Polydor LP PD4054, 1971, com a versão estendida não editada de *Escape-Ism*.

THERE IT IS

Polydor 314 517 986–2

Como Polydor LP PD5028, 1972, com edições novas.

GET ON THE GOOD FOOT

Polydor 31452 3982–2
Como Polydor LP duplo PD3004, 1972.

BLACK CAESAR Trilha Sonora

Polydor 314 517 135–2
Como Polydor LP PD6014, 1973.

SLAUGHTER'S BIG RIP OFF Trilha Sonora

Polydor 314 517 136–2
Como Polydor LP PD6015, 1973.

THE PAYBACK

Polydor 314 517 137–2
Como Polydor LP duplo PD3007, 1974.

HELL

Polydor 31452 3985–2
Como Polydor LP duplo PD9001, 1974.

REALITY

Polydor 31452 3981–2
Como Polydor LP PD6039, 1975.

Preenchendo a defasagem de *Star Time*, esses são os álbuns individuais da década de 1970 mais importantes de Brown.

NB. Ao menos dez dos álbuns mais antigos de Brown da King foram relançados "na forma original" em CD pela Polydor japonesa, que também lançou – e subautorizou o P-Vine japonês – diversos CDs de suas produções da gravadora People. Essas obras costumam ser caras nos mercados do Ocidente e repetem muitas faixas dentre as nossas recomendações. Colecionadores mais afortunados não precisarão se preocupar com esse detalhe.

Uma grande banda para os rapazes da banda...

SOUL PRIDE: THE INSTRUMENTALS 1960-69

Polydor 314 517845–2

THE JBs: FUNKY GOOD TIME/THE ANTHOLOGY (1970-76)

Polydor 31452 7094-2

Nunca subestime os heróis desconhecidos. Dois CDs duplos com anotações autorizadas que falam das bandas de Brown nos bons momentos, desde a primeira compilação regular de *blues* que aos poucos se transformou em uma "orquestra" de *jazz/funk* muito poderosa ("Soul Pride"), até os anos mais criativos e influentes dos magníficos JBs ("Funky Good Time"). Este último, um ítem essencial para todos os amantes do funk; o outro, um resumo da história de como tudo aconteceu no início.

E para os garotos e as garotas da trupe...

JAMES BROWN'S FUNKY PEOPLE #1

Polydor 829 417-2

JAMES BROWN'S FUNKY PEOPLE #2

Polydor 835 857-2

Vinte e seis (13 cada) das faixas mais ardentes dos The JBs/Maceo & The Macks (algumas duplicações com *Funky Good Time*) e os cantores Vicki Anderson, Hank Ballard, Bobby Byrd, Lyn Collins e Marva Whitney. As instruções urgentes de Brown aparecem estampadas por todas essas grandes produções.

BOBBY BYRD GOT SOUL (THE BEST OF BOBBY BYRD)

Polydor 31452 79878-2

Vinte e duas faixas narrando a própria contribuição importante de Byrd com a onda de calor em evolução, 1963-1972.

Calda de *soul* para o seu pudim de Natal...

JAMES BROWN'S FUNKY CHRISTMAS

Polydor 31452 7988-2

Nunca deixe que digam que o álbum *A Christmas Gift For You*, de Phil Spector, é a única alternativa memorável para Bing Crosby ou The Harry Simeone Chorale nos "momentos especiais do ano". As 17 faixas tiradas de diversas estações festivas de Brown podem não conseguir fazer com que você acredite que o Papai Noel Vai Direto Para o Gueto, mas que somos todos merecedores.

E para sempre na memória...

SOUL SYNDROME PLUS

Reino Unido EMI CDP 7977022

Catorze faixas que apresentam o álbum da TK de Brown de 1980, com duas versões do sucesso "Rapp Payback", além um *single* bônus de Bobby Byrd e o The JBs.

GREATEST HITS OF THE FOURTH DECADE

Scotti Brothers 75259

De *Living In America* até 1991.

LIVE AT THE APOLLO

Scotti Brothers 723927580–2

Um quarto álbum gravado no cenário triunfal de James. Inclui um bônus de uma nova gravação em estúdio.

Este livro foi composto em Minion Pro, corpo 11,5/13.
Papel Offset 75g
Impressão e Acabamento
Orgráfic Gráfica e Editora — Rua Freguesia de Poiares, 133
— Vila Carmozina — São Paulo/SP
CEP 08290-440 — Tel.: (011) 2522-6368 — orcamento@orgrafic.com.br